Turas Teanga

Turas Teanga

Éamonn Ó Dónaill

**A multimedia course in Irish, developed
and commissioned by RTÉ**

Gill & Macmillan

Gill & Macmillan Ltd
Hume Avenue, Park West, Dublin 12
with associated companies throughout the world
www.gillmacmillan.ie

© RTÉ 2004

0 7171 3743 0

Illustrations by Darrie Boushel-Payne
Design by Slick Fish Design, Dublin
Print origination by Carole Lynch
Printed by ColourBooks Ltd, Dublin

This book is typeset in Palatino 10pt on 13pt.

1 3 5 4 2

Clár Ábhair

CONTENTS

Buíochas
ACKNOWLEDGMENTS

The author would like to thank the following people:

Mary Beth Taylor for all her excellent suggestions; Garry Mac Donncha and Niamh Ní Churnáin in RTÉ; Fiona Keane; all at Abú Media, especially Bríd Seoighe, for their enthusiasm and unstinting kindness; Tadhg Mac Dhonnagáin; Eithne Ní Ghallchobhair; Breandán Delap; all at Gill & Macmillan, in particular Aoileann O'Donnell, Deirdre Nolan, Mairead O'Keeffe and Fergal Tobin; Liam Ó Cuinneagáin of Oideas Gael, who is always an inspiration.

A special word of thanks to Mairéad Ní Nuadháin in RTÉ for all her support and kindness, and infectious good humour and enthusiasm.

Picture Credits

The author and publisher gratefully acknowledge the following for permission to reproduce photographic material:

Bubbles: 225 © David Robinson; Colm Henry: 79 © Colm Henry; Corbis: 18 © Russell Underwood; 27 © Henry Diltz; 43 © DiMaggio/Kalish; 57 © Lawrence Manning; 84 © David H. Wells; 119 © Ronnie Kaufman; 130 © Peter M. Fisher; 147 © Roy McMahon; 165 © Carlos Dominguez; 188 © Kevin Fleming; 214 © John Wilkes: 277 © Ronnie Kaufman; Oideas Gael: 247, 258 © Oideas Gael; Radió na Gaeltachta: 94 © Raidió na Gaeltachta; Rex Features: 75 © Isopress; 104 © Reso; RTÉ: 8, 24, 36, 50, 107, 122, 135, 156, 174, 190, 200, 218, 235, 251, 262, 282 © RTÉ; RTÉ Stills Library: 4, 292, 295 © RTÉ Stills Library; TG4: 197 © TG4

Front cover photograph shows Sharon Ní Bheoláin, presenter of RTÉ's Turas Teanga. Photograph © Kevin Dunn.

Réamhrá

INTRODUCTION

Turas Teanga is an intermediate level multimedia language course for those who have already learned Irish in the past and who still understand some of the language. It aims to give people the confidence to speak the language and to help them understand Irish speakers from various parts of the country. The emphasis is on listening and speaking, but learners are also given opportunities to develop their reading and writing skills.

The course consists of this book, three audio CDs which are closely linked to the book, twenty television programmes, a radio series and a website. Two DVDs, containing all the programmes in the television series, will be available from March 2004.

The book can be used on its own or in conjunction with the other media, the CDs in particular.

The book is divided into twenty units, and each unit contains the following:

Foghlaim na Gaeilge / Learning Irish
Handy tips on how to become a more efficient language learner. This section appears at the beginning of the unit.

Comhráite / Dialogues
The script of the dialogues from the television series, with accompanying translation into English (the latter can be found at the end of the unit). The language contained in these dialogues is natural and authentic, and reflects everyday usage.

Gníomhaíochtaí / Activities
A wide range of fun-to-do activities, many of which are also contained on the CDs. These activities will help you understand, practise and produce the language yourself. The answers to the activities are given at the end of the unit.

Frásaí agus focail / Key phrases and vocabulary
The core vocabulary and most useful sentences associated with the main topic covered in the unit.

Eolas úsáideach / Useful information
The grammar relevant to the topic covered in the unit. This grammar is presented in context and in manageable chunks, and unnecessary jargon is avoided. Those seeking a more comprehensive overview of grammar should consult the 'How the Language Works' section of the Turas Teanga website at www.rte.ie/tt

Téacsanna / Reading texts
Every second unit (starting with Unit 2) contains an authentic reading text, taken from an Irish language newspaper or magazine, with a glossary to make it more accessible to learners. This material will help learners to improve their reading comprehension skills and to add to their vocabulary.

Súil siar ar an aonad / Review of the unit
This activity at the end of the unit will test your knowledge of the language introduced in that unit.

How to use this course

This is the approach to study that we recommend in the case of each unit in the course:

1. Look at the objectives that appear at the beginning of the unit in the book, so that you will have a better idea of what to expect.

2. Listen to the first set of dialogues on the CD, without looking at the transcript in the book. You might only manage to pick up a word here and there, but resist the temptation to consult the book. When you have listened to the dialogues a few times, have a look at the transcript in the book then. When you have read it several times, only then should you look at the translations of the dialogues given at the end of the unit.

3. Read the *Eolas úsáideach / Useful information* section then, and have a go at the activities. In the case of some activities you will have the opportunity to use the recording to verify your answers.

4. In the case of the second set of dialogues in each unit, you will be asked to undertake an activity as you listen to the recording. Again, resist the temptation to look at the transcript in the book.

5. Try to learn as many as you can of the words and phrases contained in the *Frásaí agus focail* section. There are useful tips on how to do this more

efficiently in the *Foghlaim na Gaeilge* section at the beginning of Units 4, 5 and 11.

6. Try reading the authentic text found in every second unit initially without referring to the glossary that accompanies it, to see how much you can understand. Don't be overly-ambitious – you'll be doing extremely well if you can get the gist of what is being said.

7. Try the revision exercise at the end of the unit, *Súil siar ar an aonad*, when you have covered all the material for that unit contained in the book and on the CD. Before listening to the recording, use the book to prepare your answers. Say these out loud, and write them down if you have a chance, then use the CD to test yourself and to verify your answers. If you have difficulty with this exercise, you will need to review some of the language in the unit.

> The *Turas Teanga* website at www.rte.ie/tt contains sound and video files, exercises, an extensive grammar section and information about the Irish language.

Some basic information about Irish

Lenition and eclipsis
The beginning of a word in Irish can often undergo a change in form when it is preceded by a certain word, such as a preposition or a possessive adjective (**mo**, **do**, etc.). One change is called lenition (*séimhiú* in Irish) and the other eclipsis (*urú* in Irish).

This table shows the changes that occur to the consonants that can be lenited and eclipsed.

Consonant	Lenited form	Eclipsed form
b	**bh** (pronunciation: v) **beár** (*a bar*) **sa bheár** (*in the bar*)	**mb** (pronunciation: m) **Baile Átha Cliath** (*Dublin*) **i mBaile Átha Cliath** (*in Dublin*)
c	**ch** (pronunciation: kh) **carr** (*a car*) **mo charr** (*my car*)	**gc** (pronunciation: g) **curach** (*a currach*) **i gcurach** (*in a currach*)

Consonant	Lenited form	Eclipsed form
d	**dh** (pronunciation: gh) **Dáil Éireann** **oibrithe Dháil Éireann** (*the workers of Dáil Éireann*)	**nd** (pronunciation: n) **Doire** (*Derry*) **i nDoire** (*in Derry*)
f	**fh** (silent) **freagra** (*an answer*) **do fhreagra** (*your answer*)	**bhf** (pronunciation: v) **fógra** (*an advertisement*) **i bhfógra** (*in an advertisement*)
g	**gh** (pronuncation: gh) **An Ghaeltacht** **sa Ghaeltacht** (*in the Gaeltacht*)	**ng** (pronunciation: ng) **Gaeltacht Chiarraí** (*the Kerry Gaeltacht*) **i nGaeltacht Chiarraí** (*in the Kerry Gaeltacht*)
m	**mh** (pronunciation: v) **máthair** (*a mother*) **a mháthair** (*his mother*)	not eclipsed
s	**sh** (pronunciation: h) **Séamas** **do Shéamas** (*for/to Séamas*)	not eclipsed
p	**ph** (pronunciation: f) **páirtí** (*a party*) **sa pháirtí** (*in the party*)	**bp** (pronunciation: b) **Páirtí an Lucht Oibre** (*the Labour Party*) **i bPáirtí an Lucht Oibre** (*in the Labour Party*)
t	**th** (pronunciation: h) **talamh** (*ground*) **faoi thalamh** (*underground*)	**dt** (pronunciation: d) **Tamhlacht** (*Tallaght*) **i dTamhlacht** (*in Tallaght*)

Pronunciation

While studying this course, pay careful attention to the changes in spelling and pronunciation which words undergo. Look out in particular for the difference between short and long vowels and for the difference between broad consonants (preceded or followed by the vowels **a**, **o**, **u**) and slender consonants (preceded or followed by **i** or **e**).

Examples:

short vowel	long vowel	broad consonant	slender consonant
f**ea**r (*a man*)	f**éa**r (*grass*)	airge**ad** (*money*)	a lán airg**id** (*a lot of money*)

The *Collins Pocket Irish Dictionary* (by Séamus Mac Mathúna and Ailbhe Ó Corráin) contains an excellent guide to pronunciation. It is worth consulting.

The noun in Irish

All nouns in Irish are either masculine or feminine, may be singular or plural and may assume different cases. Most nouns are given on their own and also with the article **an** (*the*) throughout this book.

This is how nouns look in the nominative and accusative cases, singular:

	Masculine	*Feminine*
• Nouns beginning with a vowel	**an t-iriseoir** (*the journalist*)	**an iris** (*the magazine*)
• Nouns beginning with a consonant	**an bainisteoir** (*the manager*)	**an bhean** (*the woman*)
• Nouns beginning with an **s**	**an saoririseoir** (*the freelance journalist*)	**an tsráid** (*the street*) Nouns beginning with **sc-, sf-, sm-, sp-, st-** remain unchanged after the article.
• Nouns beginning with **d** or **t**	**an duine** (*the person*) **an tionscadal** (*the project*)	**an deirfiúr** (*the sister*) **an tine** (*the fire*)

In the main Irish dictionary, *Foclóir Gaeilge Béarla* (edited by Niall Ó Dónaill), and in other dictionaries, *m.* or *f.* is used to indicate the gender of nouns.

Articles

Don't forget that there is no Irish for the English articles *a* or *an*, therefore **fear** means both *man* and *a man*

Aonad 1

CÚLRA AGUS ÁIT CHÓNAITHE

YOUR BACKGROUND AND WHERE YOU LIVE

San aonad seo, déanfaidh tú na rudaí seo a leanas a chleachtadh (*In this unit, you will practise the following*):

- ag beannú do dhaoine (*greeting people*)
- ag rá cé as tú (*saying where you're from*)
- ag rá cá bhfuil tú i do chónaí anois (*saying where you live now*)
- ag tabhairt tuairimí faoi cheantar (*giving opinions about an area*)
- ag ainmniú na n-áiseanna atá i gceantar (*naming the facilities in an area*).

Foghlaim na Gaeilge 1 *(Learning Irish 1)*

Tá trí phríomhchanúint na Gaeilge le fáil sa chúrsa seo. Ná bí thusa róbhuartha fúthu seo: cuimhnigh go mbíonn meascán canúintí ag formhór na ndaoine a fhoghlaimíonn an Ghaeilge. An rud is tábhachtaí ná go mbeadh fuaimeanna na teanga i gceart agat chun go dtuigfeadh daoine céard atá á rá agat.

The three main dialects of Irish (Ulster, Connacht, and Munster) can be found in this course. Don't worry too much about this: remember that a majority of those who learn Irish speak a mixture of dialects. The most important thing is that you master the sounds of the language so that people understand what you're saying.

Gníomhaíocht 1.1 *(Activity 1.1)*

Cloisfidh tú daoine ag bualadh le chéile den chéad uair. Éist leo ar dtús gan féachaint ar an script ag deireadh an aonaid, go bhfeice tú an dtuigfidh tú mórán dá gcuid cainte.

(You'll hear people meeting for the first time. Listen to their exchanges at first without looking at the script at the end of the unit, and see how much you understand.)

Comhráite (Dialogues)

Dónall and Róisín meet at a speed-dating evening.

Róisín:	Conas atá tú?
Dónall:	Go maith, go raibh maith agat. Is mise Dónall.
Róisín:	Is mise Róisín.
Dónall:	Cad as duit, a Róisín?
Róisín:	As Baile Átha Cliath. Rugadh agus tógadh anseo mé.
Dónall:	Is as Corcaigh ó dhúchas mé féin, ach tá mé i mo chónaí i mBaile Átha Cliath anois.

Mícheál tries to chat up Garda Sinéad de Barra when she stops him at a checkpoint.

Mícheál:	Dia duit, a gharda.
Sinéad:	Dia is Muire duit.
Mícheál:	Cén chaoi a bhfuil tú?
Sinéad:	Go maith, go raibh maith agat. Céard is ainm duit?
Mícheál:	Mícheál Ó Conaola, a gharda. Céard is ainm duit féin?
Sinéad [*reluctantly*]:	An Garda de Barra. Cá bhfuil tú i do chónaí?
Mícheál:	Tá mé i mo chónaí i gCarna. Cá bhfuil tú féin i do chónaí, a gharda?
Sinéad:	Ní bhaineann sin leat!

Séamas is considering moving from the city to the country. He has an appointment with an estate agent, Cathal, who is going to show him around a house that's for sale.

Séamas:	Cathal, an ea?
Cathal:	Séamas—cad é mar atá tú?
Séamas:	Go maith, go raibh maith agat.
Cathal:	*So*, tá tú ag cuimhneamh ar aistriú go dtí an ceantar seo?

He hands Cathal a leaflet containing information about the house.

Séamas:	Tá. Tá mé sa chathair le deich mbliana anuas. Ba mhaith liom imeacht as anois.

| Cathal: | Bhuel, tá an ceantar seo go hálainn. Tá áiseanna maithe ann, agus tá muintir na háite go deas. Agus tá tithe deasa anseo. |
| Séamas [*looking at the leaflet*]: | Tá na praghsanna go deas chomh maith. |

Eolas úsáideach / *Useful information*

- The greetings **Dia duit** (*God be with you*) and **Dia is Muire duit** (*God and Mary be with you*) are still commonly used in Irish. These are formal greetings, used in more official situations or with people you don't know; they are also used more commonly by older people. Many people tend to use these greetings below instead of **Dia duit**. They all mean *How are you?*
  Cén chaoi a bhfuil tú?
  Cad é mar atá tú?
  Conas atá tú?

- Here are some alternatives to **Tá mé go maith** (*I'm well*) and **Tá mé go breá** (*I'm fine*):
  Níl caill orm. (*I'm not bad.*)
  Go diail! (*Splendid!*)

- Certain words that are stressed in English cannot be stressed in Irish. Instead, special forms of these words, called emphatic forms, are used in Irish:
  Cad is ainm duit? (*What's your name?*)
  Cad is ainm duitse? (*What's your name?*)

Gníomhaíocht 1.2 *(Activity 1.2)*

Tá na daoine seo ag bualadh le chéile den chéad uair. Déan iarracht a gcomhrá a chur san ord ceart. (*These people are meeting for the first time. Try putting their conversation in the correct order.*)

Tá. Tá mé sa chathair anois le dhá bhliain anuas.

Is as Contae Ros Comáin ó dhúchas mé, ach tá mé i mo chónaí i nGaillimh anois. Cé as tú féin?

An Fhaiche Mhór, cathair na Gaillimhe (*Eyre Square, Galway city*)

Cén chaoi a bhfuil tú? Is mise Brian; cad is ainm duitse?

As Eochaill, ach táim i mo chónaí i gCorcaigh anois. An bhfuil tusa i do chónaí i gcathair na Gaillimhe?

Is mise Ciara. Ciara Ní Mhurchú. Cad as tú, a Bhriain?

Gníomhaíocht 1.3 (*Activity 1.3*)

Éist le daoine éagsúla ag déanamh cur síos ar cheantar, agus aimsigh leagan Gaeilge na bhfrásaí seo a leanas (*Listen to various people describing an area, and pick out the Irish equivalent of the following phrases*):

(*a*) an apartment

(*b*) the city centre

(*c*) you're lucky

(*d*) the edge of the city

(*e*) area

(*f*) what's your address?

(*g*) right beside the sea

(*h*) the local people

(*i*) broken

(*j*) facilities

(*k*) first-class

(*l*) a few pubs

Comhráite (*Dialogues*)

It's time for our speed-daters, Róisín and Dónall, to get a little more specific.

Róisín:	Cá bhfuil tú i do chónaí sa chathair?
Dónall:	Tá árasán agam i lár na cathrach; tá sé go hiontach.
Róisín:	Tá an t-ádh leat. Tá mise i mo chónaí tamall fada amach, ar imeall na cathrach.
Dónall:	An maith leat an ceantar?

Róisín:	Tá sé ceart go leor. Is ann a rugadh agus a tógadh mé.
Dónall:	Tá aithne agat ar gach éinne, mar sin?
Róisín:	Tá. Tá sé sin go deas. Ach tá sé go deas casadh ar dhaoine nua freisin.
Dónall:	Tá, nach bhfuil?

Mícheál is still trying to engage Garda de Barra in conversation. Perhaps he wants to distract her attention from the broken front light!

Sinéad:	Céard is ainm duit arís?
Mícheál:	Mícheál Ó Conaola, a gharda.
Sinéad:	Cén seoladh atá agat?
Mícheál:	An Aird Thiar, Carna.
Sinéad:	An Aird Thiar, Carna.
Mícheál:	An raibh tú riamh i gCarna, a gharda?
Sinéad:	Ní raibh.
Mícheál:	Tá Carna go hálainn. Tá mise i mo chónaí díreach in aice na farraige. Agus tá muintir na háite go deas.
Sinéad:	An bhfuil garáiste i gCarna?
Mícheál:	Tá, go deimhin, a gharda.
Sinéad:	Bhuel, tabhair an carr seo ann amárach.

She points to one of the front lights.

	Tá an solas sin briste.

The estate agent, Cathal, tells Séamas more about the village.

Séamas:	Inis dom faoin sráidbhaile. An bhfuil áiseanna maithe ann?
Cathal:	Tá áiseanna den chéad scoth ann. Tá siopaí maithe ann, oifig an phoist, scoileanna, banc, agus linn snámha.
Séamas:	An bhfuil mórán le déanamh san oíche ann?
Cathal:	Tá, cinnte. Tá cúpla teach tábhairne ann, agus bíonn seisiúin cheoil ar siúl ag an deireadh seachtaine.

Eolas úsáideach / *Useful information*

- There are various ways of saying *Where are you from?* in Irish:
  Cé as tú? or **Cé as thú?**
  Cad as tú?

  Note the emphatic form:
  Cé as tusa? (*Where are you from?*)

Cé as tú?

As Ceatharlach. Cé as tú féin?

You can also say:
Cé as tú féin? (*Where are you from yourself?*)

- **Urú** (*eclipsis*) occurs when one of the consonants **b, c, d, f, g, p** or **t** follows the preposition **i** (*in*):

Baile Átha Cliath (*Dublin*)	i <u>m</u>Baile Átha Cliath
Corcaigh (*Cork*)	i <u>g</u>Corcaigh
Doire (*Derry*)	i <u>n</u>Doire
Fear Manach (*Fermanagh*)	i <u>bh</u>Fear Manach
Gaillimh (*Galway*)	i <u>n</u>Gaillimh
Port Láirge (*Waterford*)	i <u>b</u>Port Láirge
Trá Lí (*Tralee*)	i <u>d</u>Trá Lí

- The preposition **in** is used before vowels (**a, e, i, o, u**):

Áth Dara (*Adare*)	in Áth Dara
Eochaill (*Youghal*)	in Eochaill

- The difference between **tá** and **bíonn** is important. In Irish, you have an extra present tense to describe something that happens regularly:
Tá cúpla teach tábhairne ann. Agus bíonn seisiúin cheoil ar siúl ag an deireadh seachtaine.

In many place in Ireland you can hear a version of this habitual present tense: *There do be sessions at the weekend*, for example. This *do be*, which is now considered non-standard English, came into use when Irish was abandoned in many parts of the country in the nineteenth century. People felt there was a tense missing in the new language, so they adopted this form to describe events that happen often.

Gníomhaíocht 1.4 (*Activity 1.4*)

Déan iarracht líne a scríobh fút féin, bunaithe ar an sampla seo thíos. (*Try writing a line about yourself, based on this example.*)

Is as Corcaigh ó dhúchas mé, ach tá mé i mo chónaí i gContae Mhaigh Eo anois.

Scríobh abairt anois faoi bheirt chairde de do chuid, ar fear duine acu agus bean an duine eile. Arís, úsáid na samplaí mar eiseamláir. (*Write about two friends of yours now, one male and one female. Again, use the examples as a model.*)

Liam
Is as Contae Ros Comáin ó dhúchas é, ach tá sé ina chónaí i mBaile Átha Luain anois.

Aoife
Is as Contae Chill Mhantáin ó dhúchas í, ach tá sí ina cónaí i mBaile Átha Cliath anois.

Eolas úsáideach / *Useful information*

- Here are ways of describing where you and others live:
  Tá mé i mo chónaí faoin tuath. (*I live in the country.*)
  Tá tú i do chónaí i lár an bhaile, nach bhfuil? (*You live in the centre of town, don't you?*)
  Tá sé ina chónaí sa chathair. (*He lives in the city.*)
  Tá sí ina cónaí i mbruachbhaile darb ainm . . . (*She lives in a suburb called . . .*)
  Táimid inár gcónaí ar imeall na cathrach. (*We live on the edge of the city.*)
  Tá sibh in bhur gcónaí in aice leis an bhfarraige, nach bhfuil? (*You live beside the sea, don't you?*)
  Tá siad ina gcónaí in aice leis an gcósta. (*They live beside the coast.*)
  cúig mhíle ó . . . (*five miles from . . .*)
  Is baile beag é. (*It's a small town.*)
  Is sráidbhaile é. (*It's a village.*)
  Is ceantar tuaithe é. (*It's a country area.*)
  Is ceantar mór turasóireachta é. (*It's a big tourist area.*)

Frásaí agus focail (*Phrases and Words*)

banc / an banc	*(a) bank / the bank*
oifig an phoist	*the post office*
teach tábhairne / an teach tábhairne	*(a) pub / the pub*
pictiúrlann / an phictiúrlann	*(a) cinema / the cinema*
siopa físeán / an siopa físeán	*(a) video shop / the video shop*
siopa nuachtán / an siopa nuachtán	*(a) newsagent / the newsagent*
ollmhargadh / an t-ollmhargadh	*(a) supermarket / the supermarket*
ionad siopadóireachta / an t-ionad siopadóireachta	*(a) shopping centre / the shopping centre*

siopa grósaera / an siopa grósaera	*(a) grocery shop / the grocery shop*
siopa búistéara / an siopa búistéara	*(a) butcher's shop / the butcher's shop*
siopa poitigéara / an siopa poitigéara	*(a) chemist shop / the chemist shop*
gruagaire / an gruagaire	*(a) hairdresser / the hairdresser*
ionad aclaíochta / an t-ionad aclaíochta	*(a) fitness centre / the fitness centre*
gníomhaire taistil / an gníomhaire taistil	*(a) travel agent / the travel agent*
bunscoil / an bhunscoil	*(a) primary school / the primary school*
meánscoil / an mheánscoil	*(a) secondary school / the secondary school*

An láithreoir teilifíse Aoife Ní Thuairisg as Conamara, an t-aoi speisialta i gclár a haon den tsraith *Turas Teanga* ar an teilifís.
(Television presenter Aoife Ní Thuairisg from Conamara, special guest in programme one of the Turas Teanga *television series.)*

Súil siar ar an aonad *(Review of the unit)*

Bain triail as an ngníomhaíocht seo anois, go bhfeice tú an bhfuil na
príomhphointí a múineadh in Aonad 1 ar eolas agat. Éist leis an dlúthdhiosca
nuair a bheidh tú críochnaithe chun do fhreagraí a dhearbhú.
*(Try this activity now to see if you know the main points taught in Unit 1. Listen to
the CD when you have finished to verify your answers.)*

Conas mar a déarfá na nithe seo a leanas? *(How would you say the following?)*

(*a*) How are you?
(*b*) Where are you from?
(*c*) Where are *you* from?
(*d*) I'm originally from Dublin.
(*e*) I was born and raised in Galway.
(*f*) Do you like the area?
(*g*) Where do you live now?
(*h*) I live in Belfast now.
(*i*) Where do you live yourself?
(*j*) I have an apartment in the city centre.
(*k*) There are first-class facilities, and the local people are nice.
(*l*) There are a few pubs.

Freagraí na ngníomhaíochtaí *(Answers to the activities)*

Gníomhaíocht 1.2

Brian:	Cén chaoi a bhfuil tú? Is mise Brian; cad is ainm duitse?
Ciara:	Is mise Ciara. Ciara Ní Mhurchú. Cad as tú, a Bhriain?
Brian:	Is as Contae Ros Comáin ó dhúchas mé, ach tá mé i mo chónaí i nGaillimh anois. Cé as tú féin?
Ciara:	As Eochaill, ach táim i mo chónaí i gCorcaigh anois. An bhfuil tusa i do chónaí i gcathair na Gaillimhe?
Brian:	Tá. Tá mé sa chathair anois le dhá bhliain anuas.

Gníomhaíocht 1.3

(*a*) árasán
(*b*) lár na cathrach
(*c*) tá an t-ádh leat
(*d*) imeall na cathrach
(*e*) ceantar
(*f*) cén seoladh atá agat?

(g) díreach in aice na farraige
(h) muintir na háite
(i) briste
(j) áiseanna
(k) den chéad scoth
(l) cúpla teach tábhairne

Súil siar ar an aonad *(Review of the unit)*

(a) Cén chaoi a bhfuil tú? *or* Cad é mar atá tú? *or* Conas atá tú?
(b) Cé as tú? *or* Cad as duit?
(c) Cé as tusa? *or* Cad as duitse?
(d) Is as Baile Átha Cliath ó dhúchas mé.
(e) Rugadh agus tógadh i nGaillimh mé.
(f) An maith leat an ceantar?
(g) Cá bhfuil tú i do chónaí anois?
(h) Tá mé i mo chónaí i mBéal Feirste anois.
(i) Cá bhfuil tú féin i do chónaí?
(j) Tá árasán agam i lár na cathrach.
(k) Tá áiseanna den chéad scoth ann, agus tá muintir na háite go deas.
(l) Tá cúpla teach tábhairne ann.

Aistriúchán ar na comhráite *(Translation of the dialogues)*

Dónall and Róisín meet at a speed-dating evening.

Róisín:	How are you?
Dónall:	I'm well, thank you. I'm Dónall.
Róisín:	I'm Róisín.
Dónall:	Where are you from, Róisín?
Róisín:	From Dublin. I was born and raised here.
Dónall:	I'm from Cork originally myself, but I live in Dublin now.

Mícheál tries to chat up Garda Sinéad de Barra when she stops him at a checkpoint.

Mícheál:	Hello, guard.
Sinéad:	Hello.
Mícheál:	How are you?
Sinéad:	I'm well, thank you. What's your name?
Mícheál:	Mícheál Ó Conaola, guard. What's your own name?
Sinéad [*reluctantly*]:	Garda de Barra. Where do you live?
Mícheál:	I live in Carna. Where do you live yourself, guard?
Sinéad:	That's none of your business!

Séamas is considering moving from the city to the country. He has an appointment with an estate agent, Cathal, who is going to show him around a house that's for sale.

Séamas:	Cathal, is it?
Cathal:	Séamas—how are you?
Séamas:	I'm well, thank you.
Cathal:	So, you're thinking of moving to this area?

He hands Cathal a leaflet containing information about the house.

Séamas:	Yes. I've been in the city for the past ten years. I'd like to leave it now.
Cathal:	Well, this area is lovely. There are good facilities, and the local people are nice. And there are nice houses here.
Séamas [*looking at the leaflet*]:	The prices are nice as well.

It's time for our speed-daters, Róisín and Dónall, to get a little more specific.

Róisín:	Where do you live in the city?
Dónall:	I have an apartment in the city centre; it's great.
Róisín:	You're lucky. I live a long way out, on the edge of the city.
Dónall:	Do you like the area?
Róisín:	It's all right. I was born and raised there.
Dónall:	You know everyone, then?
Róisín:	Yes. That's nice. But it's nice to meet new people as well.
Dónall:	It is, isn't it?

Mícheál is still trying to engage Garda de Barra in conversation. Perhaps he wants to distract her attention from the broken front light!

Sinéad:	What's your name again?
Mícheál:	Mícheál Ó Conaola, guard.
Sinéad:	What's your address?
Mícheál:	An Aird Thiar, Carna.
Sinéad:	An Aird Thiar, Carna.
Mícheál:	Were you ever in Carna, guard?
Sinéad:	No.
Mícheál:	Carna is lovely. I live right beside the sea. And the local people are nice.
Sinéad:	Is there a garage in Carna?
Mícheál:	There is indeed, guard.
Sinéad:	Well, bring this car there tomorrow.

She points to one of the front lights.

That light is broken.

The estate agent, Cathal, tells Séamas more about the village.

Séamas: Tell me about the village. Are there good facilities there?

Cathal: There are first-class facilities. There are good shops, a post office, schools, a bank, and a swimming-pool.

Séamas: Is there much to do at night?

Cathal: There is indeed. There are a few pubs, and there are music sessions at the weekend.

Aonad 2

AN TEAGHLACH

THE FAMILY

San aonad seo, déanfaidh tú na rudaí seo a leanas a chleachtadh (*In this unit, you will practise the following*):

* ag rá cé mhéad deartháir agus deirfiúr atá agat (*saying how many brothers and sisters you have*)
* ag rá cén áit sa chlann a dtagann duine (*saying where someone comes in the family*)
* ag rá cén aois atá daoine (*saying what age people are*)
* ag comhaireamh daoine (*counting people*)
* ag comhaireamh blianta (*counting years*)
* ag ainmniú bhaill an teaghlaigh (*naming the members of the family*).

Foghlaim na Gaeilge 2

Éist leis an nGaeilge a oiread agus is féidir leat. Bain úsáid as na dlúthdhioscaí atá ag dul leis an leabhar seo, féach ar chláracha Gaeilge ar an teilifís, agus éist le Raidió na Gaeltachta. Ná déan dearmad ar an bpointe tábhachtach seo: ní gá gach rud a chloiseann tú a thuiscint. Is scil an-tábhachtach é bheith in ann éirim cainte a fháil trí fhocail a thuiscint anseo agus ansiúd.

Listen to Irish as much as you can. Use the CDs that accompany this book, watch Irish-language programmes on television, and listen to Raidió na Gaeltachta. Don't forget this important point: it is not essential to understand everything you hear. It is important to develop the skill of being able to get the gist of what is being said by understanding a word here and there.

Éomhaíocht 2.1

Cloisfidh tú daoine ag labhairt faoina dteaghlach. Éist leo ar dtús gan féachaint ar an script ag deireadh an aonaid go bhfeice tú an dtuigfidh tú mórán dá gcuid cainte.

(You'll hear people talking about their families. Listen to their exchanges at first without looking at the script at the end of the unit and see how much you understand.)

Comhráite

Dónall and Róisín find out about each other's families.

Dónall:	Cé mhéad deartháir agus deirfiúr atá agat?
Róisín:	Tá deartháir amháin agam. Níl aon deirfiúr agam.
Dónall:	Agus an bhfuil tú féin agus do dheartháir an-mhór le chéile?
Róisín:	Tá. Tá sé pósta anois. Tá a bhean ag súil le páiste i gceann cúpla mí.
Dónall:	Beidh tú i d'aintín, mar sin.
Róisín:	Beidh. Táim ag súil go mór leis.

Maighréad reminisces about the big family she came from as she shows some old photographs to Cathal.

Maighréad:	Sin an comhluadar ar fad againn.
Cathal:	Cá mhéad duine agaibh a bhí ann?
Maighréad:	Deichniúr againn ar fad a bhí ann. Agus tá an deichniúr fós beo, buíochas le Dia.
Cathal:	Fan go bhfeice mé—seisear buachaillí agus ceathrar cailíní. An bhfuil an ceart agam?
Maighréad:	Tá.
Cathal:	Agus an in Éirinn atá siad ina gcónaí?
Maighréad:	Muise, ní hea, a stór. Tá triúr i Meiriceá, beirt san Astráil, beirt eile i Sasana, agus duine eile san Afraic Theas. Níl sa mbaile anois ach mé féin agus mo dheartháir Pádraig.

Aoife is being interviewed about her family. She tells us about her sister and how they get on together.

Anna:	Tá fáilte romhaibh ar ais. Ar an chlár inniu tá mé ag caint le hAoife Ní Loidéain. A Aoife, an bhfuil deartháir nó deirfiúr ar bith agat?
Aoife:	Tá deirfiúr amháin agam—Siobhán.
Anna:	Agus níl deartháir ar bith agat?
Aoife:	Níl.

Anna:	Agus cé acu duine agaibh is sine, tusa nó Siobhán?
Aoife:	Is í Siobhán is sine. Tá sí trí bliana níos sine ná mise.
Anna:	Agus an réitíonn tú go maith léi?
Aoife:	Réitíonn, den chuid is mó.

Eolas úsáideach / *Useful information*

- In Irish there is a special system for counting people, as opposed to counting things.

Counting people	Counting things
duine amháin (*one person*)	**cathaoir amháin** (*one chair*)
beirt (*two people*)	**dhá chathaoir** (*two chairs*)
triúr (*three people*)	**trí chathaoir** (*three chairs*)
ceathrar (*four people*)	**ceithre chathaoir** (*four chairs*)
cúigear (*five people*)	**cúig chathaoir** (*five chairs*)
seisear (*six people*)	**sé chathaoir** (*six chairs*)
seachtar (*seven people*)	**seacht gcathaoir** (*seven chairs*)
ochtar (*eight people*)	**ocht gcathaoir** (*eight chairs*)
naonúr (*nine people*)	**naoi gcathaoir** (*nine chairs*)
deichniúr (*ten people*)	**deich gcathaoir** (*ten chairs*)

- Nouns that follow the personal numerals are usually in the plural:
triúr deirfiúracha (*three sisters*)
ceathrar deartháireacha (*four brothers*)
seisear buachaillí (*six boys*)

Tá triúr deartháireacha agus deirfiúr amháin agam.

- It's incorrect to use the word **duine** (*person*) with the personal numerals. Three people, for example, is **triúr** and not *triúr daoine.

- This is how you compare ages:
Tá mise níos sine ná Bríd. (*I'm older than Bríd.*)
Tá Peadar níos óige ná Darren. (*Peadar is younger than Darren.*)
Is é Julian an duine is sine sa chlann. (*Julian is the eldest in the family.*)

> **Is í Eithne an duine is óige sa chlann.** (*Eithne is the youngest in the family.*)
> **Is mise an dara/tríú/ceathrú duine is óige.** (*I'm the second/third/fourth youngest.*)
> **Is mise an dara/tríú/ceathrú duine is sine.** (*I'm the second/third/fourth eldest.*)

Gníomhaíocht 2.2

Déan iarracht cuntas a scríobh ar do theaghlach féin, bunaithe ar an sampla seo (*Try writing an account of your own family, based on this example*):

> Tá deartháir amháin agus triúr deirfiúracha agam. Is mise an duine is óige, agus is í Ciara an duine is sine.

Gníomhaíocht 2.3

Éist leis na daoine éagsúla ag tabhairt eolas breise faoina dteaghlach, agus aimsigh leagan Gaeilge na bhfrásaí seo a leanas (*Listen to the various people giving more information about their families, and pick out the Irish equivalent of the following phrases*):

(*a*) I have three sisters and one brother.

(*b*) I'm the youngest.

(*c*) Úna is the eldest.

(*d*) Her husband died suddenly last year.

(*e*) Do you get on well with them?

(*f*) There are four of us.

Comhráite

Dónall and Róisín continue to get to know each other.

Róisín:	Cad fútsa? An bhfuil deartháir nó deirfiúr agat féin?
Dónall:	Tá triúr deirfiúracha agam agus deartháir amháin.
Róisín:	Agus an tusa an duine is sine?
Dónall:	Ní mé. Is mise an duine is óige.
Róisín:	Mise chomh maith! Cé acu duine agaibh is sine?
Dónall:	Is í Úna is sine. Tá sise pósta agus triúr clainne aici. Ansin Niamh: tá sise pósta chomh maith. Ansin Muiris: tá seisean i lár báire. Ansin Fiona; agus mise ar deireadh.
Róisín:	Cúigear ar fad! Agus níl ann ach beirt againne.

As we heard earlier, Maighréad's family is scattered to the four winds. Listen now as she gives more details about them.

Maighréad:	Sin í Máire; ise an duine is sine. I Chicago atá sí leis na blianta fada. Agus sin iad Seán agus Tomás—cúpla iadsan. San Astráil atá Seán, agus san Afraic Theas atá Tomás—ar na misin.
Cathal:	An é sin Pádraig, atá thiar anseo ag feirmeoireacht?
Maighréad:	Is é atá ann.
Cathal:	Agus cé hí seo?
Maighréad:	Sin í Baba. I Leeds atá sí sin. Cailleadh a fear céile go tobann anuraidh, beannacht Dé leis.
Cathal:	Bhí sibh chomh cosúil lena chéile nuair a bhí sibh beag!
Maighréad:	Tá i gcónaí. Nach iontach an rud é?

We hear more about Aoife's family now.

Anna:	Cad é faoi do thuismitheoirí? An réitíonn tú go maith leo siúd?
Aoife:	Bhuel, tá mo thuismitheoirí scartha. Réitím níos fearr le m'athair ná le mo mháthair.
Anna:	Agus an le do mháthair atá tú i do chónaí?
Aoife:	Is léi. Ach feicim m'athair go minic.
Anna:	Triúr agaibh atá sa teach, mar sin: tú féin, do dheirfiúr, agus do mháthair.
Aoife:	Tá ceathrar againn ann. Tá aintín le mo mháthair ina cónaí linn chomh maith. Seanaintín liomsa í.
Anna:	Agus an réitíonn tú go maith le do sheanaintín?
Aoife:	Ní réitíonn. Bíonn muid ag troid seasta!

Eolas úsáideach / *Useful information*

- This is how you find out what age people are:
  Cén aois atá tú? (*What age are you?*)
  Cén aois atá sé/sí? (*What age is he/she?*)
  Cén aois atá siad? (*What age are they?*)

- The numbers used to count things are called *cardinal numbers*. They are usually followed by the singular form of the noun:
  teach (*a house*)   **trí theach** (*three houses*)

- In the case of the noun **bliain** (*year*), however, special plural forms are used:

1	2	3–6	7–10
bliain amháin	dhá bhliain	trí bliana	seacht mbliana
or		ceithre bliana	ocht mbliana
aon bhliain		cúig bliana	naoi mbliana
amháin		sé bliana	deich mbliana

- Counting 11–20 years is similar to counting 1–9 years:
  aon bhliain déag (*eleven years*)
  cúig bliana déag (*fifteen years*)
  ocht mbliana déag (*eighteen years*)

- This is the pattern after **fiche bliain** (*twenty years*):
  bliain is fiche (*twenty-one years*)
  trí bliana is fiche (*twenty-three years*)
  naoi mbliana is fiche (*twenty-nine years*)
  cúig bliana is tríocha (*thirty-five years*)
  seacht mbliana is daichead (*forty-seven years*)

- These are the possessive adjectives in Irish:

mo (*my*)	mo mháthair	m'athair
do (*your*)	do dheartháir	d'aintín
a (*his*)	a dheirfiúr	a uncail
a (*her*)	a deirfiúr	a haintín
ár (*our*)	ár ndeartháir	ár n-athair
bhur (*your*)	bhur ndeartháir	bhur n-uncail
a (*their*)	a ndeirfiúr	a n-aintín

Gníomhaíocht 2.4

Bain amach na lúibíní thíos agus athraigh an focal **bliain** más gá (*Remove the parentheses below and change the word **bliain** if necessary*):

(*a*) Tá Mícheál seacht (bliain) déag d'aois, agus tá a dheirfiúr Jennifer trí (bliain) déag.

(*b*) Is mise an duine is sine. Tá mé cúig (bliain) is fiche.

(*c*) Tá beirt mhac agus iníon amháin agam. Tá Dara cúig (bliain), tá Laoise aon (bliain) déag, agus tá Pádraig ocht (bliain) déag.

(*d*) Tá siad pósta le sé (bliain) is daichead anois.

(*e*) Tá Aoife níos sine ná Úna: tá sí naoi (bliain) is fiche.

Gníomhaíocht 2.5

Déanann tú plé ar do theaghlach le comhghleacaí le linn am caife. (*You discuss your family with a colleague at coffee break.*)

Brendan:	An bhfuil deartháir nó deirfiúr ar bith agat?
Tusa:	*Yes. I have two brothers and one sister.*
Brendan:	Agus an bhfuil siad níos sine nó níos óige ná tusa?
Tusa:	*My brother Séamas is older than I am: he's twenty-eight. The other brother, Chris, is younger: he's nineteen.*
Brendan:	Agus do dheirfiúr?
Tusa:	*My sister Eibhlín is the eldest: she's thirty-one.*
Brendan:	Níl deartháir ar bith agam féin. Tá deirfiúr amháin agam.
Tusa:	*What age is she?*
Brendan:	Tá sí níos óige ná mise: tá sí ceithre bliana is fiche.

Gníomhaíocht 2.6

Seo sliocht as alt faoin bhfile Louis de Paor. Tá gluais le fáil thíos, ach déan iarracht brí na bhfocal agus na bhfrásaí deacra a thomhas ón gcomhthéacs ar dtús, gan féachaint ar an ngluais.
(*This is an excerpt from an article about the poet Louis de Paor. There is a glossary below, but try guessing the meaning of the difficult words and phrases from the context first, without looking at the glossary.*)

Chinn de Paor agus a bhean, Shirley, ar imeacht chun na hAstráile i 1987. Bhí dochtúireacht bainte amach aige ar shaothar Mháirtín Uí Chadhain faoin am sin, agus bhí sé tar éis dhá bhliain a chaitheamh ag múineadh i gColáiste Thuamhan i Luimneach.

Thaitin na blianta a chaith sé i gcathair ilchultúrtha Melbourne go mór le de Paor. Bhí a bhean ag obair, agus bhí seisean sa bhaile ag tabhairt aire do na páistí. Rinne sé beagán oibre san ollscoil, ach ní raibh an oiread sin deiseanna ar fáil ag an am. Ní raibh aon chúrsa sa léann Éireannach ná sa Ghaeilge ag na hollscoileanna, agus bhí siad an-diúltach i leith a leithéid a theacht ann, a deir de Paor.

D'fhág de Paor agus an teaghlach an Astráil i 1996 agus d'fhill ar Éirinn. Gortaíodh a bhean i dtimpiste san áit oibre ag an am, rud a chiallaigh nach bhféadfadh sí dul ar ais ag obair, agus ba bheag seans go n-éireodh leis féin post lánaimseartha a fháil. Bhí cúis eile ann gur fhill siad ar an bhfód dúchais: níor theastaigh uathu go mbeadh a gcúigear páistí 'idir dhá chultúr.'

Shocraigh de Paor, a bhean agus an chlann in Uachtar Ard, gar do Ghaillimh. Ní fhéadfadh siad cónaí sa chathair féin de bharr go raibh an cíos chomh hard sin, agus diúltaíodh faoi dhó é nuair a ghlaoigh sé ar dhaoine a bhí ag ligean tithe ar cíos i gceantar an Spidéil, de bharr go raibh páistí aige.

'Baineadh siar asam nuair a dúirt daoine nach mbeadh páistí ceadaithe. Bhraitheas go raibh an-athrú tagtha ar na luachanna a bhí anseo, go mbeadh daoine ag diúltú do leanaí.'

Bunaithe ar alt le hÉamonn Ó Dónaill san iris *Beo!* (www.beo.ie)

 Gluais

Chinn de Paor agus a bhean, Shirley . . . :	*de Paor and his wife, Shirley, decided*
dochtúireacht:	*doctorate*
saothar Mháirtín Uí Chadhain:	*the work of Máirtín Ó Cadhain*
Coláiste Thuamhan:	*Thomond College*
cathair ilchultúrtha:	*multicultural city*
ag tabhairt aire do na páistí:	*caring for the children*
ollscoil:	*university*
deiseanna:	*opportunities*
ar fáil:	*available*
cúrsa:	*course*
léann Éireannach:	*Irish studies*
an-diúltach:	*very negative*
d'fhill siad ar Éirinn:	*they returned to Ireland*
gortaíodh a bhean:	*his wife was injured*
timpiste:	*accident*
rud a chiallaigh nach bhféadfadh sí:	*which meant she couldn't*
go n-éireodh leis féin:	*that he himself would manage*
post lánaimseartha:	*a full-time job*
ar an bhfód dúchais:	*to their native land*

idir dhá chultúr:	*between two cultures*
gar do:	*near to*
ní fhéadfadh siad:	*they couldn't*
cíos:	*rent*
diúltaíodh faoi dhó é:	*he was refused twice*
ag ligean tithe ar cíos:	*letting houses*
baineadh siar asam:	*I was taken aback*
ceadaithe:	*allowed*
bhraitheas:	*I felt*
go raibh an-athrú tagtha:	*that a great change had come*
luachanna:	*values*
ag diúltú do leanaí:	*refusing children*

ABC Frásaí agus focail

athair / an t-athair / aithreacha	*(a) father / the father / fathers*
máthair / an mháthair / máithreacha	*(a) mother / the mother / mothers*
tuismitheoir / an tuismitheoir / tuismitheoirí	*(a) parent / the parent / parents*
mac / an mac / mic	*(a) son / the son / sons*
iníon / an iníon / iníonacha	*(a) daughter / the daughter / daughters*
deartháir / an deartháir / deartháireacha	*(a) brother / the brother / brothers*
deirfiúr / an deirfiúr / deirfiúracha	*(a) sister / the sister / sisters*
col ceathrair / an col ceathrair / col ceathracha	*(a) cousin / the cousin / cousins*
uncail / an t-uncail / uncailí	*(an) uncle / the uncle / uncles*
aintín / an aintín / aintíní	*(an) aunt / the aunt / aunts*
nia / an nia / nianna	*(a) nephew / the nephew / nephews*
neacht / an neacht / neachtanna	*(a) niece / the niece / nieces*
seanathair / an seanathair	*(a) grandfather / the grandfather*
seanmháthair / an tseanmháthair	*(a) grandmother / the grandmother*
garmhac / an garmhac / garmhic	*(a) grandson / the grandson / grandsons*
gariníon / an ghariníon / gariníonacha	*(a) granddaughter / the granddaughter / granddaughters*
leasathair	*(a) stepfather*
leasmháthair	*(a) stepmother*
Is páiste aonair mé.	*I'm an only child.*
Tá mé uchtaithe.	*I'm adopted.*
Tá triúr clainne agam.	*I have three children.*
Tá beirt pháistí againn.	*We have two children.*
An bhfuil clann/páistí agat?	*Have you any children?*

Tá beirt mhac agam.	*I have two sons.*
Tá mac agus triúr iníonacha againn.	*We have a son and three daughters.*
bean chéile / an bhean chéile	*(a) wife / the wife*
fear céile / an fear céile	*(a) husband / the husband*
pósta	*married*
scartha	*separated*
colscartha	*divorced*
singil	*single*
baintreach	*widow*
baintreach fir	*widower*
Tá mé geallta.	*I'm engaged.*

Súil siar ar an aonad

Bain triail as an ngníomhaíocht seo anois go bhfeice tú an bhfuil na
príomhphointí a múineadh in Aonad 2 ar eolas agat. Éist leis an dlúthdhiosca
nuair a bheidh tú críochnaithe chun do fhreagraí a dhearbhú.
*(Try this activity now to see if you know the main points taught in Unit 2. Listen to the
CD when you have finished in order to verify your answers.)*

Conas mar a déarfá na nithe seo a leanas? (*How would you say the following?*)

(a)   How many brothers and sisters do you have?
(b)   How many brothers do you have yourself?
(c)   I have no brothers.
(d)   Three brothers and two sisters.
(e)   Which of you is the eldest?
(f)   Siobhán is the eldest in the family.
(g)   She's four years older than me.
(h)   Do you get on well with him?
(i)   Do you get on well with your parents?
(j)   She's married.
(k)   *She's* married with four children.
(l)   Her husband died suddenly last year.

Freagraí na ngníomhaíochtaí

Gníomhaíocht 2.3

(a)   Tá triúr deirfiúracha agus deartháir amháin agam.
(b)   Is mise an duine is óige.
(c)   Is í Úna is sine.

(d) Cailleadh a fear céile go tobann anuraidh.

(e) An réitíonn tú go maith leo siúd?

(f) Tá ceathrar againn ann.

Gníomhaíocht 2.4

(a) Tá Mícheál seacht mbliana déag d'aois, agus tá a dheirfiúr Jennifer trí bliana déag.

(b) Is mise an duine is sine. Tá mé cúig bliana is fiche.

(c) Tá beirt mhac agus iníon amháin agam. Tá Dara cúig bliana, tá Laoise aon bhliain déag, agus tá Pádraig ocht mbliana déag.

(d) Tá siad pósta le sé bliana is daichead anois.

(e) Tá Aoife níos sine ná Úna: tá sí naoi mbliana is fiche.

Gníomhaíocht 2.5

Brendan:	An bhfuil deartháir nó deirfiúr ar bith agat?
You:	Tá. Tá beirt deartháireacha agus deirfiúr amháin agam.
Brendan:	Agus an bhfuil siad níos sine nó níos óige ná tusa?
You:	Tá mo dheartháir Séamas níos sine ná mise: tá sé ocht mbliana is fiche. Tá an deartháir eile, Chris, níos óige: tá sé naoi mbliana déag.
Brendan:	Agus do dheirfiúr?
You:	Is í mo dheirfiúr Eibhlín an duine is sine: tá sí bliain is tríocha.
Brendan:	Níl deartháir ar bith agam féin. Tá deirfiúr amháin agam.
You:	Cén aois atá sí?
Brendan:	Tá sí níos óige ná mise: tá sí ceithre bliana is fiche.

Súil siar ar an aonad

(a) Cé mhéad deartháir agus deirfiúr atá agat?

(b) Cé mhéad deartháir atá agat féin?

(c) Níl deartháir ar bith agam.

(d) Triúr deartháireacha agus beirt deirfiúracha.

(e) Cé acu duine agaibh is sine?

(f) Is í Siobhán an duine is sine sa teaghlach.

(g) Tá sí ceithre bliana níos sine ná mise.

(h) An réitíonn tú go maith leis?

(i) An réitíonn tú go maith le do thuismitheoirí?

(j) Tá sí pósta.

(k) Tá sise pósta agus ceathrar páistí aici.

(l) Cailleadh a fear céile go tobann anuraidh.

Aistriúchán ar na comhráite

Dónall and Róisín find out about each other's families.

Dónall:	How many brothers and sisters do you have?
Róisín:	I have one brother. I have no sisters.
Dónall:	Are you and your brother very close?
Róisín:	Yes. He's married now. His wife is expecting a baby in a couple of months.
Dónall:	You'll be an aunt, then.
Róisín:	Yes. I'm really looking forward to it.

Maighréad reminisces about the big family she came from as she shows some old photographs to Cathal.

Maighréad:	That's the whole family.
Cathal:	How many of you were there?
Maighréad:	There were ten of us altogether. And the ten are still alive, thank God.
Cathal:	Let me see—six boys and four girls. Am I right?
Maighréad:	Yes.
Cathal:	And are they living in Ireland?
Maighréad:	Not at all, my dear. There are three in America, two in Australia, two more in England, and another in South Africa. My brother Pádraig and I are the only two at home now.

Aoife is being interviewed about her family. She tells us about her sister and how they get on together.

Anna:	You're welcome back. On the programme today I'll be talking to Aoife Ní Loidéain. Aoife, have you any brothers or sisters?
Aoife:	I have one sister—Siobhán.
Anna:	And you have no brothers?
Aoife:	No.
Anna:	And which one of you is older, you or Siobhán?
Aoife:	Siobhán is older. She's three years older than I am.

Anna:	And do you get on well with her?
Aoife:	Yes, most of the time.

Dónall and Róisín continue to get to know each other.

Róisín:	What about you? Do you have any brothers or sisters?
Dónall:	I have three sisters and one brother.
Róisín:	And are you the eldest?
Dónall:	No. I'm the youngest.
Róisín:	Me too! Which of you is the eldest?
Dónall:	Úna is the eldest. She's married and has three children. Then Niamh: she's married as well. Then Muiris: he's in the middle. Then Fiona; and myself last.
Róisín:	Five in all! And there are only two of us.

As we heard earlier, Maighréad's family is scattered to the four winds. Listen now as she gives more details about them.

Maighréad:	That's Máire—she's the eldest. She's been in Chicago for years and years. And that's Seán and Tomás—they're twins. Seán's in Australia, and Tomás is in South Africa—on the missions.
Cathal:	Is that Pádraig, who's farming over here?
Maighréad:	That's him.
Cathal:	And who's this?
Maighréad:	That's Baba. She's in Leeds. Her husband died suddenly last year, the Lord have mercy on him.
Cathal:	You looked so alike when you were young!
Maighréad:	We still do. Isn't it a great thing?

We hear more about Aoife's family now.

Anna:	What about your parents? Do you get on well with them?
Aoife:	Well, my parents are separated. I get on better with my father than with my mother.
Anna:	And are you living with your mother?
Aoife:	I am. But I see my father often.
Anna:	There are three of you in the house, then: yourself, your sister, and your mother.
Aoife:	There are four of us. An aunt of my mother's lives with us as well. She's a grandaunt of mine.
Anna:	And do you get on well with your grandaunt?
Aoife:	I don't. We're always fighting!

Aonad 3

ÓCÁIDÍ SÓISIALTA

SOCIAL OCCASIONS

San aonad seo, déanfaidh tú na rudaí seo a leanas a chleachtadh (*In this unit, you will practise the following*):

- ag fiafraí de dhuine an mbeidh sé saor (*asking someone whether or not they'll be free*)
- ag tabhairt cuiridh do dhuine (*giving someone an invitation*)
- ag glacadh le cuireadh agus ag diúltú do chuireadh (*accepting and declining an invitation*)
- ag rá cén fáth nach bhfuil tú saor chun rud éigin a dhéanamh (*saying why you're not free to do something*)
- tréimhsí ama agus laethanta na seachtaine (*periods of time and the days of the week*).

Foghlaim na Gaeilge 3

Déan iarracht staidéar a dhéanamh ar an nGaeilge go rialta. Is fearr fiche nóiméad nó leathuair an chloig oibre a dhéanamh leis an leabhar seo cúpla uair sa tseachtain ná iarracht a dhéanamh tabhairt faoi aonad iomlán ag an am amháin.

Try studying Irish regularly. It's better to do twenty minutes or half an hour of work with this book a few times a week than to try covering all the material in a unit in one sitting.

Gníomhaíocht 3.1

Cloisfidh tú daoine ag tabhairt cuiridh dá chéile. Éist leo, agus abair cé acu a bhfuil na habairtí atá le fáil roimh na comhráite fíor nó bréagach.
(You'll hear people giving invitations to each other. Listen to them, and say whether the sentences that appear below are true or false.)

(a) Róisín has nothing planned for tonight.	Fíor	Bréagach
(b) Róisín likes Italian food.	Fíor	Bréagach
(c) Darach has three tickets for the concert.	Fíor	Bréagach
(d) Aoife is not free to go to the concert.	Fíor	Bréagach
(e) Maighréad's party will take place on Saturday night.	Fíor	Bréagach
(f) Mícheál didn't receive an invitation to the party.	Fíor	Bréagach

Comhráite

Dónall phones Róisín and invites her to dinner.

Róisín:	Haileo?
Dónall:	A Róisín, seo Dónall.
Róisín:	Dónall—conas atá tú?

Dónall:	Go breá. Cogar, cad atá ar siúl agat anocht?
Róisín:	Faic.
Dónall:	Ar mhaith leat teacht le haghaidh dinnéir liom?
Róisín:	Ba bhreá liom.
Dónall:	Tá áit nua Iodálach oscailte i lár na cathrach.
Róisín:	Is breá liom bia Iodálach!
Dónall:	Cuirfidh mé bord in áirithe, mar sin.
Róisín:	Go hiontach!

Darach asks Aoife out on a date. She's not keen.

Aoife [*speaking to a customer*]:	Lá maith anois agat.
Darach:	Cén chaoi a bhfuil tú, a Aoife?
Aoife:	Go maith. Cén chaoi a bhfuil tú féin?
Darach:	Iontach. Cogar, an bhfuil tú saor anocht?
Aoife:	Anocht?
Darach:	Sea, anocht. Tá ceolchoirm iontach ar siúl i nGaillimh anocht. Tá dhá thicéad agam.
Aoife:	Tá brón orm, a Dharach, ach tá mé ag obair anocht.

Maighréad is planning a bash for her seventieth birthday. She invites Mícheál along.

Maighréad:	Bail ó Dhia ar an obair.
Mícheál:	Go mba hé duit, a Mhaighréad.
Maighréad:	Cogar, an mbeidh tú ag mo chóisir?
Mícheál:	Cén uair a bheas sí ar siúl?
Maighréad:	Oíche Aoine, thiar san óstán. Nach bhfuair tú an cuireadh?
Mícheál:	Ó, fuair, fuair. Cé eile a bheas ann?
Maighréad:	Beidh muintir an bhaile uilig ann. An mbeidh tú féin ann?
Mícheál:	Níl a fhios agam, a Mhaighréad. Tá mé faoi bhrú an-mhór faoi láthair.
Maighréad:	Faoi bhrú an-mhór? Cén sórt brú an-mhór?
Mícheál:	Obair, a stór, obair.

Eolas úsáideach / *Useful information*

- Try not to confuse **Is breá liom** (*I love*) and **Ba bhreá liom** (*I would love*):
  Is breá liom dul chuig ceolchoirmeacha. (*I love to go to concerts.*)
  Ba bhreá liom pionta anois. (*I'd love a pint now.*)

- There are several ways of responding to an invitation:
  Ar mhaith leat teacht chuig mo chóisir? (*Would you like to come to my party?*)
  Ba mhaith. (*Yes.*)
  Níor mhaith. (*No.*)
  Ba bhreá liom. (*I'd love to.*)

  Note that **liom** is not used when the answer is *Yes* or *No*.

- Here are some reasons why you might not be free to accept an invitation:
  Ba bhreá liom, ach . . . (*I'd love to, but . . .*)
  beidh mé ag obair déanach. (*I'll be working late.*)
  caithfidh mé éirí go moch ar maidin. (*I have to be up early in the morning.*)
  beidh mé ag bualadh le roinnt cairde. (*I'm meeting some friends.*)
  tá mé an-tuirseach. (*I'm very tired.*)

- The consonants **b, c, f, g, m** and **p** are *lenited* when they follow **an-** (*very*). The other consonants remain unchanged.
  an-mhór (*very big*)
  an-mhaith (*very good*)
  but
  an-trom (*very heavy*)
  an-saibhir (*very rich*)

  Adjectives beginning with a vowel are not affected by **an-**.

Gníomhaíocht 3.2

Cuir an réimír **an-** roimh na haidiachtaí seo (*Put the prefix **an-** before these adjectives*):

(*a*) deas

(*b*) gnóthach

(*c*) fuar

(*d*) te

(*e*) beag

(*f*) sona

(*g*) daor

(*h*) saor

(*i*) cairdiúil

(*j*) éasca

Gníomhaíocht 3.3

Sula n-éistfidh tú leis na comhráite seo thíos, déan iarracht na bearnaí iontu a líonadh, ag úsáid na bhfocal atá sa liosta. Éist leis na míreanna ansin chun do chuid freagraí a dhearbhú.

(*Before you listen to the dialogues below, try to fill in the blanks, using the words listed. Then listen to the dialogues to verify your answers.*)

(*a*)   fút

(*b*)   deireanach

(*c*)   Feicfidh

(*d*)   iomarca

(*e*)   Francach

(*f*)   an-trom

(*g*)   bhrú

(*h*)   beagnach

(*i*)   buíochas

(*j*)   chuig

Comhráite

Róisín agreed to meet Dónall in the new Italian restaurant in the city centre. Let's see how they got on.

Róisín:	Dónall!
Dónall:	Róisín!
Róisín:	Cén t-am é?
Dónall:	Tá sé _____(1) a naoi a chlog.
Róisín:	Tá an-bhrón orm, a Dhónaill. Bhí an trácht _____(2).
Dónall:	Bhí faitíos orm go raibh tú imithe amú!
Róisín:	Bhí mé ag fanacht uair an chloig ar thacsaí.
Dónall:	Cén dochar! Tá tú anseo anois.

Earlier we met Darach, who asked Aoife to go with him to the gig—'an cheolchoirm iontach'. Aoife, however, was not available, as she was working. He decides to call around to the shop where she works.

Siobhán:	Euro fiche a seacht, le do thoil.
Darach:	An bhfuil Aoife thart?
Siobhán:	Níl. Mise atá ag obair anocht.

Darach:	Ó. Shíl mé go raibh Aoife ag obair anocht.
Siobhán:	Níl. Tá sí ag dul _____(3) scannán.
Darach:	Chuig scannán? An léi féin atá sí ag dul?
Siobhán:	Le Rónán, sílim. Scannán _____(4) atá ann.

The phone rings on the counter, and Siobhán picks it up.

Siobhán:	Aoife! Bhí muid díreach ag caint _____(5). Tá Darach anseo. Shíl seisean go raibh tú ag obair anocht.
Darach:	Caithfidh mise imeacht, nó beidh mé _____(6).

Darach leaves quickly.

Siobhán:	Darach? . . . Aoife? Aoife? An bhfuil tú ansin?

Mícheál doesn't think he'll make it to Maighréad's birthday, because he has so much work to do. Maighréad, however, spots him coming out of the pub and is none too pleased.

Maighréad:	Bail ó Dhia ar an obair, a Mhíchíl.

Mícheál looks over and sees her.

Mícheál:	Tú féin atá ann, a Mhaighréad!
Maighréad:	Is mé. Cén chaoi a bhfuil tú?
Mícheál:	Ó go breá, go breá, _____(7) le Dia.
Maighréad:	Tá tú fós faoi _____(8) mór, an bhfuil? Ag obair i gcónaí?
Mícheál:	Bhuel, ní i gcónaí. Bhí mé ag cuimhneamh, a Mhaighréad. Ba bhreá liom a dhul chuig an gcóisir.
Maighréad:	Ar bhreá, anois?
Mícheál:	Ba bhreá. Cén uair a bheas sí ar siúl, a deir tú?
Maighréad:	Oíche Aoine. Ach níor mhaith liom an _____(9) brú a chur ort.
Mícheál:	Diabhal brú a bheas orm. Rinne mé an-lá oibre inniu. _____(10) mé oíche Aoine thú, le cúnamh Dé.
Maighréad:	Le cúnamh Dé, a Mhíchíl.

- When you want to find out what the time is, you can ask either **Cén t-am é?** or **Cén t-am atá sé?**
  Either **ar** or **ag** can be used for *at*. Note, however, that the consonant **c** is lenited when it follows **ar**.

	ag	ar
4:00 p.m.	ag a ceathair a chlog	ar a ceathair a chlog
5:15 a.m.	ag ceathrú tar éis a cúig	ar cheathrú tar éis a cúig
7:20 p.m.	ag fiche tar éis a seacht	ar fiche tar éis a seacht
6:25 p.m.	ag cúig nóiméad is fiche tar éis a sé	ar chúig nóiméad is fiche tar éis a sé
8:30 a.m.	ag leathuair tar éis a hocht	ar leathuair tar éis a hocht
9:35 p.m.	ag cúig nóiméad is fiche chun a deich	ar chúig nóiméad is fiche chun a deich
10:45 p.m.	ag ceathrú chun a haon déag	ar cheathrú chun a haon déag

- The words **Francach** (*French*) and **Iodálach** (*Italian*) are both nouns and adjectives: they can refer to a person or to a thing.
  Is Iodálach í. (*She's an Italian.*)
  Is breá liom bia Iodálach. (*I love Italian food.*)
  Ní Francach é, is Gearmánach é. (*He's not French, he's German.*)
  Is breá liom fíon Francach. (*I love French wine.*)

Is breá liom bia Iodálach.

- The preposition **chuig** (*to*) is used when talking about going to an event or to an appointment.
  Chuaigh mé chuig dráma arú aréir. (*I went to a play the night before last.*)

- The preposition **go** (*to*) is used when talking about going to a place.
  Tá mé ag dul go Gaillimh amárach. (*I'm going to Galway tomorrow.*)
  Go dtí is used before the definite article, **an** (*the*).
  Chuaigh Susan agus Tadhg go dtí an phictiúrlann inné. (*Susan and Tadhg went to the cinema yesterday.*)

- Here are some useful phrases to use when making arrangements to meet someone:
  Cén t-am a bhuailfidh mé leat? (*What time will I meet you?*)
  Cén áit a mbuailfidh mé leat? (*Where will I meet you?*)
  Cén áit a mbuailfimid le chéile? (*Where will we meet?*)

Gníomhaíocht 3.4

Glaonn do chara Julie ort, agus tugann sí cuireadh duit dinnéar a bheith agat léi. (*Your friend Julie rings and invites you to have dinner with her.*)

Julie:	An bhfuil tú saor san oíche amárach?
Tusa:	*I am. Why?*
Julie:	Ar mhaith leat dinnéar a bheith agat liom?
Tusa:	*I'd love to. Where?*
Julie:	Tá bialann nua Spáinneach oscailte i lár na cathrach. Cloisim go bhfuil sí go deas.
Tusa:	*I love Spanish food! What time will I meet you?*
Julie:	Céard faoi leathuair tar éis a seacht?
Tusa:	*Fine. Where will we meet?*
Julie:	Sa ghnáth-áit, is dócha.

Gníomhaíocht 3.5

Scríobh an réamhfhocal ceart—**chuig, go,** nó **go dtí**—sna bearnaí thíos. (*Write the correct preposition—**chuig, go,** or **go dtí**—in the blanks below.*)

(*a*) Tá mé ag dul _____ scannán le Peadar san oíche amárach.

(*b*) Chuaigh mé _____ Contae Chiarraí an bhliain seo caite ar mo laethanta saoire.

(*c*) Ar mhaith leat dul _____ ceolchoirm liom Dé Sathairn?

(*d*) Tá mé féin agus Bríd ag dul _____ an Spáinn i gceann míosa.

(*e*) Thiomáin siad ó Bhéal Feirste _____ Dún na nGall.

(*f*) An bhfuil tú saor le dul _____ scannán san oíche amárach?

(*g*) Ba bhreá liom dul _____ an Fhrainc an samhradh seo.

(*h*) Tá mé féin agus Aoife ag dul _____ cóisir Bhreandáin oíche Aoine.

Frásaí agus focail

cóisir / an chóisir	*(a) party / the party*
bainis / an bhainis	*(a) wedding / the wedding*
lá breithe / an lá breithe	*(a) birthday / the birthday*
Lá breithe sona duit.	*Happy birthday.*
ceolchoirm / an cheolchoirm	*(a) concert / the concert*
scannán / an scannán	*(a) film / the film*
pictiúrlann / an phictiúrlann	*(a) cinema / the cinema*
dráma / an dráma	*(a) play / the play*
taispeántas / an taispeántas	*(an) exhibition / the exhibition*
cúig nóiméad	*five minutes*
deich nóiméad	*ten minutes*
Feicfidh mé thú i gceann fiche nóiméad.	*I'll see you in twenty minutes' time.*
cúig nóiméad is fiche	*twenty-five minutes*
uair an chloig	*an hour*
inniu	*today*
anocht	*tonight*
amárach	*tomorrow*
san oíche amárach	*tomorrow night*
(san) oíche Dé Sathairn	*on Saturday night*
an tseachtain seo chugainn	*next week*
ag deireadh na míosa	*at the end of the month*
Dé Luain	*Monday*
Dé Máirt	*Tuesday*
Dé Céadaoin	*Wednesday*
Déardaoin	*Thursday*
Dé hAoine	*Friday*
Dé Sathairn	*Saturday*
Dé Domhnaigh	*Sunday*

Súil siar ar an aonad

Bain triail as an ngníomhaíocht seo go bhfeice tú an bhfuil na príomhphointí a múineadh in Aonad 3 ar eolas agat. Éist leis an dlúthdhiosca nuair a bheidh tú críochnaithe chun do fhreagraí a dhearbhú.

(Try this activity now to see if you know the main points taught in Unit 3. Listen to the CD when you have finished to verify your answers.)

Conas mar a déarfá na nithe seo a leanas? (*How would you say the following?*)
(*a*) What are you doing tonight?
(*b*) Would you like to come to dinner with me?
(*c*) I'd love to.
(*d*) I love Italian food!
(*e*) Listen, are you free tonight?
(*f*) There's a brilliant concert on in Galway tonight. I've got two tickets.
(*g*) Will you be at my party?
(*h*) Did you not get the invitation?
(*i*) I'm under a lot of pressure at the moment.
(*j*) It's nearly nine o'clock.
(*k*) He thought you were working tonight.
(*l*) I have to go or I'll be late.

Freagraí na ngníomhaíochtaí

Gníomhaíocht 3.1

(*a*) Róisín has nothing planned for tonight.	Fíor
(*b*) Róisín likes Italian food.	Fíor
(*c*) Darach has three tickets for the concert.	Bréagach (He has two.)
(*d*) Aoife is not free to go to the concert.	Fíor
(*e*) Nóra's party will take place on Saturday night.	Bréagach (It's on Friday night.)
(*f*) Mícheál didn't receive an invitation to the party.	Bréagach

Gníomhaíocht 3.2

(*a*) an-deas
(*b*) an-ghnóthach
(*c*) an-fhuar
(*d*) an-te
(*e*) an-bheag
(*f*) an-sona
(*g*) an-daor
(*h*) an-saor
(*i*) an-chairdiúil
(*j*) an-éasca

Gníomhaíocht 3.3

1. beagnach
2. an-trom
3. chuig

4. Francach
5. fút
6. deireanach
7. buíochas
8. bhrú
9. iomarca
10. Feicfidh

 Gníomhaíocht 3.4

Julie:	An bhfuil tú saor san oíche amárach?
Tusa:	Tá. Cén fáth?
Julie:	Ar mhaith leat dinnéar a bheith agat liom?
Tusa:	Ba bhreá liom. Cén áit?
Julie:	Tá bialann nua Spáinneach oscailte i lár na cathrach. Cloisim go bhfuil sí go deas.
Tusa:	Is breá liom bia Spáinneach! Cén t-am a bhuailfidh mé leat?
Julie:	Céard faoi leathuair tar éis a seacht?
Tusa:	Go breá. Cén áit a mbuailfimid le chéile?
Julie:	Sa ghnáth-áit, is dócha.

An craoltóir Cian Ó Cíobháin as Ciarraí, an t-aoi speisialta i gclár a trí den tsraith *Turas Teanga* ar an teilifís, le láithreoir an chláir, Sharon Ní Bheoláin.
(*The broadcaster Cian Ó Cíobháin from Kerry, special guest in programme three of the* Turas Teanga *television series, with presenter Sharon Ní Bheoláin.*)

 Gníomhaíocht 3.5

(a) Tá mé ag dul chuig scannán le Peadar san oíche amárach.
(b) Chuaigh mé go Contae Chiarraí an bhliain seo caite ar mo laethanta saoire.
(c) Ar mhaith leat dul chuig ceolchoirm liom Dé Sathairn?
(d) Tá mé féin agus Bríd ag dul go dtí an Spáinn i gceann míosa.
(e) Thiomáin siad ó Bhéal Feirste go Dún na nGall.
(f) An bhfuil tú saor le dul chuig scannán san oíche amárach?
(g) Ba bhreá liom dul go dtí an Fhrainc an samhradh seo.
(h) Tá mé féin agus Aoife ag dul chuig cóisir Bhreandáin oíche Aoine.

Súil siar ar an aonad

(a) Cad atá ar siúl agat anocht?

(b) Ar mhaith leat teacht le haghaidh dinnéir liom?

(c) Ba bhreá liom.

(d) Is breá liom bia Iodálach!

(e) Cogar, an bhfuil tú saor anocht?

(f) Tá ceolchoirm iontach ar siúl i nGaillimh anocht. Tá dhá thicéad agam.

(g) An mbeidh tú ag mo chóisir?

(h) Nach bhfuair tú an cuireadh?

(i) Tá mé faoi bhrú an-mhór faoi láthair.

(j) Tá sé beagnach a naoi a chlog.

(k) Shíl seisean go raibh tú ag obair anocht.

(l) Caithfidh mise imeacht nó beidh mé deireanach.

Aistriúchán ar na comhráite

Dónall phones Róisín and invites her to dinner.

Róisín: Hello?

Dónall: Róisín, this is Dónall.

Róisín: Dónall—how are you?

Dónall: Fine. Look, what are you doing tonight?

Róisín: Nothing.

Dónall: Would you like to come to dinner with me?

Róisín: I'd love to.

Dónall: There's a new Italian place open in the city centre.

Róisín: I love Italian food!

Dónall: I'll book a table, then.

Róisín: Great!

Darach asks Aoife out on a date. She's not keen.

Aoife [*speaking to
  a customer*]:   Good day to you.

Darach: How are you, Aoife?

Aoife: I'm well. How are you?

Darach: Great. Listen, are you free tonight?

Aoife: Tonight?

Darach: Yes, tonight. There's a brilliant concert on in Galway tonight. I've got two tickets.

Aoife: I'm sorry, Darach, but I'm working tonight.

Maighréad is planning a bash for her seventieth birthday. She invites Mícheál along.

Maighréad:	God bless the work.
Mícheál:	The same to you, Maighréad.
Maighréad:	Listen, will you be at my party?
Mícheál:	When is it taking place?
Maighréad:	Friday night, over in the hotel. Did you not get the invitation?
Mícheál:	Oh, I did, I did. Who else will be there?
Maighréad:	All the people in the town will be there. Will you be there yourself?
Mícheál:	I don't know, Maighréad. I'm under a lot of pressure at the moment.
Maighréad:	Under a lot of pressure? What sort of pressure?
Mícheál:	Work, my dear, work.

Róisín agreed to meet Dónall in the new Italian restaurant in the city centre. Let's see how they got on.

Róisín:	Dónall!
Dónall:	Róisín!
Róisín:	What time is it?
Dónall:	It's nearly nine o'clock.
Róisín:	I'm very sorry, Dónall. The traffic was very heavy.
Dónall:	I was afraid you'd got lost!
Róisín:	I was waiting for an hour for a taxi.
Dónall:	What harm! You're here now.

Earlier we met Darach, who asked Aoife to go with him to the gig—'an cheolchoirm iontach'. Aoife, however, was not available, as she was working. He decides to call around to the shop where she works.

Siobhán:	One euro twenty-seven, please.
Darach:	Is Aoife around?
Siobhán:	No. I'm the one working tonight.
Darach:	Oh. I thought Aoife was working tonight.
Siobhán:	No. She's going to a film.
Darach:	To a film? Is she going on her own?
Siobhán:	With Rónán, I think. It's a French film.

The phone rings on the counter, and Siobhán picks it up.

Siobhán:	Aoife! We were just talking about you. Darach is here. He thought you were working tonight.
Darach:	I have to go, or I'll be late.

Darach leaves quickly.

Siobhán: Darach? . . . Aoife? Aoife? Are you there?

Mícheál doesn't think he'll make it to Maighréad's birthday, because he has so much work to do. Maighréad, however, spots him coming out of the pub and is none too pleased.

Maighréad: God bless the work, Mícheál.

Mícheál looks over and sees her.

Mícheál: It's yourself, Maighréad!
Maighréad: It is. How are you?
Mícheál: Oh, fine, fine, thank God.
Maighréad: You're still under a lot of pressure, are you? Working still?
Mícheál: Well, not always. I was thinking, Maighréad. I'd love to go to the party.
Maighréad: Would you, now?
Mícheál: I would. When did you say it would be on?
Maighréad: On Friday night. But I wouldn't like to put you under too much pressure.
Mícheál: It'll be no pressure. (Literally, 'Divil the pressure will be on me.') I did a great day's work today. I'll see you on Friday night, with God's help.
Maighréad: With God's help, Mícheál.

Aonad 4

CAITHEAMH AIMSIRE

PASTIMES

San aonad seo, déanfaidh tú na rudaí seo a leanas a chleachtadh (*In this unit, you will practise the following*):

- ag rá cén caitheamh aimsire atá agat (*saying what your pastimes are*)
- ag cur ceiste ar dhuine an ndéanann sé rud áirithe (*asking someone whether or not they do something*)
- ag cur tuairimí in iúl (*expressing opinions*)
- ag rá cé chomh minic is a dhéanann tú rud éigin (*saying how often you do something*)
- ag ainmniú laethanta na seachtaine agus amanna faoi leith den lá (*naming days of the week and certain times of day*).

Foghlaim na Gaeilge 4

Ceannaigh cártaí innéacs agus bain úsáid astu chun do chuid Gaeilge a chleachtadh. Scríobh abairt nó focal Gaeilge ar thaobh amháin den chárta agus an leagan Béarla ar an taobh eile. San aonad seo, mar shampla, d'fhéadfá úsáid a bhaint as na ceisteanna agus freagraí san aimsir láithreach atá le fáil ar leathanaigh 43–4 thíos. (Bheadh na habairtí atá le fáil sa ghníomhaíocht 'Súil siar ar an aonad' ag deireadh gach aonaid úsáideach chomh maith.) Déan iarracht na cártaí a chur díot chomh sciobtha agus is féidir leat, agus measc iad go minic.

Buy index cards and use them to practise your Irish. Write an Irish word or sentence on one side of each card and the English version on the other side. In this unit, for example, you could use the questions and answers in the present tense listed on pages 43–4 below.

(The sentences contained in the review exercise at the end of each unit would also be useful.) Try to get through the cards as quickly as possible, and shuffle them frequently.

Gníomhaíocht 4.1

Cloisfidh tú daoine ag rá cén caitheamh aimsire atá acu. Éist leo ar dtús gan féachaint ar an script ag deireadh an aonaid go bhfeice tú an dtuigfidh tú mórán dá gcuid cainte.

(You'll hear people talking about their pastimes. Listen to them first without looking at the script at the end of the unit and see how much you understand.)

Comhráite

Mícheál is being surveyed about his pastimes. He mentions three activities he enjoys.

Darach:	Céard a dhéanann tú ag an deireadh seachtaine de ghnáth?
Mícheál:	Bhuel, sa samhradh téim chuig na cluichí peile.
Darach:	Tá spéis agat sa bpeil, an bhfuil?
Mícheál:	D'fhéadfá a rá go bhfuil!
Darach:	An dtéann tú ag snámh?
Mícheál:	Ní théim. Bím ag rámhaíocht sa gcurach. Agus is maith liom a bheith ag iascach. Bainim an-sásamh as an iascach.

Maighréad is being interviewed on local radio by Anna. Anna is asking her about what she does in her spare time.

Anna:	Cad é a dhéanann tú ag an deireadh seachtaine de ghnáth?
Maighréad:	Téim ag seoltóireacht go minic. Tá bád seoil ag mac dearthár liom.
Anna:	An dtaitníonn an fharraige leat?
Maighréad:	Taitníonn sí thar cionn liom. Is maith liom a bheith ag snámh chomh maith. Téim ag snámh sa bhfarraige chuile lá den bhliain.
Anna:	Fiú sa gheimhreadh?
Maighréad:	Cinnte sa ngeimhreadh. Taitníonn an geimhreadh go mór liomsa. Téim go hAndorra ag scíáil.
Anna:	An mbíonn an t-am agat le bheith ag amharc ar an teilifís ar chor ar bith?
Maighréad:	Oró, bíonn, go deireanach san oíche.

Cathal is visiting the doctor. The doctor wants to hear about Cathal's leisure activities, day by day. He starts with Monday and works through to Sunday. Cathal has one pastime you may not recognise: 'bíonn sé ag caitheamh saighead'—throwing darts.

Dochtúir: Inis dom faoin gcaitheamh aimsire a bhíonn agat ó cheann ceann na seachtaine.

Cathal: Bhuel, fanaim istigh oíche Luain de ghnáth, ag amharc ar an teilifís. Dé Máirt téim amach ag caitheamh saighead.

Dochtúir: An mbíonn tú ag caitheamh saighead gach aon oíche Dé Máirt?

Cathal: Bíonn. Ní théim amach choíche Dé Céadaoin ná Déardaoin.

Dochtúir: Cad a bhíonn ar siúl agat?

Cathal: Bím ag amharc ar an teilifís. Bím ag scimeáil ar an idirlíon chomh maith.

Dochtúir: Dé hAoine ansan? Cad a bhíonn ar siúl agat Dé hAoine?

Cathal: Téim féin agus mo bhean chéile amach fá choinne béile achan oíche Aoine.

Dochtúir: Agus céard faoin gcuid eile den deireadh seachtaine?

Cathal: Go minic faigheann muid físeán ar cíos agus amharcann muid air oíche Shathairn. Dé Domhnaigh, bím ag obair—ag déanamh réidh don tseachtain úr.

Eolas úsáideach / *Useful information*

- In the first person singular, present tense, you have a choice when you're answering *Yes* or *No*:
  An dtéann tú ag snámh? (*Do you go swimming?*)
  Téim. (*Yes.*) / **Ní théim.** (*No.*)
  or
  Téann. (*Yes.*) / **Ní théann.** (*No.*)

- In Irish, when your answer to a question is *Yes* or *No* it's not necessary to use a pronoun (**mé, tú,** etc.):
  An dtéann sí ag scíáil na laethanta seo? (*Does she go skiing these days?*)
  Téann. (*Yes.*) / **Ní théann.** (*No.*)

- When you make a statement you must, of course, use a pronoun:
  Téann sí ag snámh go minic. (*She often goes swimming.*)

- An aimsir láithreach (*The present tense*)
  The *present tense* is a form of the verb that expresses actions or states at the time of speaking:
  Tá mé ag obair mar fhreastalaí i mbialann. (*I'm working as a waiter in a restaurant.*)
  Tá triúr deartháireacha agam. (*I have three brothers.*)

- The *habitual present* is used when referring to something that happens regularly or at intervals:

  Bím sa bhaile gach tráthnóna timpeall a sé a chlog. (*I'm home every evening around six o'clock.*)

  Téim ag snámh gach Aoine. (*I go swimming every Friday.*)

- **Bí** (*be*) is the only verb that has two different forms in the present tense and the present habitual:

  Present tense of **bí**

táim (or **tá mé**)	**táimid**	**nílim** (or **níl mé**)	**nílimid**
tá tú	**tá sibh**	**níl tú**	**níl sibh**
tá sé/sí	**tá siad**	**níl sé/sí**	**níl siad**

  Present habitual of **bí**

bím	**bímid**	**ní bhím**	**ní bhímid**
bíonn tú	**bíonn sibh**	**ní bhíonn tú**	**ní bhíonn sibh**
bíonn sé/sí	**bíonn siad**	**ní bhíonn sé/sí**	**ní bhíonn siad**

- The list below contains commonly used verbs. Try learning the various forms. Remember that you can choose between two different forms in the first person singular.

Statement	*Question*	*Yes. / No.*
Imrím leadóg.	**An imríonn tú leadóg?**	**Imrím. / Ní imrím.**
(*I play tennis.*)	(*Do you play tennis?*)	or
		Imríonn./Ní imríonn.
Tagann sé anseo go minic.	**An dtagann sé anseo go minic?**	**Tagann. / Ní thagann.**
(*He comes here often.*)	(*Does he come here often?*)	

Téimid ansin le chéile.	**An dtéann sibh ansin le chéile?**	**Téann. / Ní théann.**
(*We go there together.*)	(*Do you go there together?*)	
Feicim iad gach Aoine.	**An bhfeiceann tú iad gach Aoine?**	**Feicim. / Ní fheicim**
(*I see them every Friday.*)	(*Do you see them every Friday?*)	or
		Feiceann. / Ní fheiceann.
Cloiseann sé mé anois.	**An gcloiseann sé mé anois?**	**Cloiseann. / Ní chloiseann.**
(*He hears me now.*)	(*Does he hear me now?*)	
Déanann siad an obair go léir.	**An ndéanann siad an obair go léir?**	**Déanann. / Ní dhéanann.**
(*They do all the work.*)	(*Do they do all the work?*)	
Deir sibh é sin go minic.	**An ndeir sibh é sin go minic?**	**Deir. / Ní deir.**
(*You often say that.*)	(*Do you often say that?*)	
Faigheann sí nuachtán gach lá.	**An bhfaigheann sí nuachtán gach lá?**	**Faigheann. / Ní fhaigheann.**
(*She gets a newspaper every day.*)	(*Does she get a newspaper every day?*)	
Ithim gach cineál bia.	**An itheann tú gach cineál bia?**	**Ithim. / Ní ithim.**
(*I eat all sorts of food.*)	(*Do you eat all sorts of food?*)	or
		Itheann. / Ní itheann.
Tugann sí cabhair dó.	**An dtugann sí cabhair dó?**	**Tugann. / Ní thugann.**
(*She helps him.*)	(*Does she help him?*)	

Gníomhaíocht 4.2

Tabhair freagra dearfach agus freagra diúltach ar gach ceist thíos.
(Give an affirmative answer (Yes) and a negative answer (No) to each question below.)

(*a*)   An bhfeiceann tú Deirdre go minic?

(*b*)   An mbíonn sé i mBéal Feirste mórán anois?

(*c*)   An itheann tú bia Síneach?

(*d*)   An bhfeiceann sí Stiofán mórán anois?

(*e*)   An gcasann sibh léi mórán anois?

(*f*)   An éiríonn sibh go moch ar maidin?

(*g*)   An dtéann Maria go Baile Átha Cliath gach deireadh seachtaine?

(*h*)   An maith leat ceol traidisiúnta?

Gníomhaíocht 4.3

Déan iarracht leagan Gaeilge na bhfocal agus na bhfrásaí seo a leanas a aimsiú agus tú ag éisteacht leis na comhráite.
(Try to find the Irish equivalent of the words and phrases below as you listen to the dialogues.)

(*a*)   in the winter

(*b*)   Do you watch television?

(*c*)   the odd game

(*d*)   Do you go out at night much?

(*e*)   in the future

(*f*)   I have no interest in it

(*g*)   tedious

(*h*)   Do you take any exercise?

Comhráite

Mícheál explains how he passes the long winter nights.

Darach: Ansin sa ngeimhreadh, cén caitheamh aimsire a bhíonn agat?

Mícheál: Bím páirteach i ndrámaí: tá mé i mo bhall de chumann drámaíochta. Bíonn an-chraic againn.

Darach: An mbíonn tú ag breathnú ar an teilifís?

Mícheál: Bíonn, ar mh'anam. Bíonn drámaí maithe ar an teilifís.

Darach: Agus na cláracha spóirt? An bhfuil spéis agat sna cláracha sin?

Mícheál: Tá, cinnte. Bainim an-sásamh as an snúcar.

| Darach: | An mbíonn tú ag imirt snúcair tú féin? |
| Mícheál: | Muise, ní bhíonn. Corrchluiche púil sa bpub, sin an méid. |

Back in the studio, Maighréad is telling Anna more about what she gets up to when she goes out at night. She mentions two activities she enjoys in the pub, neither of which involves drinking.

Anna:	An dtéann tú amach san oíche mórán?
Maighréad:	Téim. Téim ag éisteacht le ceol Gaelach sna tithe tábhairne. Tá an-dúil agam sa gceol Gaelach.
Anna:	An mbíonn tú ag imirt cártaí?
Maighréad:	Bíonn, sa ngeimhreadh. Bainim an-sásamh as cluiche maith pócair.
Anna:	An bhfuil rud ar bith nach bhfuil suim agat ann?
Maighréad:	Níl aon suim mhór agam sa ngarraíodóireacht. Ach b'fhéidir go mbeidh amach anseo, nuair a bheas mé níos sine.

Cathal gives the doctor his opinion on a number of different sporting activities.

Dochtúir:	Anois, ba mhaith liom cúpla ceist eile a chur ort faoi chaitheamh aimsire. An dtaitníonn peil leat?
Cathal:	Níl suim ar bith agam ann.
Dochtúir:	An imríonn tú galf?
Cathal:	Ní imríonn. Cluiche fadálach atá ann.
Dochtúir:	An ndéanann tú aclaíocht ar bith?
Cathal:	Ní dhéanann. Ach amháin bheith ag caitheamh saighead.

Eolas úsáideach / Useful information

- Here is how you refer to different parts of the day:
  tráthnóna Dé Luain (*Monday evening* or *on Monday evening*)
  maidin Dé Domhnaigh (*Sunday morning* or *on Sunday morning*)
  oíche Shathairn (*Saturday night* or *on Saturday night*)

- After **oíche** you can drop the **Dé** or leave it in:

oíche Luain	or	**oíche Dé Luain**
oíche Mháirt	or	**oíche Dé Máirt**
oíche Chéadaoin	or	**oíche Dé Céadaoin**
oíche Déardaoin		
oíche Aoine	or	**oíche Dé hAoine**
oíche Shathairn	or	**oíche Dé Sathairn**
oíche Dhomhnaigh	or	**oíche Dé Domhnaigh**

- Here are various ways of saying whether or not you enjoy something:
Is maith liom a bheith ag iascach. (*I like to fish.*)
Bainim an-sásamh as an bpeil. (*I really enjoy football.*)
Taitníonn an galf thar cionn liom. (*I really love golf.*)
Tá spéis mhór agam sa spórt. (*I have a lot of interest in sport.*)
Níl suim dá laghad agam sa teilifís. (*I have no interest whatsoever in television.*)
Is fuath liom an sacar. (*I hate soccer.*)
Tá sé an-leadránach mar chaitheamh aimsire. (*It's a very boring pastime.*)

> Níl suim dá laghad agam sa teilifís.

- It's worth learning these question forms as well:
An dtaitníonn an fharraige leat? (*Do you like the sea?*)
Taitníonn. (*Yes.*) / **Ní thaitníonn.** (*No.*)
An maith leat a bheith ag snámh? (*Do you like to swim?*)
Is maith. (*Yes.*) / **Ní maith.** (*No.*)

- Notice how the definite article, **an** (*the*), is often used before the noun in Irish:
an spórt (*sport*)
an sacar (*soccer*)

Gníomhaíocht 4.4

Tabhair an freagra idir lúibíní ar na ceisteanna seo.
(*Give the answer in parentheses to these questions.*)

(*a*) Cathain a imríonn tú galf de ghnáth? (*on Saturday morning*)

(*b*) Cathain a théann tú ag snámh? (*on Friday morning*)

(*c*) An bhfuil suim agat sa pheil? (*I have*)

(*d*) An dtaitníonn an léitheoireacht leat? (*Yes*)

(*e*) An dtaitníonn ceol traidisiúnta leis? (*No*)

(*f*) An maith le Síle bheith ag snámh? (*Yes*)

(g)   An ndéanann tú mórán aclaíochta? (*No*)

(h)   An imríonn sibh galf? (*Yes—every Sunday morning*)

Gníomhaíocht 4.5

Scríobh cuntas gearr anois ar an gcaitheamh aimsire a thaitníonn agus nach dtaitníonn leat féin.
(*Write a short account of the pastimes you yourself enjoy and don't enjoy.*)

Gníomhaíocht 4.6

Seo sliocht as alt faoi bheirt cheoltóirí as Meicsiceo, Rodrigo agus Gabriela, a bhfuil cónaí orthu i mBaile Átha Cliath anois. Tá gluais le fáil thíos, ach déan iarracht brí na bhfocal agus na bhfrásaí deacra a thomhas ón gcomhthéacs ar dtús, gan féachaint ar an ngluais.
(*This is an excerpt from an article about two musicians from Mexico, Rodrigo and Gabriela, who now live in Dublin. There is a glossary below, but try guessing the meaning of the difficult words and phrases from the context first, without looking at the glossary.*)

Tá Rodrigo agus Gabriela ag tabhairt aghaidhe ar Vicar Street, an t-ionad ceoil i lár Bhaile Átha Cliath, an mhí seo agus ag fágáil Shráid Ghrafton ina ndiaidh. Ceoltóirí óga fuinniúla iad an bheirt seo a d'fhág a dtír dhúchais ghrianmhar, Meicsiceo, trí bliana ó shin le cur fúthu in Éirinn. Bhain siad clú agus cáil amach i Sráid Ghrafton ag seinm ceol bríomhar rithimeach Laidineach, agus anois tá an cheolchoirm mhór seo ar na bacáin acu.

   Chas mé le Rodrigo agus Gabriela i gcaife i lár na cathrach ag deireadh mhí an Aibreáin, agus is fíor a raibh cloiste agam mar gheall orthu. Daoine gnaíúla cairdiúla atá iontu gan dabht, gan aon éirí in airde ag baint leo. Iad beirt ag ithe sceallóg go sásta le chéile, agus toilteanach fosta iad a roinnt liomsa nuair a bhain mé an áit amach.

   Cén fáth ar chinn siad ar Mheicsiceo a thréigean agus teacht go hÉirinn fhliuch ghruama? Thosaigh siad ag tús an scéil, nuair a thosaigh siad beirt ag seinm le chéile i gcathair Mheicsiceo i 1994. Bhí siad ina mbaill de rac-ghrúpa an tráth sin, ach níor bhraith siad ar an cheol amháin le hairgead a shaothrú. Bhí Gabriela ag obair in oifig, ach bhí fuath aici ar an obair a bhí ar bun aici. Dá dheasca sin, d'éirigh sí as a post le díriú ar an cheol amháin agus le bogadh ó dheas ar thóir na gréine agus na farraige, go dtí 'tránna áille agus bia blasta'.

   Luigh siad isteach ar an cheol a sheinm i mbaile beag darb ainm Zihuantaneja i gcontae Guerrero i ndeisceart Mheicsiceo. Ní ag seinm ar ghiotáir leictreacha a bhí siad anois ach ar ghiotáir níolón-téadacha. D'éirigh go maith leo sa cheantar ó thaobh an cheoil de. Ní raibh oiread cineálacha ceoil le cloisteáil ansin is a bhí i gcathair Mheicsiceo, a deir Gabriela, agus tugadh níos mó airde orthusan dá bharr sin.

Creid é nó ná creid, is iad na Corrs ba chúis leis an bheirt a theacht go hÉirinn. Níl siad ag maíomh gur spreag ceol na gCorrs iad le teacht (buíochas mór le Dia), ach chonaic siad an grúpa sin ar chlár teilifíse maidin amháin, agus leag siad súil ar bhodhrán den chéad uair. Músclaíodh a spéis in Éirinn, agus i ndiaidh dóibh labhairt le cúpla duine faoin tír, tháinig siad go Baile Átha Cliath. Gan focal Béarla acu agus gan pingin rua ina bpócaí (i ndiaidh seachtaine sa chathair chostasach seo), thosaigh siad ag fánseinm i Sráid Ghrafton.

As alt le hÚna Nic Gabhann a bhí i gcló san iris *Beo!* (www.beo.ie), Bealtaine 2002.

Gluais

ag tabhairt aghaidhe ar Vicar Street:	*heading for Vicar Street*
an t-ionad ceoil:	*the music venue*
ag fágáil Shráid Ghrafton ina ndiaidh:	*leaving Grafton Street behind them*
fuinniúil:	*energetic*
a dtír dhúchais ghrianmhar:	*their sunny native country*
le cur fúthu:	*to settle*
bhain siad clú agus cáil amach:	*they became famous*
ceol bríomhar rithimeach Laidineach:	*lively rhythmic Latin music*
ceolchoirm:	*a concert*
ar na bacáin:	*in course of preparation*
is fíor a raibh cloiste agam mar gheall orthu:	*everything I had heard about them is true*
daoine gnaíúla cairdiúla:	*decent, friendly people*
éirí in airde:	*airs, uppishness*
sceallóga:	*chips*
toilteanach:	*willing*
fosta:	*also*
iad a roinnt liomsa:	*to share them with me*
nuair a bhain mé an áit amach:	*when I reached the place*
Cén fáth ar chinn siad ar Mheicsiceo a thréigean?:	*Why did they decide to leave Mexico?*
gruama:	*gloomy*
ina mbaill de rac-ghrúpa:	*members of a rock group*
an tráth sin:	*at that time*
níor bhraith siad:	*they didn't depend*
a shaothrú:	*to earn*

a bhí ar bun aici:	that she was engaged in
dá dheasca sin:	because of that
d'éirigh sí as a post:	she gave up her job
le díriú ar an cheol:	to concentrate on music
le bogadh ó dheas:	to move south
ar thóir na gréine:	in search of the sun
blasta:	tasty
luigh siad isteach ar:	they set about
deisceart:	south
giotáir leictreacha:	electric guitars
giotáir níolón-téadacha:	nylon-stringed guitars
cineálacha ceoil:	types of music
tugadh níos mó airde orthusan dá bharr sin:	more attention was paid to them as a result of that
ag maíomh:	claiming
gur spreag ceol na gCorrs iad:	that the music of the Corrs inspired them
músclaíodh a spéis in Éirinn:	their interest in Ireland was awakened
gan pingin rua ina bpócaí:	
without a penny in their pockets	
ag fánseinm:	
busking	

An tráchtaire spóirt Mícheál Ó Muircheartaigh as Ciarraí, an t-aoi speisialta i gclár a cathair den tsraith *Turas Teanga* ar an teilifís, le láithreoir an chláir, Sharon Ní Bheoláin. (*The sports commentator Mícheál Ó Muircheartaigh from Kerry, special guest in programme four of the Turas Teanga television series, with presenter Sharon Ní Bheoláin.*)

Frásaí agus focail

leadóg / an leadóg	*tennis*
sacar / an sacar	*soccer*
galf / an galf	*golf*
snámh / an snámh	*swimming*
rugbaí / an rugbaí	*rugby*
siúl / an siúl	*walking*
peil / an pheil	*football*
iomáint / an iomáint	*hurling*
ceol / an ceol	*music*
seoltóireacht / an tseoltóireacht	*sailing*
dreapadóireacht / an dreapadóireacht	*mountaineering*
léitheoireacht / an léitheoireacht	*reading*
Ní imrím galf riamh.	*I never play golf.*

anois is arís	*now and again*
nuair is féidir liom	*when I can*
nuair a bhíonn an t-am agam	*when I have the time*
go minic	*often*
Is annamh a dhéanaim aclaíocht.	*I seldom exercise.*

Súil siar ar an aonad

Bain triail as an ngníomhaíocht seo go bhfeice tú an bhfuil na príomhphointí a múineadh in Aonad 4 ar eolas agat. Éist leis an dlúthdhiosca nuair a bheidh tú críochnaithe chun do fhreagraí a dhearbhú.

(*Try this activity now to see if you know the main points taught in Unit 4. Listen to the CD when you have finished in order to verify your answers.*)

Conas mar a déarfá na nithe seo a leanas? (*How would you say the following?*)

(a) What do you usually do at the weekend?
(b) You're interested in football, are you?
(c) Do you go swimming? No.
(d) I really love the sea. (use **thar cionn**)
(e) Do you like sport? (use **taitin**)
(f) I really love winter. (use **taitin**)
(g) I take part in plays; I'm a member of a drama society.
(h) There are good plays on television.
(i) Do you go out at night much?
(j) Do you play cards?
(k) I have no interest in it.
(l) Do you get any exercise?

Freagraí na ngníomhaíochtaí

Gníomhaíocht 4.2

(a) Feicim. / Ní fheicim. (*or* Feiceann. / Ní fheiceann.)
(b) Bíonn. / Ní bhíonn.
(c) Ithim. / Ní ithim. (*or* Itheann. / Ní itheann.)
(d) Feiceann. / Ní fheiceann.
(e) Casann. / Ní chasann.
(f) Éiríonn / Ní éiríonn.
(g) Téann. / Ní théann.
(h) Is maith. / Ní maith.

Gníomhaíocht 4.3

(a) sa gheimhreadh (*or* sa ngeimhreadh)

(b)   An mbíonn tú ag breathnú ar an teilifís?
(c)   corrchluiche
(d)   An dtéann tú amach san oíche mórán?
(e)   amach anseo
(f)   Níl suim ar bith agam ann.
(g)   fadálach
(h)   An ndéanann tú aclaíocht ar bith?

Gníomhaíocht 4.4

(a)   Maidin Dé Sathairn.
(b)   Maidin Dé hAoine.
(c)   Tá.
(d)   Taitníonn.
(e)   Ní thaitníonn.
(f)   Is maith.
(g)   Ní dhéanaim (*or* Ní dhéanann.)
(h)   Imríonn—gach maidin (Dé) Domhnaigh.

Súil siar ar an aonad

(a)   Céard a dhéanann tú ag an deireadh seachtaine de ghnáth?
(b)   Tá spéis agat sa pheil, an bhfuil?
(c)   An dtéann tú ag snámh? Ní théim *or* Ní théann.
(d)   Taitníonn an fharraige thar cionn liom.
(e)   An dtaitníonn an spórt leat?
(f)   Taitníonn an geimhreadh go mór liom.
(g)   Bím páirteach i ndrámaí; tá mé i mo bhall de chumann drámaíochta.
(h)   Bíonn drámaí maithe ar an teilifís.
(i)   An dtéann tú amach san oíche mórán?
(j)   An mbíonn tú ag imirt cártaí?
(k)   Níl suim ar bith agam ann.
(l)   An ndéanann tú aclaíocht ar bith?

Aistriúchán ar na comhráite

Mícheál is being surveyed about his pastimes. He mentions three activities he enjoys.

Darach: What do you usually do at the weekend?
Mícheál: Well, in summer I go to the football matches.
Darach: You're interested in football, are you?
Mícheál: You could say I am!
Darach: Do you go swimming?

Mícheál: No. I go rowing in the curach. And I like to fish. I really enjoy fishing.

Maighréad is being interviewed on local radio by Anna. Anna is asking her about what she does in her spare time.

Anna: What do you usually do at the weekend?
Maighréad: I often go sailing. A nephew of mine has a sailing-boat.
Anna: Do you like the sea?
Maighréad: I really love it. I like to swim as well. I go swimming in the sea every day of the year.
Anna: Even in winter?
Maighréad: Certainly in winter. I really like the winter. I go skiing in Andorra.
Anna: Do you have time to watch television at all?
Maighréad: Ah, I do, late at night.

Cathal is visiting the doctor. The doctor wants to hear about Cathal's leisure activities, day by day. He starts with Monday and works through to Sunday. Cathal has one pastime you may not recognise: 'bíonn sé ag caitheamh saighead'—throwing darts.

Doctor: Tell me about the pastimes you have from one end of the week to the other.
Cathal: Well, I normally stay in on Monday night, watching television. On Tuesday, I go out playing darts (literally, throwing darts).
Doctor: Do you play darts every Tuesday night?
Cathal: I do. I never go out on Wednesday or Thursday night.
Doctor: What do you do?
Cathal: I watch television. I surf the internet as well.
Doctor: On Friday then? What do you do on Friday?
Cathal: My wife and I go out for a meal every Friday night.
Doctor: And what about the rest of the weekend?
Cathal: We often rent a video and watch it on Saturday night. I work on Sunday—getting ready for the new week.

Mícheál explains how he passes the long winter nights.

Darach: Then in the winter, what pastimes have you got?
Mícheál: I take part in plays: I'm a member of a drama society. We have a great time.
Darach: Do you watch television?
Mícheál: I do, indeed. There are good plays on television.
Darach: And the sports programmes? Are you interested in those programmes?

Mícheál:	I am, indeed. I really enjoy snooker.
Darach:	Do you play snooker yourself?
Mícheál:	Indeed I don't. The odd game of pool in the pub, that's all.

Back in the studio, Maighréad is telling Anna more about what she gets up to when she goes out at night. She mentions two activities she enjoys in the pub, neither of which involves drinking.

Anna:	Do you go out at night much?
Maighréad:	I do. I go out to listen to Irish music in the pubs. I really like Irish music.
Anna:	Do you play cards?
Maighréad:	I do, in winter. I really enjoy a good game of poker.
Anna:	Is there anything that you're not interested in?
Maighréad:	I have no great interest in gardening. But perhaps I will have in the future, when I'm older.

Cathal gives the doctor his opinion on a number of different sporting activities.

Doctor:	Now, I'd like to ask you a few more questions about pastimes. Do you like football?
Cathal:	I have no interest in it.
Doctor:	Do you play golf?
Cathal:	I don't. It's a tedious game.
Doctor:	Do you get any exercise?
Cathal:	I don't. Except for playing darts.

Aonad 5

LITRÍOCHT AGUS CULTÚR

LITERATURE AND CULTURE

San aonad seo, déanfaidh tú na rudaí seo a leanas a chleachtadh (*In this unit, you will practise the following*):

- ag cur tuairimí in iúl (*expressing opinions*)
- ag rá cén fáth a dtaitníonn saothar nó scríbhneoir leat (*saying why you like a particular work or writer*)
- ag déanamh cur síos ar do chuid buanna ceoil (*describing your musical ability*)
- ag ainmniú cineálacha difriúla scríbhneoirí agus saothar (*naming different types of writers and works*).

Foghlaim na Gaeilge 5

Déan iarracht an teanga ar fad atá le fáil sa roinn 'Frásaí agus focail' i ngach aonad a fhoghlaim de ghlanmheabhair. Tar éis staidéar a dhéanamh ar an ábhar sa rannóg sin ar feadh tamaill, clúdaigh an colún ar deis go bhfeice tú an dtuigeann tú céard is brí leis na focail agus na frásaí Gaeilge go léir. Nuair a bheidh siad go léir ar eolas agat, féach ar na cinn Bhéarla amháin agus déan iarracht na leaganacha Gaeilge a chur ar fáil. Foghlaim na hainmfhocail go léir gan an t-alt agus leis an alt.

*Try learning all the language contained in the 'Frásaí agus focail' section in each unit off by heart. After you have studied the material in that section for a while, cover the right-hand column to see if you know what the words and phrases in Irish mean. When you know them all, look at the English ones only and try providing the Irish versions. Learn all the nouns with the definite article, **an** (the), and without it.*

Gníomhaíocht 5.1

Cloisfidh tú daoine ag caint faoi litríocht agus faoi cheol. Éist leo ar dtús gan féachaint ar an script thíos go bhfeice tú an dtuigeann tú mórán dá gcuid cainte. (*You'll hear people discussing literature and music. Listen to their exchanges first without looking at the script below and see how much you understand.*)

Comhráite

Róisín is returning some books to the library, and she strikes up a conversation with the librarian about a novel by Anita Shreve she's just read. They talk about the characters and the story.

Leabharlannaí:	Conas a thaitin an leabhar seo leat?
Róisín:	Bhaineas an-taitneamh as.
Leabharlannaí:	Tá na carachtair go maith ann, nach bhfuil?
Róisín:	Tá. Agus tá an scéal ar fheabhas ar fad.
Leabharlannaí:	Ar léigh tú leabhar ar bith eile de chuid an údair sin?
Róisín:	Léigh. Thaitin *Fortune's Rock* go mór liom.
Leabharlannaí:	Bhí mise an-tógtha leis an gceann sin chomh maith. Ar léigh tú *The Pilot's Wife*?
Róisín:	Léigh. Ní rabhas chomh tógtha céanna leis.
Leabharlannaí:	Ní raibh ná mise.

Dónall is doing an interview for a job in an arts centre. He tells the arts officer on the interview board about his interest in music and in literature.

Oifigeach ealaíon:	An bhfuil suim agat sa cheol?
Dónall:	Tá, cinnte. Seinnim an giotár, agus bím ag canadh le cór ó am go chéile.
Oifigeach ealaíon:	Tá bua an cheoil agat, mar sin?
Dónall:	Tá, is dócha.
Oifigeach ealaíon:	Cad faoin drámaíocht?
Dónall:	Tá an-suim agam sa drámaíocht. Taitníonn drámaí Tom Murphy go mór liom.
Oifigeach ealaíon:	Maidir le litríocht na Gaeilge, cé hiad na scríbhneoirí a bhfuil meas agat orthu?
Dónall:	Taitníonn Micheál Ó Conghaile liom mar úrscéalaí. Tá an teanga go han-nádúrtha aige, agus níl an stíl róchasta aige.

Aoife and Darach are buying CDs and investigating each other's taste in music in the process.

Darach:	Cén chaoi a bhfuil tú?
Aoife:	Go maith. Céard atá tú a cheannach?

He shows her the CD he's about to buy.

Aoife:	An maith leatsa iad sin?
Darach:	Is maith. Nach maith leatsa iad?
Aoife:	Ní maith. Is fearr liomsa ceol níos bríomhaire.
Darach:	Céard atá tusa a cheannach?

She shows him the CD she's chosen.

Darach:	Tá an ceann sin agam. Tá sé ar fheabhas an tsaoil.
Aoife:	Shíl mé go mbeadh an iomarca gleo acu seo duitse.
Darach:	An ag magadh fúm atá tú? Tá siad sin thar cionn!

Eolas úsáideach / Useful information

- The following exchange occurs in one of the dialogues above:
  Leabharlannaí: Conas a thaitin an leabhar seo leat? (*How did you enjoy this book?*)
  Róisín: Bhaineas an-taitneamh as. (*I really enjoyed it.*)
  This **-(e)as** ending is commonly found in Munster Irish. Speakers of the other dialects would say **bhain mé** instead of **bhaineas**.

- As we saw in the previous unit, when your answer to a question in Irish is *Yes* or *No*, it's not necessary to use a pronoun (**mé**, **tú**, etc.). Here's another example from this unit:
  Ar léigh tú . . . ? (*Did you read . . . ?*)
  Léigh. (*Yes.*) / **Níor léigh.** (*No.*)

- When you make a statement you must, of course, use a pronoun:
  Léigh mé leabhar suimiúil ag an deireadh seachtaine. (*I read an interesting book at the weekend.*)

- This is one way of saying you enjoy something:
  Is maith liom rac-cheol. (*I like rock music.*)

- As you've probably noticed, if you're asked whether you like something and you wish to answer *Yes* or *No*, it's not necessary to use **liom** in your answer:
  An maith leat rac-cheol? (*Do you like rock music?*)
  Is maith. (*Yes.*) / **Ní maith.** (*No.*)

- The following example can be found in one of the earlier dialogues:
  Aoife: An maith leatsa iad sin? (*Do you like them?*)
  Darach: Is maith. Nach maith leatsa iad? (*Yes. Do you not like them?*)

- The noun **drámaíocht** refers to drama in general, while **dráma** is the Irish for a play.

Gníomhaíocht 5.2

Tabhair freagra dearfach agus freagra diúltach ar gach ceist thíos. (*Give an affirmative answer (Yes) and a negative answer (No) to each question below.*)

(*a*)   An bhfuil suim agat sa cheol?

(*b*)   An dtaitníonn cuid drámaí Tom Murphy leat?

(*c*)   An dtaitníonn ceol clasaiceach léi?

(*d*)   An maith leatsa an grúpa sin?

(*e*)   An maith libh drámaí a fheiceáil?

(*f*)   Tá na carachtair go maith ann, nach bhfuil?

(*g*)   An seinneann sí an giotár?

(*h*)   An léann tú mórán leabhar?

Gníomhaíocht 5.3

Cloisfidh tú daoine ag caint faoi litríocht agus ceol. Éist leo, agus abair cé acu a bhfuil na habairtí atá le fáil roimh na comhráite fíor nó bréagach.
(*You'll hear people talking about literature and music. Listen to them, and say whether the sentences that appear before the conversations are true or false.*)

(*a*)	Róisín and the librarian both like Nuala Ní Dhomhnaill's poetry.	Fíor	Bréagach
(*b*)	Éilís Ní Dhuibhne is a poet.	Fíor	Bréagach
(*c*)	Dónall doesn't like contemporary art.	Fíor	Bréagach
(*d*)	Aoife often goes to concerts.	Fíor	Bréagach
(*e*)	Aoife and Dónall both play an instrument.	Fíor	Bréagach

Comhráite

Earlier we heard Róisín and the librarian talk about books and reading. They've moved on now to talk about poetry. Two well-known writers are mentioned here, Nuala Ní Dhomhnaill and Éilís Ní Dhuibhne.

Leabharlannaí
[*handing stamped books back to Róisín*]: Anois, *Tríocha Dán* le Louis de Paor agus *Feis* le Nuala Ní Dhomhnaill . . . An léann tú mórán filíochta?

Róisín: Léim cuid mhaith. Is breá liom filíocht na Gaeilge. Tá Nuala Ní Dhomhnaill go hiontach, ceapaim féin.

Leabharlannaí: Is file den chéad scoth í.

Róisín: Léim níos mó filíochta ná prós sa Ghaeilge.

Leabharlannaí: An bhfuil aon rud le hÉilís Ní Dhuibhne léite agat?

Róisín: An file í nó úrscéalaí?

Leabharlannaí: Is úrscéalaí agus gearrscéalaí í go príomha, ach scríobhann sí drámaí chomh maith. Tá *Dúnmharú sa Daingean* ar fheabhas mar úrscéal. Tá na carachtair go hiontach, agus tá an scéal go han-mhaith.

Róisín: Caithfidh mé triail a bhaint as, an chéad uair eile.

During his interview for the job in the arts centre, Dónall is asked about contemporary art.

Oifigeach ealaíon: An bhfuil mórán eolais agat ar an ealaín chomhaimseartha?

Dónall: Bhuel, ní haon saineolaí mé, ach tá an-suim agam san ealaín, cinnte.

Oifigeach ealaíon: An bhfuil aon ealaíontóir Éireannach faoi leith a thaitníonn leat?

Dónall: Is breá liom saothar Dorothy Cross.

Oifigeach ealaíon: Cad ina thaobh go dtaitníonn a cuid ealaíne sise leat?

Dónall: Tá sí an-ildánach mar ealaíontóir, sílim. Tá éagsúlacht iontach san ealaín a dhéanann sí.

Oifigeach ealaíon: Go maith.

Darach and Aoife discuss concerts as they queue up to pay for their CDs.

Darach: An dtéann tú chuig mórán coirmeacha ceoil?

Aoife: Téann, oiread agus is féidir liom. Bhí mé ag Witnness sa samhradh.

Darach: Bhí mise ann chomh maith.

Aoife: Bhí sé iontach, nach raibh?

Darach:	Iontach ar fad. Thug sé an-spreagadh dom ó thaobh ceol a chasadh mé féin.
Aoife:	An mbíonn tú ag casadh ceoil?
Darach:	Bíonn. Casaim na drumaí.
Aoife:	Casann mise an giotár leictreach.

Eolas úsáideach / Useful information

- In previous units we've seen the forms of the verb **taitin** (*like*) used when asking and answering questions. Now let's look at how you make statements using **taitin**.
  Taitníonn Micheál Ó Conghaile liom mar úrscéalaí. (*I like Micheál Ó Conghaile as a novelist.*)
  Ní thaitníonn filíocht léi. (*She doesn't like poetry.*)
  Taitníonn ceol clasaiceach le Brian. (*Brian likes classical music.*)

- Don't forget that you have to use a prepositional pronoun (**liom**, **leat**, etc.) when you make a statement using **taitin**:

Singular	Plural
liom	**linn**
leat	**libh**
leis	**leo**
léi	

- Here are expressions you can use to refer to something that's really good:
  Tá sé ar fheabhas.
  or
  Tá sé thar cionn. (*It's excellent.*)
  Is leabhar den scoth é. (*It's an excellent book.*)
  Is breá liom saothar Nuala Ní Dhomhnaill. (*I love Nuala Ní Dhomhnaill's work.*)

- If you wish to use stronger expressions you can say:
  Tá sé ar fheabhas ar fad. (*It's really excellent.*)
  Tá sé ar fheabhas an tsaoil. (*It's world standard.*)

Gníomhaíocht 5.4

Scríobh an leagan ceart den fhorainm réamhfhoclach **le** i ngach bearna. (*Write the correct form of the prepositional pronoun **le** in each blank.*)

(*a*) Taitníonn ceol traidisiúnta go mór _____. (*He really likes traditional music.*)

(b) Taitníonn úrscéalta _____.
     (*They like novels.*)

(c) An dtaitníonn an fhilíocht
     _____? (*Do you [plural] like
     poetry?*)

(d) An dtaitníonn Micheál Ó Conghaile
     _____ mar scríbhneoir, a
     Shéamais? (*Do you like Micheál
     Ó Conghaile as a writer, Séamas?*)

(e) Taitníonn an leabhar sin thar cionn
     _____. (*She really likes that book.*)

Gníomhaíocht 5.5

Chuir tú isteach ar phost i siopa leabhar le déanaí. Tá tú ag déanamh agallaimh le húinéir an tsiopa anois, agus is mian léi fáil amach cén cineál litríochta a bhfuil suim agat inti. (*You recently applied for a job in a bookshop. You're being interviewed by the shop owner now, and she wants to find out what type of literature you're interested in.*)

An file Cathal Ó Searcaigh as Tír Chonaill, an t-aoi speisialta i gclár a cúig den tsraith *Turas Teanga* ar an teilifís.
(*The poet Cathal Ó Searcaigh from Donegal, special guest in programme five of the* Turas Teanga *television series.*)

Úinéir:	An léann tú mórán úrscéalta?
Tusa:	*I do. I love the novels of V. S. Naipaul and Irvine Welsh.*
Úinéir:	Ar léigh tú *Acid House* riamh?
Tusa:	*I did—it's excellent. The characters are good, and the story is excellent.*
Úinéir:	Thaitin sé liomsa. Ar léigh tú *Glue*?
Tusa:	*I did, but I wasn't as taken with it.*
Úinéir:	Agus an maith leat scríbhneoirí Gaeilge?
Tusa:	*Yes. I like Liam Mac Cóil's books. He's a first-class writer.*
Úinéir:	Liam Mac Cóil—an úrscéalaí é?
Tusa:	*He's mainly a novelist. I love his work.*

Frásaí agus focail

gearrscéal / an gearrscéal	*(a) short story / the short story*
úrscéal / an t-úrscéal	*(a) novel / the novel*
ficsean / an ficsean	*fiction / the fiction*
filíocht / an fhilíocht	*poetry / the poetry*
cnuasach filíochta	*a collection of poetry*
beathaisnéis / an bheathaisnéis	*(a) biography / the biography*
dírbheathaisnéis / an dírbheathaisnéis	*(an) autobiography / the autobiography*
scríbhneoir / an scríbhneoir	*(a) writer / the writer*
údar / an t-údar	*(an) author / the author*
gearrscéalaí / an gearrscéalaí	*(a) short-story writer / the short-story writer*
úrscéalaí / an t-úrscéalaí	*(a) novelist / the novelist*
file / an file	*(a) poet / the poet*
dán / an dán	*(a) poem / the poem*
drámadóir / an drámadóir	*(a) dramatist / the dramatist*
dráma / an dráma	*(a) play / the play*
aisteoir / an t-aisteoir	*(an) actor / the actor*
stiúrthóir / an stiúrthóir	*(a) director / the director*
casta	*complicated*
spéisiúil	*interesting*
suimiúil	*interesting*
corraitheach	*exciting*
inchreidte	*believeable*
dochreidte	*unbelievable*
Is dráma dúshlánach é.	*It's a challenging play.*
greannmhar	*funny*
brónach	*sad*
tragóideach	*tragic*
(an) ceol clasaiceach	*classical music*
na goirmeachaí	*the blues*
(an) popcheol	*pop music*
(an) rac-cheol	*rock music*
(an) snagcheol	*jazz*
(an) ceol tuaithe	*country music*
(an) ceol tíre	*folk music*
(an) ceol traidisiúnta	*traditional music*

cumadóir / an cumadóir	*(a) composer / the composer*
amhránaí / an t-amhránaí	*(a) singer / the singer*
ceoltóir / an ceoltóir	*(a) musician / the musician*
dlúthdhiosca / an dlúthdhiosca	*(a) compact disc / the compact disc*
albam / an t-albam	*(an) album / the album*

Súil siar ar an aonad

Bain triail as an ngníomhaíocht seo go bhfeice tú an bhfuil na príomhphointí a múineadh in Aonad 5 ar eolas agat. Éist leis an dlúthdhiosca nuair a bheidh tú críochnaithe chun do fhreagraí a dhearbhú.

(*Try this activity now to see if you know the main points taught in Unit 5. Listen to the CD when you have finished to verify your answers.*)

Conas mar a déarfá na nithe seo a leanas? (*How would you say the following?*)

(*a*) The characters in it are good, aren't they?
(*b*) Did you read any other books by that author?
(*c*) Are you interested in music?
(*d*) I play the guitar, and I sing with a choir now and again.
(*e*) You have a talent for music, then?
(*f*) I like him as a novelist.
(*g*) I prefer livelier music.
(*h*) Is she a poet or a novelist?
(*i*) I'm no expert.
(*j*) She's a versatile artist.
(*k*) Do you go to many concerts?
(*l*) Do you play music?

Freagraí na ngníomhaíochtaí

Gníomhaíocht 5.2

(*a*) Tá. / Níl.
(*b*) Taitníonn. / Ní thaitníonn.
(*c*) Taitníonn. / Ní thaitníonn.
(*d*) Is maith. / Ní maith.
(*e*) Is maith. / Ní maith.
(*f*) Tá. / Níl.
(*g*) Seinneann. / Ní sheinneann.
(*h*) Léim. / Ní léim. (*or* Léann. / Ní léann.)

Gníomhaíocht 5.3

(a)	Róisín and the librarian both like Nuala Ní Dhomhnaill's poetry.	Fíor
(b)	Éilís Ní Dhuibhne is a poet.	Bréagach
(c)	Dónall doesn't like contemporary art.	Bréagach
(d)	Aoife often goes to concerts.	Fíor
(e)	Aoife and Dónall both play an instrument.	Fíor

Gníomhaíocht 5.4

(a) Taitníonn ceol traidisiúnta go mór leis.
(b) Taitníonn úrscéalta leo.
(c) An dtaitníonn an fhilíocht libh?
(d) An dtaitníonn Micheál Ó Conghaile leat mar scríbhneoir, a Shéamais?
(e) Taitníonn an leabhar sin thar cionn léi.

Gníomhaíocht 5.5

Owner:	An léann tú mórán úrscéalta?
You:	Léim. Is breá liom úrscéalta V. S. Naipaul agus Irvine Welsh.
Owner:	Ar léigh tú *Acid House* riamh?
You:	Léigh—tá sé thar cionn. Tá na carachtair go maith, agus tá an scéal ar fheabhas.
Owner:	Thaitin sé liomsa fosta. Ar léigh tú *Glue*?
You:	Léigh, ach ní raibh mé chomh tógtha céanna leis.
Owner:	Agus an maith leat scríbhneoirí Gaeilge?
You:	Is maith. Is maith liom cuid leabhar Liam Mhic Cóil. Is scríbhneoir den chéad scoth é.
Owner:	Liam Mac Cóil—an úrscéalaí é?
You:	Is úrscéalaí é go príomha. Is breá liom a shaothar.

Súil siar ar an aonad

(a) Tá na carachtair go maith ann, nach bhfuil?
(b) Ar léigh tú leabhar ar bith eile de chuid an údair sin?
(c) An bhfuil suim agat sa cheol?
(d) Seinnim an giotár, agus bím ag canadh le cór ó am go chéile.
(e) Tá bua an cheoil agat, mar sin?
(f) Taitníonn sé liom mar úrscéalaí.
(g) Is fearr liomsa ceol níos bríomhaire.
(h) An file í nó úrscéalaí?
(i) Ní haon saineolaí mé.
(j) Tá sí ildánach mar ealaíontóir.

(k)   An dtéann tú chuig mórán coirmeacha ceoil?

(l)   An mbíonn tú ag casadh ceoil?

Aistriúchán ar na comhráite

Róisín is returning some books to the library, and she strikes up a conversation with the librarian about a novel by Anita Shreve she's just read. They talk about the characters and the story.

Librarian:	How did you enjoy this book?
Róisín:	I really enjoyed it.
Librarian:	The characters in it are good, aren't they?
Róisín:	Yes. And the story is really excellent.
Librarian:	Did you read any other books by that author?
Róisín:	I did. I really enjoyed *Fortune's Rock* a lot.
Librarian:	I was very taken with that one as well. Did you read *The Pilot's Wife*?
Róisín:	I did. I wasn't quite as taken with it.
Librarian:	Neither was I.

Dónall is doing an interview for a job in an arts centre. He tells the arts officer on the interview board about his interest in music and in literature.

Arts officer:	Have you an interest in music?
Dónall:	I have indeed. I play the guitar, and I sing with a choir now and again.
Arts officer:	You have a talent for music, then?
Dónall:	I have, I suppose.
Arts officer:	What about drama?
Dónall:	I have a lot of interest in drama. I really like Tom Murphy's plays.
Arts officer:	As regards literature in Irish, who are the writers you respect?
Dónall:	I like Micheál Ó Conghaile as a novelist. His grasp of the language is very natural, and his style isn't too complicated.

Aoife and Darach are buying CDs and investigating each other's taste in music in the process.

Darach:	How are you?
Aoife:	I'm well. What are you buying?

He shows her the CD he's about to buy.

Aoife:	Do you like them?
Darach:	I do. Do you not like them?
Aoife:	I don't. I prefer livelier music.

Darach: What are you buying?

She shows him the CD she's chosen.

Darach: I have that one. It's really excellent.
Aoife: I thought these would be too noisy for you.
Darach: Are you kidding me? They're excellent.

Earlier we heard Róisín and the librarian talk about books and reading. They've moved on now to talk about poetry. Two well-known writers are mentioned here, Nuala Ní Dhomhnaill and Éilís Ní Dhuibhne.

Librarian [*handing
stamped books
back to Róisín*]:   Now, *Tríocha Dán* by Louis de Paor and *Feis* by Nuala
                 Ní Dhomhnaill . . . Do you read much poetry?
Róisín: I read quite a lot. I love Irish-language poetry. Nuala
                 Ní Dhomhnaill is great, I think myself.
Librarian: She's a first-class poet.
Róisín: I read more poetry than prose in Irish.
Librarian: Have you read anything by Éilís Ní Dhuibhne?
Róisín: Is she a poet or a novelist?
Librarian: She's mainly a novelist and short-story writer, but she writes
                 plays as well. *Dúnmharú sa Daingean* is an excellent novel. The
                 characters in it are great, and the story is very good.
Róisín: I'll have to try it the next time.

During his interview for the job in the arts centre, Dónall is asked about contemporary art.

Arts officer: Do you know much about contemporary art?
Dónall: Well, I'm no expert but I have a lot of interest in art, certainly.
Arts officer: Is there a particular Irish artist that you like?
Dónall: I love Dorothy Cross's work.
Arts officer: Why do you like her art?
Dónall: I think she's a very versatile artist. There's great variety in the
                 art she does.
Arts officer: Good.

Darach and Aoife discuss concerts as they queue up to pay for their CDs.

Darach: Do you go to many concerts?
Aoife: Yes, as much as I can. I was at Witnness this summer.
Darach: I was there as well.
Aoife: It was great, wasn't it?

Darach: Really great. It really motivated me to play music myself.
Aoife: Do you play music?
Darach: Yes. I play the drums.
Aoife: I play the electric guitar.

Aonad 6

CÚRSAÍ OIBRE

WORK

San aonad seo, déanfaidh tú na rudaí seo a leanas a chleachtadh (*In this unit, you will practise the following*):

- ag déanamh cur síos ar choinníollacha poist (*describing the conditions of a job*)
- ag rá cé acu a dtaitníonn post leat nó nach dtaitníonn (*saying whether or not you like a job*)
- ag ainmniú poist éagsúla (*naming various jobs*)
- ag fiafraí de dhuine cén post atá aige (*asking someone what their job is*)
- ag fiafraí de dhuine an bhfuil post faoi leith aige (*asking someone whether or not they have a certain job*).

Foghlaim na Gaeilge 6

Ná bíodh eagla ort bheith ag labhairt na Gaeilge. Tá sé an-tábhachtach bheith ag éisteacht agus ag léamh—ach ní dhéanfaidh tú dul chun cinn ceart go dtí go mbeidh tú sásta triail a bhaint as an teanga a labhairt le daoine eile. Cuimhnigh air seo: is iad na daoine nach mbíonn buartha faoi earráidí a dhéanamh is sciobtha a fhoghlaimíonn teangacha de ghnáth.

Don't be afraid to try out your Irish. It's important to listen to the language and to read it—but you will not make proper progress until you're willing to try speaking the language to other people. Remember this: it is usually those who are not afraid to make errors who learn languages the fastest.

Gníomhaíocht 6.1

Cloisfidh tú daoine ag caint faoi chúrsaí oibre. Éist leo ar dtús gan féachaint ar an script ag deireadh an aonaid go bhfeice tú an dtuigfidh tú mórán dá gcuid cainte. (*You'll hear people discussing work. Listen to them first without looking at the script at the end of the unit and see how much of their conversation you understand.*)

Comhráite

Dónall tells Róisín about the hours he works in his new job.

Róisín: Cad iad na huaireanta a oibríonn tú?

Dónall: Oibrím ó a deich ar maidin go dtí a sé nó a seacht tráthnóna. Braitheann sé.

Róisín: An oibríonn tú uaireanta solúbtha, mar sin?

Dónall: Oibríonn. Ionad ealaíon atá ann, agus bíonn orm a bheith ann le freastal ar an bpobal.

Róisín: An bhfaigheann tú briseadh fada ag am lóin?

Dónall: Faighim briseadh uair an chloig gach aon lá don lón.

Darach is on work experience, but he's not enjoying it too much.

Aoife: Darach! Cén chaoi a bhfuil tú?

Darach: Ara, maith go leor.

Aoife: Cén chaoi a dtaitníonn do thréimhse taithí oibre leat?

Darach: Tá an ghráin agam air.

Aoife: Cén fáth?

Darach: I siopa spóirt atá mé ag obair. Níl suim ar bith agam ann.

Aoife: An bhfuil lá fada oibre i gceist?

Darach: Tá, ó a naoi ar maidin go dtí a sé tráthnóna.

Mícheál is unemployed, but he doesn't miss his old factory job too much.

Cathal: An bhfuil tú dífhostaithe le fada?

Mícheál: Tá, le píosa. Dúnadh an mhonarcha agus ligeadh chun siúil mé.

Cathal: Agus an raibh tú i bhfad ag obair ann?

Mícheál: Bhí mé trí bliana ann. Ach bhí mé chomh sásta céanna imeacht as.

Cathal: Cad chuige a raibh tú sásta imeacht?

Mícheál: Níor réitigh mé rómhaith leis an mbainistíocht.

- This is how you refer to different parts of the day:

  maidin (*morning*)   ar maidin (*in the morning*)

  iarnóin (*afternoon*) san iarnóin (*in the afternoon*)

  tráthnóna (*evening*) um thráthnóna, sa tráthnóna (*in the evening*)

- The following prepositions usually lenite or eclipse the noun after the singular article:

  ag, ar, as, chuig, dar, faoi, go, le, ó, roimh, thar, trí, um

  Bhí mé ag obair leis an mbean sin ar feadh bliana. (*I worked with that woman for a year.*)

  Ar chuala tú faoin bpost nua atá agam? (*Did you hear about the new job that I have?*)

- The following examples appear in the dialogues above:

  Bíonn orm a bheith ann le freastal ar an bpobal. (*I must be there to serve the public.*)

  Níor réitigh mé rómhaith leis an mbainistíocht. (*I didn't get on too well with the management.*)

- Look out for more examples of prepositions affecting the nouns that follow them in the rest of this course.

Gníomhaíocht 6.2

Tá poist éagsúla le fáil sa liosta thíos. Scríobh gach ceann acu faoin bpictiúr ceart. (*Various jobs are contained in this list below. Write each one of them under the correct picture.*)

ailtire	aisteoir	freastalaí	meicneoir	búistéir
gruagaire	fiaclóir	iriseoir	fear dóiteáin	cúntóir siopa

(a) _____ (b) _____ (c) _____ (d) _____

(e) _____ (f) _____ (g) _____

(h) _____ (i) _____ (j) _____

Gníomhaíocht 6.3

Déan iarracht leagan Gaeilge na bhfocal agus na bhfrásaí seo a leanas a aimsiú agus tú ag éisteacht leis na comhráite.

(*Try to find the Irish equivalent of the words and phrases below as you listen to the dialogues.*)

(a) it's very interesting

(b) it's much better

(c) very boring

(d) permanent

(e) good computer skills

(f) on a long-term basis

(g) I'd hate that type of work

(h) very unhealthy work

Comhráite

Róisín wants to know more about Dónall's new job.

Róisín: An post suimiúil é, an dóigh leat?
Dónall: Tá sé an-suimiúil. Is breá le mo chroí é!
Róisín: An bhfuil sé níos fearr ná an post deireanach a bhí agat?
Dónall: Tá sé i bhfad níos fearr. Bhí an obair oifige sin an-leadránach!
           Agus bhí strus ag baint léi mar obair.
Róisín: An post buan é an ceann nua seo?
Dónall: Ní hea. Tá conradh bliana faighte agam. Ach má éiríonn go
           maith liom déanfar athnuachan ar an gconradh.

Darach feels his work experience is a waste of time, as he has no opportunity to use his computer skills.

Aoife: Céard a bhíonn ar siúl agat ó lá go lá?
Darach: Bím ag cur earraí amach ar na seilfeanna agus ag rith suas síos
           chuig an stóras.
Aoife: An mbíonn tú ag plé le ríomhairí ann?
Darach: Ní bhíonn. Agus ba chuma liom ach tá scileanna maithe
           ríomhaireachta agam.
Aoife: Níor mhaith leat fanacht sa bpost sin go fadtéarmach, mar sin?
Darach: Níor mhaith liom.

Mícheál explains why he'd hate to work in an office.

Mícheál: Cén tslí bheatha atá agat féin, bail ó Dhia ort?
Cathal: Tá mé ag obair in oifig.
Mícheál: Ag obair in oifig? Bheadh an ghráin agam ar obair den chineál
           sin.
Cathal: Cad chuige?
Mícheál: A bheith caite ar mo thóin os comhair ríomhaire, ó cheann ceann
           an lae? Obair an-mhífholláin í an obair oifige.
Cathal: Níl sí chomh holc sin.
Mícheál: Tá an t-airgead go maith ann, is dóigh.
Cathal: Tá agus níl.

Eolas úsáideach / *Useful information*

- Here are two ways of asking where someone works:
  Cén áit a bhfuil tú ag obair?
  or
  Cá bhfuil tú ag obair?

- If you want to find out what someone does for a living, you can ask one of the following questions:
  Cén post atá agat? (*What's your job?*)
  Cén obair a dhéanann tú? (*What work do you do?*)
  Cén tslí bheatha atá agat? (*How do you make a living?*)

- This is how you say what work you do:
  Is rúnaí mé. (*I'm a secretary.*)
  Is múinteoir bunscoile mé. (*I'm a primary teacher.*)

- To find out whether someone does a particular job you ask:
  An tiománaí leoraí tú? (*Are you a lorry driver?*)
  Is ea. (*Yes.*) / **Ní hea.** (*No.*)

- These are some of the questions you might ask if you were discussing job conditions:
  An post buan é? (*Is it a permanent job?*)
  Is ea. (*Yes.*) / **Ní hea.** (*No.*)
  An bhfuil tú ag obair ansin go páirtaimseartha nó go lánaimseartha?
  (*Are you working there part-time or full-time?*)
  Go páirtaimseartha. (*Part-time.*)
  Is post sealadach é. (*It's a temporary job.*)

Gníomhaíocht 6.4

Tabhair freagra ar na ceisteanna éagsúla seo faoi chúrsaí oibre. (*Answer these various questions relating to work.*)

(*a*)   Cad iad na huaireanta a oibríonn tú?

Tusa: *I work from half-past nine in the morning until six o'clock in the evening.*

(*b*)   An oibríonn tú uaireanta solúbtha?

Tusa: *I do.*

(*c*)   Cén post atá agat?

Tusa: *I'm a waiter.*

(*d*)   An fear dóiteáin tú?

Tusa: *No, I'm a mechanic.*

(*e*)   An post buan é?

Tusa: *No, it's a temporary job. I've been given a one-year contract.*

(*f*)   An mbíonn tú ag plé le ríomhairí?

Tusa: *No.*

Gníomhaíocht 6.5

Tá cur síos sa teachtaireacht ríomhphoist seo ó Shiobhán chuig a cara Máirtín ar a post nua i nGaillimh. Bain úsáid as na focail sa liosta chun na bearnaí ina teachtaireacht a líonadh. Bí cúramach, áfach: tá focail bhreise curtha ansin nach dtéann isteach i mbearna ar bith! (*Siobhán describes her new job in Galway in this e-mail message to her friend Máirtín. Use the words in the list to fill the gaps in her message. Be careful, however: extra words have been included that don't fit into any of the gaps!*)

páirtaimseartha	chónaí	ródhaor	nGaillimh	tráthnóna
oibre	oifig	cónaí	Gaillimh	réitíonn	obair

A Mháirtín, a chara,

Tá súil agam go bhfuil cúrsaí go maith ansin. Tá mé anseo i _____(1) anois le coicís anuas. Tá brón orm nach bhfuair mé seans scríobh chugat roimhe seo, ach bhí mé an-ghnóthach ó tháinig mé.

Tá mé i mo _____(2) in árasán i lár na cathrach le beirt eile: bean as Contae Mhaigh Eo agus fear as Contae Shligigh. Tá an t-árasán beag go maith, ach tá sé lárnach agus níl sé _____(3).

Thosaigh mé i bpost nua maidin Dé Luain i gcomhlacht árachais sa Spidéal. Is comhlacht beag go maith é: níl ach triúr againn san _____(4). Tá na daoine eile an-chairdiúil, áfach, agus _____(5) siad go léir go maith le chéile. Tá mé féin agus duine amháin eile ag obair anseo go lánaimseartha, agus tá an tríú duine ag obair go _____(6): bíonn sé anseo trí lá sa tseachtain.

Tá conradh bliana faighte agam, agus deir an bainisteoir go bhfuil seans maith go ndéanfar athnuachan air ag deireadh na tréimhse sin. Níl an obair ródhian, ach níl sí róshuimiúil ach oiread, ar an drochuair! Oibrím na gnáthuaireanta: ó leathuair tar éis a naoi ar maidin go dtí leathuair tar éis a cúig _____(7). Bíonn sos uair agus ceathrú agam ag am lóin, agus siúlaim síos go dtí an trá nuair a bhíonn an lá go maith.

Caithfidh mé imeacht anois agus roinnt _____(8) a dhéanamh! Abair le hÉabha go raibh mé ag cur a tuairisce.

Ádh mór ó do sheanchara
Siobhán

Gluais

cúrsaí:	*things, affairs*
an-ghnóthach:	*very busy*
árasán:	*(an) apartment*
lárnach:	*central*
comhlacht árachais:	*(an) insurance company*
bainisteoir:	*(a) manager*
go ndéanfar athnuachan air:	*that it will be renewed*
ag deireadh na tréimhse sin:	*at the end of that period*
ródhian:	*too hard*
ar an drochuair:	*unfortunately*
na gnáthuaireanta:	*the usual hours*
caithfidh mé imeacht:	*I have to go*
ag cur a tuairisce:	*asking for her*

Gníomhaíocht 6.6

Déan iarracht cur síos gearr a scríobh anois ar do phost féin. (*Try writing a short account now of your own job.*)

Frásaí agus focail

post / an post	*(a) job / the job*
glantóir / an glantóir	*(a) cleaner / the cleaner*
múinteoir / an múinteoir	*(a) teacher / the teacher*
dochtúir / an dochtúir	*(a) doctor / the doctor*
banaltra / an bhanaltra	*(a) nurse / the nurse*
rúnaí / an rúnaí	*(a) secretary / the secretary*
bainisteoir / an bainisteoir	*(a) manager / the manager*
leabharlannaí / an leabharlannaí	*(a) librarian / the librarian*
tiománaí / an tiománaí	*(a) driver / the driver*
leictreoir / an leictreoir	*(an) electrician / the electrician*
oifig / an oifig	*(an) office / the office*
ollmhargadh / an t-ollmhargadh	*(a) supermarket / the supermarket*
siopa físeán / an siopa físeán	*(a) video shop / the video shop*
monarcha / an mhonarcha	*(a) factory / the factory*
ospidéal / an t-ospidéal	*(a) hospital / the hospital*
scoil / an scoil	*(a) school / the school*
páirtaimseartha	*part-time*
lánaimseartha	*full-time*
Is post buan é.	*It's a permanent job.*
sealadach	*temporary*
ragobair	*overtime*
pá, tuarastal	*pay, salary*
Tá mé ag obair ansin ar conradh.	*I'm working there on contract.*
fostaithe	*employed*
dífhostaithe	*unemployed*
Fuair mé ardú céime.	*I was promoted.*
ceardchumann	*(a) trade union*
Is post leadránach é.	*It's a boring job.*
suimiúil	*interesting*
deacair	*difficult*
furasta / éasca	*easy*
Tá strus ag baint leis.	*It's stressful.*
freagrach as	*responsible for*
Briseadh as mo phost mé.	*I was sacked.*

Gníomhaíocht 6.7

Seo alt faoi chruthú poist nua i nGaoth Dobhair i gContae Dhún na nGall. Tá gluais le fáil thíos, ach déan iarracht brí na bhfocal agus na bhfrásaí deacra a thomhas ón gcomhthéacs ar dtús, gan féachaint ar an ngluais.
(*This is an article about the creation of new jobs in Gaoth Dobhair in County Donegal. There is a glossary below, but try guessing the meaning of the difficult words and phrases from the context first, without looking at the glossary.*)

Cúrsaí ag feabhsú i nGaoth Dobhair

Fógrófar go hoifigiúil inniu go bhfuil breis agus céad post nua le cruthú ar Eastát Tionsclaíoch Ghaoth Dobhair, comhartha go bhfuil cúrsaí ag feabhsú ar an eastát inar cailleadh breis is míle post le blianta beaga anuas. Beidh 80 post á gcruthú sa chomhlacht Bia Ghaoth Dobhair Tta, agus fostófar 24 sa bhreis in Euro Iompú Tta.

Dé hAoine seo caite cheadaigh bord Údarás na Gaeltachta pacáiste tacaíochta do Euro Iompú Tta a chuideoidh leo na poist nua a chruthú, i bpáirtíocht idir iad féin agus East Lancashire Coach Builders. Ceadaíodh soláthar airgid le seanmhonarcha Rubar Mótar Tta (comhlacht a dhruid le déanaí agus ar cailleadh seasca post ann) a athchóiriú don chomhlacht Euro Iompú.

Síleadh níos luaithe i mbliana go mbeadh 50 post nua á gcruthú ag an chomhlacht tógála bus. Fear áitiúil, Seosamh Ó Fearraigh as Bun an Leaca, a bhunaigh Euro Iompú sa bhliain 1985, agus ní raibh ach beirt fostaithe sa chomhlacht ag an tús. Tá 44 duine fostaithe ann faoi láthair, agus fostófar an 24 eile gan mhoill.

Déanann an comhlacht réimse leathan busanna Mercedes a chur in oiriúint do chustaiméirí ar nós Bus Éireann agus Bus Átha Cliath anseo in Éirinn agus do chomhlachtaí bus sa Ghearmáin agus sa Bhreatain a bhíonn ag plé le turasóirí. Bíonn idir ocht suíochán agus 41 suíochán sna busanna a sholáthraíonn siad. Táirgeann siad busanna scoile Clady, ina bhfuil 53 suíochán agus crios sábhála le gach ceann acu, rud nach raibh ar bhusanna Bhus Éireann go dtí seo.

Tá an 80 post i mBia Ghaoth Dobhair Tta á gcruthú mar thoradh ar shocrú idir an comhlacht Larga (máthairchomhlacht Bia Ghaoth Dobhair) agus Tayto as Baile Átha Cliath, le táirgí de chuid Tayto a dhéanamh i nGaoth Dobhair.

Tá feachtas ar siúl ag an Údarás le 200 post nua a chruthú ar an eastát i mbliana agus arís ar an bhliain seo chugainn.

Tá an 180 fostaí sa chomhlacht snátha Comerama ar an eastát ar a saoire bhliantúil faoi láthair, agus tá súil acu scéala a fháil le linn na seachtaine seo cé acu an bhfuil an mhonarcha, a bhfuil leachtaitheoirí inti faoi láthair, le hoscailt tar éis na saoire nó nach bhfuil.

Bunaithe ar alt le Colm Ó Dúlacháin a bhí i gcló in *Lá*, 28 Iúil 2003.

Gluais

fógrófar go hoifigiúil:	*it will be announced officially*
breis agus céad post nua:	*more than a hundred new jobs*
le cruthú:	*to be created*
eastát tionsclaíoch:	*industrial estate*
comhartha:	*a sign*
go bhfuil cúrsaí ag feabhsú:	*that things are improving*
á gcruthú:	*being created*
comhlacht:	*company*
Tta (Teoranta):	*Limited*
fostófar 24 sa bhreis:	*24 more will be employed*
cheadaigh bord Údarás na Gaeltachta:	*the board of Údarás na Gaeltachta approved*
pacáiste tacaíochta:	*a support package*
a chuideoidh leo na poist nua a chruthú:	*that will help them create the new jobs*
páirtíocht:	*partnership*
soláthar:	*provision*
seanmhonarcha:	*old factory*
a dhruid:	*that closed*
a athchóiriú:	*to renovate*
síleadh:	*it was thought*
comhlacht tógála bus:	*bus-building company*
áitiúil:	*local*
fostaithe:	*employed*
gan mhoill:	*soon*
réimse leathan:	*a wide range*
a chur in oiriúint:	*to adapt*
ag plé le turasóirí:	*dealing with tourists*
suíochán:	*seat*
a sholáthraíonn siad:	*that they supply*
táirgeann siad:	*they manufacture*
crios sábhála:	*safety belt*
go dtí seo:	*until now*
mar thoradh ar shocrú:	*as a result of an arrangement*
máthairchomhlacht:	*parent company*
táirgí:	*products*
feachtas:	*campaign*
fostaí:	*employee*
comhlacht snátha:	*yarn company*
saoire bhliantúil:	*annual holiday*

tá súil acu scéala a fháil: *they hope to receive news*
leachtaitheoirí: *liquidators*

Súil siar ar an aonad

Bain triail as an ngníomhaíocht seo go bhfeice tú an bhfuil na príomhphointí a múineadh in Aonad 6 ar eolas agat. Éist leis an dlúthdhiosca nuair a bheidh tú críochnaithe chun do fhreagraí a dhearbhú. (*Try this activity now to see if you know the main points taught in Unit 6. Listen to the CD when you have finished in order to verify your answers.*)

Conas mar a déarfá na nithe seo a leanas? (*How would you say the following?*):

An t-abhcóide Cynthia Ní Mhurchú as Ceatharlach, an t-aoi speisialta i gclár a sé den tsraith *Turas Teanga* ar an teilifís.
(*The barrister Cynthia Ní Mhurchú from Carlow, special guest in programme six of the Turas Teanga television series.*)

(*a*)   Do you work flexible hours?
(*b*)   Do you get a long break at lunch-time?
(*c*)   I get a one-hour break every day for lunch.
(*d*)   The factory was closed and I was let go.
(*e*)   I didn't get on too well with the management.
(*f*)   Is it an interesting job?
(*g*)   That office work was very boring!
(*h*)   The contract will be renewed.
(*i*)   I have good computer skills.
(*j*)   Where do you work?
(*k*)   Are you a teacher? I am.
(*l*)   Is it a temporary job or a permanent job?

Freagraí na ngníomhaíochtaí

Gníomhaíocht 6.2

(*a*)   freastalaí (*waiter*)
(*b*)   fear dóiteáin (*fireman*)
(*c*)   ailtire (*architect*)
(*d*)   gruagaire (*hairdresser*)
(*e*)   iriseoir (*journalist*)
(*f*)   aisteoir (*actor*)

(g) fiaclóir (*dentist*)
(h) cúntóir siopa (*shop assistant*)
(i) meicneoir (*mechanic*)
(j) búistéir (*butcher*)

Gníomhaíocht 6.3

(a) tá sé an-suimiúil
(b) tá sé i bhfad níos fearr
(c) an-leadránach
(d) buan
(e) scileanna maithe ríomhaireachta
(f) go fadtéarmach
(g) bheadh an ghráin agam ar obair den chineál sin
(h) obair an-mhífholláin

Gníomhaíocht 6.4

(a) Oibrím ó leathuair tar éis a naoi ar maidin go dtí a sé a chlog tráthnóna.
(b) Oibrím. (*or* Oibríonn.)
(c) Is freastalaí mé.
(d) Ní hea, is meicneoir mé.
(e) Ní hea, is post sealadach é. Tá conradh bliana faighte agam.
(f) Ní bhím. (*or* Ní bhíonn.)

Gníomhaíocht 6.5

(1) nGaillimh
(2) chónaí
(3) ródhaor
(4) oifig
(5) réitíonn
(6) páirtaimseartha
(7) tráthnóna
(8) oibre

Súil siar ar an aonad

(a) An oibríonn tú uaireanta solúbtha?
(b) An bhfaigheann tú briseadh (*or* sos) fada ag am lóin?
(c) Faighim briseadh (*or* sos) uair an chloig gach aon lá don lón.
(d) Dúnadh an mhonarcha agus ligeadh chun siúil mé.

(*e*)   Níor réitigh mé rómhaith leis an mbainistíocht.
(*f*)   An post suimiúil é?
(*g*)   Bhí an obair oifige sin an-leadránach!
(*h*)   Déanfar athnuachan ar an gconradh.
(*i*)   Tá scileanna maithe ríomhaireachta agam.
(*j*)   Cén áit a bhfuil tú ag obair? *or* Cá bhfuil tú ag obair?
(*k*)   An múinteoir tú? Sea.
(*l*)   An post sealadach nó post buan é?

Aistriúchán ar na comhráite

Dónall tells Róisín about the hours he works in his new job.

Róisín:	What hours do you work?
Dónall:	I work from ten in the morning until six or seven in the evening. It depends.
Róisín:	Do you work flexible hours, then?
Dónall:	Yes. It's an arts centre, and I must be there to serve the public.
Róisín:	Do you get a long break at lunchtime?
Dónall:	I get a one-hour break each day for lunch.

Darach is on work experience, but he's not enjoying it too much.

Aoife:	Darach! How are you?
Darach:	Ah, all right.
Aoife:	How do you like your work experience stint?
Darach:	I hate it.
Aoife:	Why?
Darach:	I'm working in a sports shop. I have no interest in it.
Aoife:	Is it a long working day?
Darach:	Yes, from nine in the morning until six in the evening.

Mícheál is unemployed, but he doesn't miss his old factory job too much.

Cathal:	Have you been unemployed for long?
Mícheál:	Yes, for a while. The factory was closed and I was let go.
Cathal:	And were you working there for long?
Mícheál:	I was there three years. But I was just as pleased to get out of it.
Cathal:	Why were you happy to leave?
Mícheál:	I didn't get on too well with the management.

Róisín wants to know more about Dónall's new job.

Róisín:	Is it an interesting job, do you think?

Dónall:	It's very interesting. I love it!
Róisín:	Is it better than the last job you had?
Dónall:	It's much better. That office work was very boring! And it was stressful work.
Róisín:	Is this new job a permanent one?
Dónall:	No. I've got a one-year contract. But if I get on well the contract will be renewed.

Darach feels his work experience is a waste of time, as he has no opportunity to use his computer skills.

Aoife:	What do you do from day to day?
Darach:	I put goods out on the shelves and run up and down to the store.
Aoife:	Do you deal with computers there?
Darach:	No. And I wouldn't mind but I have good computer skills.
Aoife:	You wouldn't like to stay in that job for the long term, then?
Darach:	I would not.

Mícheál explains why he'd hate to work in an office.

Mícheál:	What's your own occupation, God bless you?
Cathal:	I'm working in an office.
Mícheál:	Working in an office? I'd hate that type of work.
Cathal:	Why?
Mícheál:	To be sitting on my backside in front of a computer, from one end of the day to the other? Office work is very unhealthy work.
Cathal:	It's not that bad.
Mícheál:	The money is good, I suppose.
Cathal:	Yes and no.

Aonad 7

OIDEACHAS

EDUCATION

San aonad seo, déanfaidh tú na rudaí seo a leanas a chleachtadh (*In this unit, you will practise the following*):

* ag ainmniú ábhar scoile (*naming school subjects*)
* ag rá cén t-ábhar is fearr leat (*saying what your favourite subject is*)
* ag tabhairt cur síos ar an oideachas a fuair tú (*describing the education you received*)
* ag rá cé mar a thaitin do chuid scolaíochta leat (*saying how you enjoyed your schooling*)
* ag rá céard ba mhaith leat a dhéanamh tar éis na scoile (*saying what you would like to do after school*).

Foghlaim na Gaeilge 7

Tá sé tábhachtach bheith ag smaoineamh ar an ngramadach agus tú ag foghlaim na Gaeilge. Déan iarracht inscne na n-ainmfhocal a fhoghlaim, nó an tslí le ceisteanna a chur agus a fhreagairt, mar shampla; ach ná bí róbhuartha faoin ngramadach mar sin féin. Cuimhnigh go bhfoghlaimeoidh tú go leor rialacha go fo-chomhfhiosach má bhíonn tú ag éisteacht leis an teanga agus á léamh go rialta.

It's important to think about grammar as you learn Irish. Try learning the gender of nouns, or how to ask and answer questions, for example; but don't worry too much about grammar all the same. Remember that you'll learn a lot of rules subconsciously if you listen to the language and read it regularly.

Gníomhaíocht 7.1

Cloisfidh tú daoine ag caint faoi chúrsaí oideachais. Éist leo ar dtús gan féachaint ar an script ag deireadh an aonaid go bhfeice tú an dtuigfidh tú mórán dá gcuid cainte. (*You'll hear people discussing education. Listen to them first without looking at the script at the end of the unit and see how much you understand.*)

Comhráite

Maighréad, who is home on holidays from Boston, is chatting with her niece Aoife. Aoife is delighted to be on holidays from school and doesn't want to talk about anything to do with study or exams.

Maighréad:	Dia duit ar maidin, a Aoife.
Aoife:	*Hi.*
Maighréad:	Tá áthas ort na laethanta saoire a bheith faighte ón scoil agat?
Aoife:	Tá, cinnte.
Maighréad:	Beidh tú ag déanamh na hArdteiste an bhliain seo chugainn, nach mbeidh?
Aoife:	Beidh.

Maighréad:	Céard iad na hábhair a bheas tú a dhéanamh?
Aoife:	Béarla, Gaeilge, matamaitic, Fraincis, bitheolaíocht, ealaín, agus stair.
Maighréad:	Agus cén t-ábhar is fearr leat?
Aoife:	An ealaín an ceann is fearr liom.
Maighréad:	Caithfidh tú do chuid leabhar go léir a thaispeáint dom ar ball.
Aoife:	Ná bac leis na leabhair. Tá mise ar saoire.
Maighréad:	Ach nach bhfuil mise ar saoire chomh maith?

Later that day, Maighréad is interviewed on local radio and asked about her education.

Anna:	Fáilte romhat ar ais. Tá na blianta caite agat ag teagasc, a Mhaighréad, ach inis dúinn faoi do chuid laethanta scoile féin.
Maighréad:	Bhuel, d'fhreastail mé ar an mbunscoil áitiúil ar an mbaile seo. D'éirigh go hiontach liom ansin, agus chuaigh mé ar aghaidh chuig Clochar na Toirbhearta i nGaillimh. Chaith mé sé bliana ansin. Fuair mé an chéad áit i gConnachta san Ardteist. Ansin chuaigh mé ar aghaidh chuig an ollscoil i mBaile Átha Cliath.
Anna:	Sula labhraíonn muid ar an ollscoil, inis dom, ar thaitin do chuid blianta sa mheánscoil leat?
Maighréad:	Thaitin na blianta sin thar cionn liom.
Anna:	Cén t-ábhar ba mhó a thaitin leat?
Maighréad:	Thaitin an Ghaeilge liom. Agus thaitin an Béarla liom chomh maith. Agus an Fhraincis, agus an Laidin, agus an Ghréigis, go deimhin.
Anna:	Bhí suim agat sna teangacha, mar sin?
Maighréad:	Bhí suim agam i ngach ábhar, dáiríre.

Eolas úsáideach / *Useful information*

- We looked at the gender of nouns in the introduction (page xi). Below are some examples of masculine and feminine nouns.

Masculine	*Feminine*
an Béarla	**an Ghaeilge**
an **t-ábhar**	**an mhatamaitic**
	an Fhraincis
	an bhitheolaíocht
	an ealaín
	an stair
	an Ghréigis

an Ardteistiméireacht (an Ardteist)
an mheánscoil
an bhunscoil
an ollscoil

- The definite article (**an** or **na**) is often used in Irish where it wouldn't be in English. It is used in the following cases, for example:
  — *with abstract nouns:*
  Is breá liom an ceol traidisiúnta. (*I love traditional music.*)
  — *with most geographical names, such as continents, countries, regions, rivers, and mountains:*
  an Eoraip (*Europe*)
  an Bheilg (*Belgium*)
  an Éirne (*the River Erne*)
  — *with the names of most languages and school subjects:*
  an Fhraincis (*French*)
  an ealaín (*art*)
  — *with the days of the week, some of the months, and the seasons and festivals:*
  an Satharn (*Saturday*)
  an Bhealtaine (*May*)
  an samhradh (*summer*)
  an Nollaig (*Christmas*)

- An aimsir chaite (*The past tense*)
  The *past tense* is a form of the verb that expresses actions or states in the past.
  D'fhreastail mé ar an mbunscoil sin ar feadh naoi mbliana. (*I attended that primary school for nine years.*)
  Bhí suim mhór agam sna teangacha i gcónaí. (*I was always very interested in languages.*)

- The list below contains some commonly used verbs. Try learning the various forms.

Statement	Question	Yes. / No.
D'fhreastail mé ar . . .	**Ar fhreastail mé ar . . . ?**	**D'fhreastail. /**
		Níor fhreastail.
(*I attended . . .*)	(*Did I attend . . . ?*)	
D'imigh sí.	**Ar imigh sí?**	**D'imigh. / Níor imigh.**
(*She left.*)	(*Did she leave?*)	

Tháinig sé. (*He came . . .*)	**Ar tháinig sé?** (*Did he come?*)	**Tháinig. / Níor tháinig.**

Chuamar. /
   Chuaigh muid.
 (*We went . . .*)
	An ndeachaigh
	   muid . . . ?
	 (*Did we go . . . ?*)
		Chuaigh. /
		   Ní dheachaigh.

Chonaic tú . . . (*You saw . . .*)	**An bhfaca tú . . . ?** (*Did you see . . . ?*)	**Chonaic. / Ní fhaca.**
Chuala sé . . . (*He heard . . .*)	**Ar chuala sé . . . ?** (*Did he hear . . . ?*)	**Chuala. / Níor chuala.**
Rinne siad . . . (*They did . . .*)	**An ndearna siad . . . ?** (*Did they do . . . ?*)	**Rinne. / Ní dhearna.**
Dúirt sibh . . . (*You said . . .*)	**An ndúirt sibh . . . ?** (*Did you say . . . ?*)	**Dúirt. / Ní dúirt.**
Fuair sé . . . (*He got . . .*)	**An bhfuair sé . . . ?** (*Did he get . . . ?*)	**Fuair. / Ní bhfuair.**
D'ith mé . . . (*I ate . . .*)	**Ar ith mé . . . ?** (*Did I eat . . . ?*)	**D'ith. / Níor ith.**
Thug sí . . . (*She gave . . .*)	**Ar thug sí . . . ?** (*Did she give . . . ?*)	**Thug. / Níor thug.**

- Here are a few points to remember:
  - It's not necessary to use a pronoun (**mé**, **tú**, etc.) when your answer to the questions above is *Yes* or *No*.
  - The answer is the same in each person:
    Ar chuir sé nóta chugat? (*Did he send you a note?*)
    Chuir. / Níor chuir. (*Yes. / No.*)
    Ar chuir sibh nóta chuige? (*Did you send him a note?*)
    Chuir. / Níor chuir. (*Yes. / No.*)
  - The *n* in **An** is not pronounced when it precedes a consonant.
  - The interrogative particle **Ar** is used before all regular verbs in the past tense and before the irregular verbs **beir** (*bring, take*), **clois** (*hear*), **ith** (*eat*), **tar** (*come*), and **tabhair** (*give*). **An** is used with all the other irregular verbs.

> – In the first person plural, you can use either of these forms:
>
> **Bhí muid**   or   **Bhíomar**
> **Chuaigh muid**   or   **Chuamar**
> **Chonaic muid**   or   **Chonaiceamar**
> **Chuala muid**   or   **Chualamar**
> etc.

Gníomhaíocht 7.2

Tabhair freagra dearfach agus freagra diúltach ar gach ceist thíos. (*Give an affirmative answer (Yes) and a negative answer (No) to each question below.*)

(*a*) Ar ith tú lón le Susan inné?

(*b*) An bhfaca siad Ciara ag an deireadh seachtaine?

(*c*) An ndearna sí coinne leis an dochtúir fós?

(*d*) An bhfuair tú litir ó Mháire ag an Nollaig?

(*e*) Ar scríobh seisean an leabhar sin?

(*f*) Ar chuala tú go bhfuil Éabha ar ais?

(*g*) Ar imigh sibh roimh am lóin?

(*h*) An ndúirt tú léi nach raibh tú ag teacht ar ais?

Gníomhaíocht 7.3

Déan iarracht leagan Gaeilge na bhfocal agus na bhfrásaí seo a aimsiú agus tú ag éisteacht leis na comhráite.
(*Try to find the Irish equivalent of the following words and phrases as you listen to the dialogues.*)

(*a*) The time is up.

(*b*) I teach Irish at night.

(*c*) I teach reading to adults as well.

(*d*) It's a great pity the programme is over.

(*e*) Did you hear me on the radio?

(*f*) after the Leaving Cert

(*g*) very boring

(*h*) progress in life

Comhráite

Maighréad is still being interviewed.

Anna:	Bhuel, tá an t-am istigh anois, a Mhaighréad. Go raibh maith agat as bheith linn.
Maighréad:	Tá an t-am istigh? Ach níor inis mé duit faoi mo chuid oibre sa scoil i mBostún fós!
Anna:	Caithfidh tú a theacht ar ais lá eile chugainn.
Maighréad:	Bím ag múineadh Gaeilge san oíche chomh maith. Tá an t-uafás daoine ag foghlaim Gaeilge i Meiriceá anois.
Anna:	Tá sé sin an-suimiúil go deo, ach—
Maighréad:	Tá, nach bhfuil? Baineann na scoláirí an-taitneamh as mo chuid ranganna Gaeilge.
Anna:	Tá mé cinnte go mbaineann. Bhuel, sin a bhfuil don lá inniu, a lucht éisteachta.
Maighréad:	Bím ag múineadh léitheoireachta do dhaoine fásta chomh maith.
Anna:	Slán go fóill!
Maighréad:	Is mór an trua go bhfuil an clár thart.
Anna:	Is mór.

Later, Maighréad talks to Aoife about her future career and is not too impressed when she hears what Aoife intends doing with her life.

Maighréad:	Bhuel, a Aoife, ar chuala tú ar an raidió mé?
Aoife [*removing her headphones*]:	Céard é féin?
Maighréad:	Ar chuala tú ar an raidió mé?
Aoife:	Níor chuala.
Maighréad:	Is mór an trua é sin! Ag caint ar an scoil a bhí mé.
Aoife:	Ab ea?
Maighréad:	D'inis mé dóibh faoi mo chuid laethanta ar an mbunscoil, agus an mheánscoil, agus ar an ollscoil.
Aoife:	Go hiontach.
Maighréad:	Ach abair liom: céard ba mhaith leat a dhéanamh tú féin tar éis na hArdteiste?
Aoife:	Ba mhaith liom a bheith i mo cheoltóir rac.
Maighréad:	I do cheoltóir rac? Go sábhála Dia sinn! Cén fáth a ndéanfá é sin?
Aoife:	Mar taitníonn an ceol go mór liom.
Maighréad:	Ach an bhfuil tú ag déanamh staidéir ar an gceol mar ábhar scoile?

Aoife:	Níl. Tá an cúrsa an-leadránach.
Maighréad:	Ach, a Aoife, caithfidh tú a dhul chuig an ollscoil nó ní dhéanfaidh tú aon dul chun cinn sa saol.
Aoife:	Ní dheachaigh Bono chuig an ollscoil, ach tá dul chun cinn mór déanta sa saol aige siúd.

Eolas úsáideach / *Useful information*

- As we saw in Unit 3, the consonants **b**, **c**, **f**, **g**, **m** and **p** are lenited when they follow **an-** (*very*). The other consonants remain unchanged. Here are two examples of this in the dialogues above:
  an-suimiúil (*very interesting*)
  an-taitneamh (*a lot of enjoyment*)

- The Irish for *studying* is **ag staidéar**:
  Tá mé ag staidéar faoi láthair. (*I'm studying at the moment.*)

  When you mention a subject or subjects, however, you must use the verb **déan** (*do*):
  Tá mé ag déanamh staidéir ar an bhFraincis agus ar an stair. (*I'm studying French and history.*)
  Tá mé ag déanamh staidéir ar an eolaíocht. (*I'm studying science.*)

- Here are some sentences you might use if you were seeking or giving information about a person's intentions:
  Céard ba mhaith leat a dhéanamh tar éis na hArdteiste? (*What would you like to do after the Leaving Cert?*)
  Céard atá sé i gceist agat a dhéanamh tar éis na scoile? (*What do you intend doing after school?*)
  Céard atá sé beartaithe agat a dhéanamh tar éis na céime? (*What do you plan to do after the degree?*)
  Ba bhreá liom céim a dhéanamh sa dlí. (*I'd love to do a degree in law.*)
  Tá sé ar intinn agam céim a dhéanamh sa Ghaeilge. (*I intend doing a degree in Irish.*)
  Tá sé beartaithe agam an tArd-Teastas san Oideachas a dhéanamh. (*I intend doing the Higher Diploma in Education.*)
  Tá mé idir dhá chomhairle. (*I'm in two minds. / I'm undecided.*)

Gníomhaíocht 7.4

Tabhair an freagra a thaispeántar ar na ceisteanna seo (*Answer these questions as shown*):

(*a*) An bhfuil an clár thart?
Tusa: *Yes. The time is up.*
(*b*) Céard iad na hábhair a bheas tú a dhéanamh?
Tusa: *Maths, Irish, and history.*
(*c*) Céard iad na hábhair atá á ndéanamh agat i mbliana?
Tusa: *I'm studying French and English.*
(*d*) Cén t-ábhar is fearr leat?
Tusa: *English is the one I like best.*
(*e*) Cá ndeachaigh tú ar scoil?
Tusa: *I attended the local primary and secondary school.*
(*f*) Ar thaitin do chuid blianta ar scoil leat?
Tusa: *I enjoyed them a lot.*
(*g*) Ar thaitin an t-ábhar sin leat?
Tusa: *Yes. It was great.*
(*h*) An bhfuil tú ag déanamh staidéir ar an stair?
Tusa: *No. The course is very boring.*

Gníomhaíocht 7.5

Foghlaim an stór focal a bhaineann le cúrsaí oideachais sna rannóga 'Ábhair' agus 'Frásaí agus focail' ar leathanaigh 92–94 thíos, agus ansin déan iarracht gach focal i gcolún A a mheaitseáil lena leagan Béarla i gcolún B. Tá an chéad cheann déanta le cabhrú leat. (*Learn the vocabulary relating to education in the 'Ábhair' and 'Frásaí agus focail' sections on pages 92–94, then try to match each word in column A with its English equivalent in column B. The first one has been done to help you.*)

Colún A

(*a*) teagascóir
(*b*) teastas
(*c*) bitheolaíocht
(*d*) ealaín
(*e*) eolaíocht
(*f*) ríomhaireacht
(*g*) fisic
(*h*) céim

Colún B

(i) primary education
(ii) geography
(iii) boring
(iv) tutor
(v) degree
(vi) certificate, diploma
(vii) interesting
(viii) science

(i)	tíos	(ix)	archaeology
(j)	tíreolaíocht	(x)	challenging
(k)	leadránach	(xi)	biology
(l)	suimiúil	(xii)	physics
(m)	dúshlánach	(xiii)	computing
(n)	bunscolaíocht	(xiv)	art
(o)	seandálaíocht	(xv)	home economics

a	b	c	d	e	f	g	h	i	j	k	l	m	n	o
iv	—	—	—	—	—	—	—	—	—	—	—	—	—	—

ABC

Ábhair

ábhar / an t-ábhar / na hábhair	*(a) subject / the subject / the subjects*
Béarla / an Béarla	*English*
Fraincis / an Fhraincis	*French*
Gearmáinis / an Ghearmáinis	*German*
Spáinnis / an Spáinnis	*Spanish*
Gaeilge / an Ghaeilge	*Irish*
matamaitic / an mhatamaitic	*mathematics (maths)*
tíreolaíocht / an tíreolaíocht	*geography*
stair / an stair	*history*
eacnamaíocht / an eacnamaíocht	*economics*
staidéar gnó	*business studies*
tíos / an tíos	*home economics*
eolaíocht / an eolaíocht	*science*
fisic / an fhisic	*physics*
ceimic / an cheimic	*chemistry*
bitheolaíocht / an bhitheolaíocht	*biology*
ceol / an ceol	*music*
ealaín / an ealaín	*art*
ríomhaireacht / an ríomhaireacht	*computing*
seandálaíocht / an tseandálaíocht	*archaeology*
leigheas / an leigheas	*medicine*
dlí / an dlí	*law*
cuntasaíocht / an chuntasaíocht	*accountancy*
tráchtáil / an tráchtáil	*commerce*
innealtóireacht / an innealtóireacht	*engineering*
banaltracht / an bhanaltracht	*nursing*
múinteoireacht / an mhúinteoireacht	*teaching*

Frásaí agus focail

cáilíocht / an chaílíocht	(a) qualification / the qualification
céim / an chéim	(a) degree / the degree
céim ealaíon	arts degree
céim san eolaíocht	science degree
teastas / an teastas	(a) certificate/diploma / the certificate/diploma
dioplóma / an dioplóma	(a) diploma / the diploma
scolaíocht / an scolaíocht	schooling
bunscolaíocht / an bhunscolaíocht	primary education
meánscolaíocht / an mheánscolaíocht	secondary education
bunscoil / an bhunscoil	(a) primary school / the primary school
meánscoil / an mheánscoil	(a) secondary school / the secondary school
pobalscoil / an phobalscoil	(a) community school / the community school
an Ardteistiméireacht (Ardteist)	the Leaving Certificate
rinne mé an Ardteist faoi dhó	I did the Leaving Cert twice
an Teastas Sóisearach	the Junior Certificate
ollscoil / an ollscoil	(a) university / the university
coláiste / an coláiste	(a) college / the college
coláiste tríú leibhéal	third-level college
léachtóir / an léachtóir	(a) lecturer / the lecturer
múinteoir / an múinteoir	(a) teacher / the teacher
teagascóir / an teagascóir	(a) tutor / the tutor
ag teagasc / ag múineadh	teaching
Tá sé deacair cúrsa a roghnú.	It's difficult to choose a course.
Níl sé éasca cinneadh a dhéanamh.	It's not easy to make a decision.
scrúdú / an scrúdú / na scrúduithe	(an) examination / the examination / the examinations
Theip orm sna scrúduithe.	I failed the exams.
Fuair mé pas. / D'éirigh liom pas a fháil.	I passed. / I managed to pass.
Ar éirigh go maith leat?	Did you get on well?
D'éirigh. / Níor éirigh.	Yes. / No.
leadránach / an-leadránach	boring / very boring
suimiúil / an-suimiúil	interesting / very interesting
deacair / an-deacair	difficult / very difficult
furasta / an-fhurasta / éasca / an-éasca	easy / very easy

Is ábhar dúshlánach é.   *It's a challenging subject.*
Thaitin an scoil thar cionn liom.   *I really enjoyed school.*

An scoláire, file agus cumadóir amhrán Louis de Paor as Corcaigh, an t-aoi speisialta i gclár a seacht den tsraith *Turas Teanga* ar an teilifís.
(The scholar, poet and songwriter Louis de Paor from Cork, special guest in programme seven of the Turas Teanga *television series.)*

Súil siar ar an aonad

Bain triail as an ngníomhaíocht seo go bhfeice tú an bhfuil na príomhphointí a múineadh in Aonad 7 ar eolas agat. Éist leis an dlúthdhiosca nuair a bheidh tú críochnaithe chun do fhreagraí a dhearbhú.
(Try this activity now to see if you know the main points taught in Unit 7. Listen to the CD when you have finished in order to verify your answers.)

Conas mar a déarfá na nithe seo a leanas? *(How would you say the following?)*

(a) You'll be doing the Leaving Certificate next year, won't you?
(b) What subject do you like best?
(c) I attended university in Dublin.
(d) I got on very well at school.
(e) I was very interested in languages.
(f) Did you see my Irish book anywhere?
(g) A lot of people are learning Irish in America now.
(h) The students really enjoy my Irish classes.
(i) What would you like to do yourself after the Leaving Cert?
(j) I'm studying music.
(k) The course is very boring.
(l) I really like the course.

Freagraí na ngníomhaíochtaí

Gníomhaíocht 7.2

(a)   D'ith. / Níor ith.
(b)   Chonaic. / Ní fhaca.
(c)   Rinne. / Ní dhearna.
(d)   Fuair. / Ní bhfuair.
(e)   Scríobh. / Níor scríobh.
(f)   Chuala. / Níor chuala.
(g)   D'imigh. / Níor imigh.
(h)   Dúirt. / Ní dúirt.

Gníomhaíocht 7.3

(a)   Tá an t-am istigh.
(b)   Bím ag múineadh Gaeilge san oíche.
(c)   Bím ag múineadh léitheoireacht do dhaoine fásta chomh maith.
(d)   Is mór an trua go bhfuil an clár thart.
(e)   Ar chuala tú ar an raidió mé?
(f)   tar éis na hArdteiste
(g)   an-leadránach
(h)   dul chun cinn sa saol

Gníomhaíocht 7.4

(a)   Tá. Tá an t-am istigh.
(b)   Matamaitic, Gaeilge, agus stair. (*or* An mhatamaitic, an Ghaeilge, agus an stair.)
(c)   Tá mé ag déanamh staidéir ar an bhFraincis agus ar an mBéarla.
(d)   An Béarla an ceann is fearr liom ar fad.
(e)   D'fhreastail mé ar an mbunscoil agus ar an meánscoil áitiúil.
(f)   Thaitin siad thar cionn (*or* go mór) liom.
(g)   Thaitin. Bhí sé thar cionn (*or* go hiontach).
(h)   Níl. Tá an cúrsa an-leadránach.

Gníomhaíocht 7.5

(a)   teagascóir agus (iv) tutor
(b)   teastas agus (vi) certificate/diploma
(c)   bitheolaíocht agus (xi) biology
(d)   ealaín agus (xiv) art
(e)   eolaíocht agus (viii) science
(f)   ríomhaireacht agus (xiii) computing

(g) fisic agus (xii) physics
(h) céim agus (v) degree
(i) tíos agus (xv) home economics
(j) tíreolaíocht agus (ii) geography
(k) leadránach agus (iii) boring
(l) suimiúil agus (vii) interesting
(m) dúshlánach agus (x) challenging
(n) bunscolaíocht agus (i) primary education
(o) seandálaíocht agus (ix) archaeology

Súil siar ar an aonad

(a) Beidh tú ag déanamh na hArdteiste an bhliain seo chugainn, nach mbeidh?
(b) Cén t-ábhar is fearr leat?
(c) D'fhreastail mé ar an ollscoil i mBaile Átha Cliath.
(d) D'éirigh go hiontach liom ar scoil.
(e) Bhí an-suim (*or* suim mhór) agam sna teangacha.
(f) An bhfaca tú mo leabhar Gaeilge áit ar bith?
(g) Tá an t-uafás daoine ag foghlaim Gaeilge i Meiriceá anois.
(h) Baineann na scoláirí an-taitneamh as mo chuid ranganna Gaeilge.
(i) Céard ba mhaith leat a dhéanamh tú féin tar éis na hArdteiste?
(j) Tá mé (*or* Táim) ag déanamh staidéir ar an gceol.
(k) Tá an cúrsa an-leadránach.
(l) Taitníonn an cúrsa go mór liom.

Aistriúchán ar na comhráite

Maighréad, who is home on holidays from Boston, is chatting with her niece Aoife.
Aoife is delighted to be on holidays from school and doesn't want to talk about anything
to do with study or exams.

Maighréad:	Good morning, Aoife.
Aoife:	Hi.
Maighréad:	You're happy to have your holidays from school?
Aoife:	I am indeed.
Maighréad:	You'll be doing the Leaving Certificate next year, won't you?
Aoife:	Yes.
Maighréad:	What subjects will you be doing?
Aoife:	English, Irish, maths, French, biology, art, and history.
Maighréad:	And which subject do you like best?
Aoife:	Art is the one I like best.
Maighréad:	You must show me all your books later.
Aoife:	Never mind the books. I'm on holidays.

Maighréad: But amn't I on holidays as well?

Later that day, Maighréad is interviewed on local radio and asked about her education.

Anna: You're welcome back. You've spent years teaching, Maighréad, but tell us about your own school days.

Maighréad: Well, I attended the local primary school in this town. I got on very well there, and I went on to the Presentation Convent in Galway. I spent six years there. I got first place in Connacht in the Leaving Certificate. And then I went on to university in Dublin.

Anna: Before we speak about university, tell me, did you like your years in secondary school?

Maighréad: I really enjoyed those years.

Anna: What subject did you like best?

Maighréad: I liked Irish. And I liked English as well. And French, and Latin, and Greek, indeed.

Anna: You were interested in languages, then?

Maighréad: I was interested in every subject, really.

Maighréad is still being interviewed.

Anna: Well, the time is up now, Maighréad. Thank you for being with us.

Maighréad: The time is up? But I didn't tell you about my work in the school in Boston yet!

Anna: You'll have to come back to us another day.

Maighréad: I teach Irish at night as well. So many people are learning Irish in America now.

Anna: That's really interesting, but—

Maighréad: Yes, isn't it? The students really enjoy my Irish classes.

Anna: I'm sure they do. Well, that's all for today, listeners.

Maighréad: I teach reading to adults as well.

Anna: Goodbye for now!

Maighréad: It's a great pity the programme is over.

Anna: It is.

Anna is relieved that the programme is over.

Later, Maighréad talks to Aoife about her future career and is not too impressed when she hears what Aoife intends doing with her life.

Maighréad: Well, Aoife, did you hear me on the radio?

Aoife [*removing
her headphones*]:   What's that?
Maighréad: Did you hear me on the radio?
Aoife: No.
Maighréad: That's a great pity. I was talking about school.
Aoife: Were you?
Maighréad: I told them about my time at primary school, at secondary school, and at university.
Aoife: Great.
Maighréad: But tell me: what would you like to do yourself after the Leaving Certificate?
Aoife: I'd like to be a rock singer.
Maighréad: A rock singer? God save us! Why would you do that?
Aoife: Because I really enjoy music.
Maighréad: But are you studying music as a school subject?
Aoife: No. The course is very boring.
Maighréad: But, Aoife, you have to go to university or you won't make any progress in life.
Aoife: Bono didn't go to university, but he's made great progress in life.

Aonad 8

TRÉITHE FISICEACHA AGUS PEARSANTACHT

PHYSICAL TRAITS AND PERSONALITY

San aonad seo, déanfaidh tú na rudaí seo a leanas a chleachtadh (*In this unit, you will practise the following*):

- ag rá cén saghas duine tú féin (*saying what kind of person you are*)
- ag rá cad iad na tréithe a bhaineann le duine eile (*saying what traits another person has*)
- ag tabhairt tuairimí faoi phearsantacht duine (*giving opinions about a person's personality*)
- ag déanamh comparáide idir pearsantacht daoine (*comparing people's personalities*)
- ag tabhairt eolais faoin gcuma atá ar dhuine (*giving information about a person's appearance*).

Foghlaim na Gaeilge 8

Cuireann sé isteach ar fhoghlaimeoirí go minic nach mbíonn siad in ann rudaí casta a rá sa Ghaeilge; ní bhíonn siad chomh líofa céanna is a bhíonn siad ina máthairtheanga, agus bíonn a stór focal i bhfad níos teoranta. Tá sé tábhachtach rudaí a rá chomh simplí agus is féidir leat sa Ghaeilge, ag úsáid na bhfocal agus na struchtúr atá agat cheana féin; smaoinigh ar an rud is mian leat a rá sa Ghaeilge féin, seachas bheith ag aistriú ó do mháthairtheanga. Foghlaimeoidh tú abairtí níos casta de réir a chéile, agus tiocfaidh maolú ar do chuid frustrachais.

Learners often find it frustrating not being able to express complex ideas in Irish; they are not as fluent as they are in their mother tongue, and their vocabulary is a lot more limited. It's important to say things as simply as you can in Irish, using the words and structures you already know; think of what you want to say in Irish, rather than translating from your mother tongue. You'll gradually learn more complicated sentences, and your frustration will lessen.

Gníomhaíocht 8.1

Cloisfidh tú cur síos ar thréithe fisiceacha agus ar phearsantacht duine. Éist leis an gcur síos seo ar dtús gan féachaint ar an aistriúchán ag deireadh an aonaid go bhfeice tú an dtuigfidh tú mórán den chaint.

(*You'll hear a person's physical traits and personality being described. Listen to the descriptions first without looking at the translation at the end of the unit and see how much you understand.*)

Comhráite

Siobhán and Aoife are discussing a young man who's a customer at the filling station where they work. He's putting petrol in his car.

Aoife:	Tá mo dhuine go deas, nach bhfuil?
Siobhán:	É sin atá ag líonadh peitril taobh amuigh?
Aoife:	Is é.
Siobhán:	Meas tú?
Aoife:	Céard a cheapann tusa dó?
Siobhán:	Tá sé dathúil, cinnte. Ach is fearr liomsa fir arda.
Aoife:	Tá sé sách ard, sílimse. Agus tá cuma lách air.

The man sits in the car and drives off without paying. The women are shocked.

Siobhán:	Cuma lách mo thóin! Is gadaí é!

The mysterious stranger is none other than Dónall. He and Róisín are visiting Róisín's aunt, Anna, for the weekend. While Dónall is out, Anna is getting the lowdown on her niece's new man.

Anna:	Abair liom, cén cineál duine é Dónall?
Róisín [*jokingly*]:	Bhuel, tá sé tanaí, agus tá gruaig dhubh air.
Anna:	Tá a fhios agam an méid sin! Ach cén cineál pearsantachta atá aige?
Róisín:	Tá sé lách mar dhuine.
Anna:	Tá sé ciúin go leor, nach bhfuil?
Róisín:	Bíonn sé ciúin ar dtús. Tógann sé tamall aithne a chur air. Bíonn sé an-ghreannmhar uaireanta.
Anna:	Is maith liomsa fir atá ábalta mé a chur a gháire.
Róisín:	Is duine ionraic é Dónall chomh maith. Is maith liomsa é sin.

Eolas úsáideach / *Useful information*

- In Irish, the adjective must 'agree with' or match the noun it accompanies, in gender (male or female) and in number (singular or plural). The following example can be found in one of the dialogues above:
  Is fearr liomsa fir arda. (*I prefer tall men.*)
  In this example the noun (**fear**) is in the plural, and therefore the adjective (**ard**) must also be in the plural.

- Here are different ways of describing hair:
  Tá gruaig fhada dhubh uirthi. (*She has long black hair.*)
  Tá gruaig ghearr fhionn air. (*He has short blond hair.*)
  Tá gruaig chatach rua uirthi. (*She has curly red hair.*)
  Tá Séamas maol, agus tá gruaig fhada liath ar a dheartháir.
  (*Séamas is bald, and his brother has long grey hair.*)

- These are the rules you need to remember when you're using the word **gruaig**:

  - It's a feminine noun, therefore it lenites adjectives beginning with the consonants **b**, **c**, **d**, **f**, **g**, **m**, **p**, **s**, and **t**:
    gruaig fhada (*long hair*)
  - The prepositional pronoun **ar** (*on*) is used with it:
    orm (*on me*)   **orainn** (*on us*)
    ort (*on you*)   **oraibh** (*on you*)
    air (*on him*)   **orthu** (*on them*)
    uirthi (*on her*)
  - Adjectives describing style come before those describing colour:
    Tá gruaig ghearr fhionn uirthi.
    (*She has short blond hair.*)

  The same rules apply to the noun **féasóg** (*beard*) also.

Gníomhaíocht 8.2

Cuir na focail i ngach ceann de na habairtí seo san ord ceart (*Unscramble each of these sentences*):

(*a*) fhada gruaig uirthi Tá dhonn. (*She has long brown hair.*)

(*b*) Tá uirthi gruaig fhionn ghearr. (*She has short blond hair.*)

(*c*) gruaig dhubh agus chatach air fhada Tá féasóg. (*He has black curly hair and a long beard.*)

(*d*) sé maol air Tá tá féasóg fhada agus liath. (*He's bald and has a long grey beard.*)

Gníomhaíocht 8.3

Déan iarracht leagan Gaeilge na bhfocal agus na bhfrásaí seo a leanas a aimsiú agus tú ag éisteacht leis na comhráite.
(*Try to find the Irish equivalent of the following words and phrases as you listen to the dialogues.*)

(*a*) What did he look like?

(*b*) tall

(*c*) taller

(*d*) He had nice eyes.

(*e*) *I'm* an obliging person.

(*f*) a fine girl

(*g*) Are you Dónall Ó Gríofa? I am.

(*h*) Did you pay for it?

Comhráite

Garda de Barra questions Aoife and Siobhán about the person who left the filling station without paying.

Garda de Barra:	Cén chuma a bhí air?
Aoife:	Bhí sé ard agus dathúil.
Siobhán:	Ní raibh sé! [*She looks at the garda*] Bheadh tusa níos airde ná é. Ach bhí sé dathúil, cinnte.
Aoife:	Agus bhí súile deasa aige.
Garda de Barra:	*So*, fear ard dathúil agus súile deasa aige. Tá súil agam go mbéarfaidh mé air!

Garda de Barra has found Dónall's car and is looking into it when Mícheál comes along.

Mícheál:	Dia duit, a gharda.

Garda de Barra:	Dia is Muire duit. Cogar, an bhféadfá cabhrú liom nóiméad?
Mícheál:	Déanfaidh mé mo dhícheall, a gharda. Is duine oibleagáideach mise, bíodh a fhios agat.
Garda de Barra:	Go maith. Tá mé ag iarraidh teacht ar fhear óg sna fichidí. Creidim gur leis an carr seo.
Mícheál:	Fear dathúil go maith, ab ea? Agus gruaig dhubh air?
Garda de Barra:	Is ea, creidim.
Mícheál:	Chonaic mé ag gabháil siar le cladach ar ball é. Bhí cailín leis—cailín breá freisin.

Garda de Barra tracks down Dónall and questions him about his failure to pay for the petrol earlier.

Garda de Barra:	An tusa Dónall Ó Gríofa?
Dónall:	Is mé.
Garda de Barra:	Agus an leatsa an Peugeot dearg sa gcarrchlós?
Dónall:	Is liom.
Garda de Barra:	Ar cheannaigh tú peitreal sa sráidbhaile ar ball?
Dónall:	Cheannaigh.
Garda de Barra:	Ar íoc tú as?
Róisín:	A Dhónaill, cad atá ar siúl anseo?
Dónall:	D'imigh mé gan íoc, nár imigh?
Garda de Barra:	D'imigh, creidim.
Dónall:	Tá an-bhrón orm, a gharda. Botún a bhí ann. Is duine ionraic mé. Creid uaim é.

Eolas úsáideach / *Useful information*

- These are two rules to bear in mind when you use the noun **súil** (*eye*):
  - When the plural form (**súile**) is used, the accompanying adjective must also be in the plural:

deas (*nice*)	**súile deasa** (*nice eyes*)
álainn (*beautiful*)	**súile áille** (*beautiful eyes*)
donn (*brown*)	**súile donna** (*brown eyes*)
glas (*green*)	**súile glasa** (*green eyes*)
gorm (*blue*)	**súile gorma** (*blue eyes*)

  - The prepositional pronoun **ag** (*at*) is used with **súile**:

agam (*at me*)	**againn** (*at us*)
agat (*at you*)	**agat** (*at you*)
aige (*at him*)	**acu** (*at them*)
aici (*at her*)	

Tá súile glasa aici. (*She has green eyes.*)
Tá súile donna acu. (*They have brown eyes.*)

- Here are some sentences you would use to describe a person's personality:
  Is fear cairdiúil é. (*He's a friendly man.*)
  Is bean ionraic í. (*She's an honest woman.*)

- **Bean** (*woman*) is a feminine noun, therefore it lenites adjectives beginning with the consonants **b, c, d, f, g, m, p, s,** or **t**:
  Is bean dheas í. (*She's a nice woman.*)
  Is bean fhial í. (*She's a generous woman.*)

- These are some questions you might ask about a person's personality:
  An duine lách í? (*Is she a pleasant person?*)
  Is ea. (*Yes.*) / **Ní hea.** (*No.*)
  An duine réchúiseach é? (*Is he an easy-going person?*)
  Is ea. (*Yes.*) / **Ní hea.** (*No.*)
  Cén cineál duine é? (*What kind of person is he?*)
  Cén cineál duine í? (*What kind of person is she?*)

Gníomhaíocht 8.4

Tabhair freagra ar na ceisteanna éagsúla seo. (*Answer these various questions.*)

(*a*)   Cén chuma atá air?
Tusa: *He's tall, he has blue eyes and black hair.*
(*b*)   Cén chuma atá uirthi?
Tusa: *She's very good-looking. She has long brown hair and green eyes.*
(*c*)   An fear dathúil é?
Tusa: *Yes. He has beautiful blue eyes and curly black hair.*
(*d*)   An bean chairdiúil í?
Tusa: *No. She's not too pleasant.*

(e)   An fear deas é?

Tusa: *Yes. He's very friendly. I get on well with him.*

(f)   Cén chuma atá uirthi?

Tusa: *She has short red hair, she has green eyes, and she's very tall.*

Gníomhaíocht 8.5

Déan iarracht cur síos a scríobh ort féin, ar chara de do chuid, agus ar dhuine éigin atá i mbéal an phobail. Déan tagairt do thréithe fisiceacha agus do phearsantacht, agus bain úsáid as cuid de na focail atá le fáil sa rannóg 'Frásaí agus focail' thíos. (*Try to describe yourself, a friend of yours, and some well-known person. Refer to physical traits and personality, and use some of the words in the 'Frásaí agus focail' section below.*)

Gníomhaíocht 8.6

Seo sliocht as alt faoi phríomhfheidhmeannach Aer Arann, Pádraig Ó Céidigh as Conamara. Tá gluais le fáil thíos, ach déan iarracht brí na bhfocal agus na bhfrásaí deacra a thomhas ón gcomhthéacs ar dtús, gan féachaint ar an ngluais. (*This is an article about the chief executive of Aer Arann, Pádraig Ó Céidigh from Conamara. There is a glossary below, but try guessing the meaning of the difficult words and phrases from the context first, without looking at the glossary.*)

Aithníonn cúntóir pearsanta Phádraig Uí Chéidigh in Aer Árann mo ghuth ar an toirt anois. Is minic a labhair muid le chéile le cúpla mí anuas, mise ar mo dhícheall ag iarraidh coinne a dhéanamh le príomhfheidhmeannach an chomhlachta. Rinne muid coinne a shocrú cúpla babhta, ach bhí uirthi é a chur ar ceal de bharr go raibh brú oibre chomh mór sin ar Ó Céidigh.

Chas mé leis sa deireadh in Óstán an Burlington maidin Dé Sathairn amháin an mhí seo caite, agus bhí mé an-bhuíoch de as bheith sásta bualadh liom ar a shlí chuig cluiche rugbaí lena mhac Cathal.

Is duine é an Céideach a bhfuil pearsantacht láidir aige agus atá féinmhuiníneach amach is amach, rud a mbeifeá ag súil leis i gcás duine a bhfuil an oiread sin bainte amach aige ina shaol go dtí seo. Mar a dúirt duine amháin liom, téann sé i bhfeidhm ar dhaoine agus éiríonn leis cur ina luí orthu go bhfuil sé den tuairim go bhfuil an-tábhacht ag baint leo.

Bronnadh an gradam Fiontraí na Bliana ar Ó Céidigh i mí Mheán Fómhair i mbliana, agus is léir go dtugann sé an-sásamh dó aitheantas mar seo a fháil as an obair chrua atá déanta aige ó cheannaigh sé Aer Arann ocht mbliana ó shin. Tá an-mheas ag daoine sa saol gnó ar an ghradam áirithe seo de chuid Ernst and Young, agus bhuaigh daoine cumasacha eile, Moya Doherty ó *Riverdance*, Denis O'Brien, agus Eddie Jordan, é cheana féin.

Fuair Pádraig a chuid bunscolaíochta go háitiúil sa Spidéal, ach chinn sé ar dhul go Gaillimh le freastal ar an mheánscoil de bharr go raibh cara dá chuid, Máirtín Ó Domhnaill, ag dul go scoil na nÍosánach ansin, Coláiste Iognáid. Bhí na chéad bhlianta sa scoil sin dian go maith. Is minic nár thuig Pádraig cuid Béarla na múinteoirí, agus bhraith sé náire lá sa rang nuair a bhí air sin a admháil os comhair na ndaltaí eile.

Bhí dearcadh diúltach ag go leor de na scoláirí sa scoil i leith mhuintir na Gaeltachta chomh maith. 'Muide a tháinig as ceantar an Spidéil isteach go Gaillimh ag an am sin ghlaoití *rednecks* orainn, agus ainmneacha mar sin. Caithfidh mé a rá gur chuir sé sin as beagáinín dom. Bhí fadhbanna againne nach mbeadh ag gasúir eile, mar gheall ar gur tháinig muid ón áit sin.'

D'fhoghlaim Pádraig le linn a thréimhse sa mheánscoil an tslí le seasamh suas dó féin agus bheith bródúil as a cheantar dúchais.

As alt le hÉamonn Ó Dónaill a bhí i gcló san iris *Beo!* (www.beo.ie), Nollaig 2002.

ABC **Gluais**

aithníonn:	*recognises*
cúntóir pearsanta:	*personal assistant*
mo ghuth:	*my voice*
ar an toirt:	*immediately*
ar mo dhícheall:	*doing my best*
ag iarraidh coinne a dhéanamh:	*trying to make an appointment*
príomhfheidhmeannach an chomhlachta:	*the chief executive of the company*
cúpla babhta:	*a few times*
é a chur ar ceal:	*to cancel it*
brú oibre:	*pressure of work*
bualadh liom:	*to meet me*
ar a shlí:	*on his way*
pearsantacht:	*personality*
féinmhuiníneach:	*self-confident*
rud a mbeifeá ag súil leis:	*something you'd expect*
bainte amach:	*achieved*
téann sé i bhfeidhm ar dhaoine:	*he makes an impression on people*
cur ina luí orthu:	*to convince them*
go bhfuil an-tábhacht ag baint leo:	*that they're really important*
gradam:	*award*
Fiontraí na Bliana:	*Entrepreneur of the Year*
an-sásamh:	*a lot of satisfaction*
aitheantas:	*recognition*

an-mheas:	*a lot of respect*
sa saol gnó:	*in the business world*
cumasach:	*capable*
bunscolaíocht:	*primary education*
chinn sé:	*he decided*
dian:	*hard*
bhraith sé náire:	*he felt shame*
sin a admháil:	*to admit that*
os comhair na ndaltaí eile:	*in front of the other pupils*
dearcadh diúltach:	*a negative view*
ghlaoití . . . orainn:	*we used to be called*
gur chuir sé sin as beagáinín dom:	*that that bothered me a little*
fadhbanna:	*problems*
tréimhse:	*period*
bheith bródúil as a cheantar dúchais:	*to be proud of his native area*

An craoltóir Antaine Ó Donnaile as Béal Feirste,
an t-aoi speisialta i gclár a hocht den tsraith *Turas
Teanga* ar an teilifís.
(*The broadcaster Antaine Ó Donnaile from
Belfast, special guest in programme eight of the
Turas Teanga television series.*)

Frásaí agus focail

ciúin	quiet
cúthail / faiteach	shy
greannmhar	funny
réchúiseach	easy-going
cairdiúil	friendly
lách	pleasant
dícheallach	diligent, hard-working
díograiseach	enthusiastic
féinmhuiníneach	self-confident
ardaidhmeannach	ambitious
fial	generous
dáiríre	serious
éirimiúil	intelligent, gifted
leithleach / leithleasach	selfish
ionraic	honest
mí-ionraic	dishonest
sotalach	arrogant
ardnósach	haughty, snobbish
giorraisc / borb	abrupt
múinte / béasach	well-mannered, polite
leamh / leadránach	boring
santach	greedy
fiosrach	inquisitive, nosy
leisciúil / falsa	lazy
foighdeach / foighneach	patient
deisbhéalach	well-spoken, witty
ard / an-ard	tall / very tall
beag / an-bheag	small / very small
tanaí / an-tanaí	thin / very thin
ramhar	fat
téagartha	stout
féasóg fhada	a long beard
gruaig ghearr/ghairid	short hair
súile	eyes
gorm	blue
glas	green
donn	brown
dorcha	dark

rua	*red* (referring to hair)
dubh	*black*
fionn	*blond*
bán	*white*
liath	*grey*
aois	*age*
óg	*young*
meánaosta	*middle-aged*
sean / aosta	*old*

Súil siar ar an aonad

Bain triail as an ngníomhaíocht seo go bhfeice tú an bhfuil na príomhphointí a múineadh in Aonad 8 ar eolas agat. Éist leis an dlúthdhiosca nuair a bheidh tú críochnaithe chun do fhreagraí a dhearbhú. (*Try this activity now to see if you know the main points taught in Unit 8. Listen to the CD when you have finished in order to verify your answers.*)

Conas mar a déarfá na nithe seo a leanas? (*How would you say the following?*):

(*a*) He's tall enough.
(*b*) What kind of person is he?
(*c*) What kind of person is she?
(*d*) What kind of personality does he have?
(*e*) He's an honest person.
(*f*) Is she a friendly woman? Yes.
(*g*) Is he a nice man? No, he's an arrogant person.
(*h*) What does he look like?
(*i*) What does she look like?
(*j*) He's tall and good-looking.
(*k*) He's bald and has a long beard.
(*l*) She has green eyes and long red hair.

Freagraí na ngníomhaíochtaí

Gníomhaíocht 8.2

(*a*) Tá gruaig fhada dhonn uirthi.
(*b*) Tá gruaig ghearr fhionn uirthi.
(*c*) Tá gruaig chatach dhubh air agus féasóg fhada.
(*d*) Tá sé maol agus tá féasóg fhada liath air.

Gníomhaíocht 8.3

(a) Cén chuma a bhí air?

(b) ard

(c) níos airde

(d) Bhí súile deasa aige.

(e) Is duine oibleagáideach mise.

(f) cailín breá

(g) An tusa Dónall Ó Gríofa? Is mé.

(h) Ar íoc tú as?

Gníomhaíocht 8.4

(a) Tá sé ard, tá súile gorma aige, agus tá gruaig dhubh air.

(b) Tá sí an-dathúil. Tá gruaig fhada dhonn uirthi, agus tá súile glasa aici.

(c) Is ea. Tá súile áille gorma aige, agus tá gruaig chatach dhubh air.

(d) Ní hea. Níl sí ró-lách.

(e) Is ea. Tá sé an-chairdiúil. Réitím go maith leis.

(f) Tá gruaig ghearr rua uirthi, tá súile glasa aici, agus tá sí an-ard.

Súil siar ar an aonad

(a) Tá sé sách ard.

(b) Cén cineál duine é?

(c) Cén cineál duine í?

(d) Cén cineál pearsantachta atá aige?

(e) Is duine ionraic é.

(f) An bean chairdiúil í? Is ea.

(g) An fear deas é? Ní hea, is duine sotalach é.

(h) Cén chuma atá air?

(i) Cén chuma atá uirthi?

(j) Tá sé ard agus dathúil.

(k) Tá sé maol, agus tá féasóg fhada air.

(l) Tá súile glasa aici, agus tá gruaig fhada rua uirthi.

Aistriúchán ar na comhráite

Siobhán and Aoife are discussing a young man who's a customer at the filling station where they work. He's putting petrol in his car.

Aoife: Your man is nice, isn't he?

Siobhán: The one filling his car with petrol outside?

Aoife: Yes.

Siobhán:	Do you think so?
Aoife:	What do *you* think of him?
Siobhán:	He's good-looking, right enough. But I prefer tall men.
Aoife:	He's tall enough, I think. And he has a kind look to him.

The man sits in the car and drives off without paying. The women are shocked.

Siobhán:	A kind look my backside! He's a thief!

The mysterious stranger is none other than Dónall. He and Róisín are visiting Róisín's aunt, Anna, for the weekend. While Dónall is out, Anna is getting the lowdown on her niece's new man.

Anna:	Tell me, what kind of person is Dónall?
Róisín [*jokingly*]:	Well, he's thin and he has black hair.
Anna:	I know that much! But what kind of personality has he got?
Róisín:	He's a friendly person.
Anna:	He's quiet enough, isn't he?
Róisín:	He's quiet at first. It takes a while to get to know him. He's very funny at times.
Anna:	I like men who can make me laugh.
Róisín:	Dónall is an honest person as well. I like that.

Garda de Barra questions Aoife and Siobhán about the person who left the filling station without paying.

Garda de Barra:	What did he look like?
Aoife:	He was tall and handsome.
Siobhán:	He was not! [*She looks at the garda*] You'd be taller than him. But he was handsome all right.
Aoife:	And he had nice eyes.
Garda de Barra:	So, a tall, handsome man with nice eyes. I hope I catch him!

Garda de Barra has found Dónall's car and is looking into it when Mícheál comes along.

Mícheál:	Hello, guard.
Garda de Barra:	Hello. Listen, could you help me for a moment?
Mícheál:	I'll do my best, guard. I'm an obliging person, you know.
Garda de Barra:	Good. I'm trying to catch up with a young man in his twenties. I believe this car is his.
Mícheál:	A good-looking man, is it? And with black hair?
Garda de Barra:	Yes, I think so.
Mícheál:	I saw him going over by the shore earlier. He had a girl with him—a fine-looking girl too.

Garda de Barra tracks down Dónall and questions him about his failure to pay for the petrol earlier.

Garda de Barra:	Are you Dónall Ó Gríofa?
Dónall:	I am.
Garda de Barra:	And is the red Peugeot in the car park yours?
Dónall:	It is.
Garda de Barra:	Did you buy petrol in the village earlier?
Dónall:	I did.
Garda de Barra:	Did you pay for it?
Róisín:	Dónall, what's happening here?
Dónall:	I left without paying, didn't I?
Garda de Barra:	You did, I believe.
Dónall:	I'm really sorry, guard. It was a mistake. I'm an honest person. Believe me.

Aonad 9

CÚRSAÍ SLÁINTE

HEALTH

San aonad seo, déanfaidh tú na rudaí seo a leanas a chleachtadh (*In this unit, you will practise the following*):

- ag cur ceiste ar dhuine an bhfuil sé ceart go leor (*asking someone if they're all right*)
- ag rá nach mbraitheann tú go maith (*saying you don't feel well*)
- ag rá cad atá cearr leat (*saying what's wrong with you*)
- ag rá cé acu a bhfuil tú níos fearr nó nach bhfuil (*saying whether or not you're better*)
- ag ainmniú na mball beatha (*naming the parts of the body*).

Foghlaim na Gaeilge 9

Bain triail as teicníc ar a dtugtar 'scáthléamh'. Bain úsáid as na comhráite atá le fáil san aonad seo nó in aon aonad eile sa leabhar. Éist leis na comhráite ar dtús gan féachaint ar an script, ansin éist leo agus an script os do chomhair amach. Tar éis tamaill, nuair a bheidh tú eolach orthu, bí ag éisteacht, ag léamh agus ag rá na n-abairtí ag an am céanna leis na cainteoirí ar an dlúthdhiosca. Ná stop an taifeadadh agus é seo á dhéanamh agat. Cabhróidh an cleachtadh seo leat fuaimeanna na Gaeilge agus rithim na teanga a fhoghlaim i gceart.

Try a technique called 'shadow reading'. Use the dialogues in this unit or in any other unit in the book. Listen to the dialogues at first without looking at the script, then listen to them with the script in front of you. After a while, when you've become familiar with them, listen, read, and speak at the same time as the speakers on the CD. Don't stop the recording as you do this. This exercise will help you learn the sounds of Irish and the rhythm of the language.

Gníomhaíocht 9.1

Cloisfidh tú daoine ag caint faoi thinneas agus ghortuithe. Éist leo ar dtús gan féachaint ar an script ag deireadh an aonaid go bhfeice tú an dtuigfidh tú mórán dá gcuid cainte. (*You'll hear people talking about various illnesses and injuries. Listen to them first without looking at the script at the end of the unit and see how much you understand.*)

Comhráite

Maighréad had a meal in a restaurant last night and isn't feeling the best this morning.

Aoife:	An bhfuil calóga uait?
Maighréad:	Níl, go raibh maith agat. Níl ocras ar bith orm ar maidin.
Aoife:	An bhfuil tú ceart go leor?
Maighréad:	Ara, tá. Airím beagáinín tuirseach, sin an méid.
Aoife:	Cén chaoi a raibh an béile aréir?
Maighréad:	Bhí sé ceart go leor. Tuige?
Aoife:	D'ith cara liom san áit sin le gairid agus bhí sí tinn ar feadh seachtaine ina dhiaidh.
Maighréad:	Dáiríre?
Aoife:	Dáiríre píre.
Maighréad:	Anois ó luann tú é, tá pian i mo bholg.
Aoife:	An bhfuil tinneas cinn ort?
Maighréad:	Tá! Díreach anois atá sé ag teacht orm.
Aoife:	A chréatúr!

Róisín slips and falls while she's out jogging with Anna.

Anna:	A Róisín! An bhfuil tú ceart go leor?
Róisín:	Mo chos. Tá sí an-tinn.

Anna looks at her foot.

Anna:	Cá bhfuil an phian?
Róisín:	Ansin. I mo rúitín.
Anna:	An bhfuil tú ábalta seasamh?
Róisín:	Bainfidh mé triail as.

Róisín attempts to put weight on her foot.

Róisín:	Ní féidir liom.
Anna:	Caithfidh tú a dhul chuig an dochtúir.
Róisín:	Meas tú?
Anna:	Measaim é.

Maighréad is in the doctor's waiting-room and is feeling very sorry for herself when Róisín hobbles in, supported by Anna.

Anna:	Anois, a thaisce, suigh síos anseo.

Róisín sits down carefully. She's in pain, but doesn't complain.

Anna:	An bhfuil tú i gceart?
Róisín:	Tá.
Maighréad:	Céard a tharla duit, a stór?
Róisín:	Chas mé mo rúitín. Amuigh ag rith a bhíomar.
Anna:	Ag iarraidh a bheith folláin! Féach anois orainn!
Maighréad:	Tá mise mé féin go dona.
Anna:	Cad é atá ortsa?
Maighréad:	Tinneas boilg atá orm. Agus tá mé maraithe le tinneas cinn.
Anna:	Tá mé buartha é sin a chloisteáil.
Maighréad:	D'ith mé béile i mbialann aréir agus tá mé tinn ó shin.
Róisín:	A chréatúr!

Eolas úsáideach / *Useful information*

- In Irish, you say that an illness is 'on' you. Look at these examples:
  Cad/Céard atá ort? (*What's wrong with you?*)
  Tá tinneas cinn orm. (*I have a headache.*)
  Tá (an) slaghdán orm. (*I have a cold.*)
  Tá casachtach orm. (*I have a cough.*)

- Here are other sentences relating to illness:
  Tá mé (or **Táim**) **tinn.** (*I'm ill.*)
  An bhfuil tú níos fearr? (*Are you better?*)
  Tá. Braithim i bhfad níos fearr. (*Yes. I feel a lot better.*)
  An bhfuil tú ag teacht chugat féin? (*Are you getting better?*)
  Tá. Tá mé ag teacht chugam féin de réir a chéile. (*Yes. I'm gradually improving.*)
  An bhfuil biseach ag teacht ort? (*Are you improving?*)
  Níl. Tá mé fós breoite. (*No. I'm still sick.*)

Gníomhaíocht 9.2

Déan gach abairt a mheaitseáil leis an bpictiúr ceart. (*Match each sentence with the correct picture.*)

Tá (an) slaghdán orthu.

Tá tinneas cinn air.

Tá pian ina cluas.

Tá tinneas boilg uirthi *nó* Tá pain ina bolg.

Tá scornach thinn air.

Tá tinneas fiacaile uirthi.

Tá tinneas boilg air *nó* Tá pian ina bholg.

Tá pian ina droim.

(*a*) _____   (*b*) _____   (*c*) _____   (*d*) _____

_____   _____   _____   _____

(*e*) _____   (*f*) _____   (*g*) _____   (*h*) _____

_____   _____   _____   _____

Gníomhaíocht 9.3

Déan iarracht leagan Gaeilge na bhfocal agus na bhfrásaí seo a leanas a aimsiú agus tú ag éisteacht leis na comhráite.
(*Try to find the Irish equivalent of the following words and phrases as you listen to the dialogues.*)

(*a*)   I twisted my ankle.

(*b*)   a bad pain

(*c*)   painful

(*d*)   That's a pity.

(*e*)   a nasty pain

(*f*)   ambulance

(*g*)   I feel better already.

(*h*)   Do you think *I'll* need an ambulance?

Comhráite

The doctor is finishing with a patient. Maighréad is next, but the doctor feels he should see Róisín first, because of her bad ankle injury.

The doctor sees Róisín squirming with pain in her chair.

Dochtúir:	Anois, a mhná uaisle, conas atá sibh?
Maighréad:	Muise, níl muid rómhaith, a dhochtúir.
Dochtúir:	Ghortaigh tú do chos, an ea?
Róisín:	Ghortaigh. Bhíomar amuigh ag rith agus chas mé mó rúitín.
Dochtúir:	Tá drochphian ann, an bhfuil?
Róisín:	Tá sé pianmhar, ceart go leor.
Maighréad:	Tá mise maraithe le tinneas cinn, a dhochtúir.
Dochtúir:	Is trua sin. Ar chuma leat dá dtabharfainn an cailín seo isteach ar dtús?
Maighréad:	Tá pian ghránna i mo bholgsa!
Róisín:	Tá sé ceart go leor. Fanfaidh mé.

She moves her leg and then cries with the pain.

Dochtúir:	Is fearr go dtiocfá isteach ar dtús, ceapaim. [*to Maighréad*] Munar mhiste leat.

There's a bandage on Róisín's leg. She's standing, with Anna's help, and is about to leave the surgery.

Dochtúir:	Beidh otharcharr anseo i gceann cúpla nóiméad. Ar mhiste leat suí lasmuigh go dtí go dtiocfaidh sé?

Róisín:	Cinnte. Go raibh míle maith agat, a dhochtúir. Braithim níos fearr cheana féin.
Anna:	Tá tú ag teacht chugat féin, cinnte.
Dochtúir:	Is maith sin.

Róisín and Anna leave the surgery.

Maighréad enters the surgery.

Dochtúir:	Anois tú féin.
Maighréad:	An bhfuil otharcharr ag teacht don chailín sin?
Dochtúir:	Tá. Ní mór di dul isteach chuig an ospidéal chomh tapa agus is féidir.
Maighréad:	Meas tú an mbeidh gá agamsa le hotharcharr?
Dochtúir:	Abair leat go bhfeicimid.

Eolas úsáideach / *Useful information*

- Here are two ways of saying *darling* or *dear*:
  a thaisce (literally, *treasure*)
  a stór (literally, *treasure, riches*)

- You can use **a chréatúr** (*you poor thing*) when you want to sympathise with someone.

- **Droch-** isn't a word in itself, but you can attach it to the beginning of a noun to show that something is bad.
pian (*a pain*)	**drochphian** (*a bad pain*)
casachtach (*a cough*)	**droch-chasachtach** (*a bad cough*)
lá (*a day*)	**drochlá** (*a bad day*)
aimsir (*weather*)	**drochaimsir** (*bad weather*)

- The noun **pian** (*pain*) is feminine, and so adjectives beginning with the consonants **b, c, d, f, g, m, p, s** or **t** ar lenited when they follow it:
  gránna (*nasty*)   **pian ghránna** (*a nasty pain*)

- Words such as **mo** (*my*), **do** (*your*), etc. are known as *possessive adjectives*.
Consonants	*Vowels*
mo chos (*my leg*)	**m'aghaidh** (*my face*)
do chos (*your leg*)	**d'aghaidh** (*your face*)
a chos (*his leg*)	**a aghaidh** (*his face*)
a cos (*her leg*)	**a haghaidh** (*her face*)
ár gcosa (*our legs*)	**ár n-aghaidh** (*our faces*)
bhur gcosa (*your legs*)	**bhur n-aghaidh** (*your faces*)
a gcosa (*their legs*)	**a n-aghaidh** (*their faces*)

- Possessive adjectives can be stressed in English. In Irish, however, you must add a special ending instead, known as an *emphatic suffix*, if you want to add emphasis. Look at these examples: **mo lámh** (*my hand*) **mo lámhsa** (*my hand*) **do dhroim** (*your back*) **do dhroimse** (*your back*)

Gníomhaíocht 9.4

Tabhair freagra ar na ceisteanna seo fút féin agus faoi dhaoine eile. (*Answer these questions about yourself and other people.*)

(*a*)   Céard atá air?
Tusa: *He hurt his leg.*
(*b*)   Céard atá uirthi?
Tusa: *She hurt her leg.*
(*c*)   Céard atá ort?
Tusa: *I have a headache.*
(*d*)   Céard atá ar Dhónall?
Tusa: *He has toothache.*
(*e*)   Céard atá ar Eithne?
Tusa: *She has a pain in her ear.*
(*f*)   Níl Síle agus Maria anseo inniu. An bhfuil siad tinn?
Tusa: *Yes. They have a cold.*
(*g*)   An bhfuil an slaghdán ort?
Tusa: *Yes. I have a sore throat and a headache.*
(*h*)   Céard atá ar Bhairbre?
Tusa: *She has a pain in her back.*
(*i*)   Cén fáth nach raibh tú ansin aréir?
Tusa: *I had a sore stomach.*

Gníomhaíocht 9.5

Foghlaim na baill bheatha atá le fáil sa rannóg 'Na baill bheatha' ar leathanaigh 120–1 thíos, agus ansin déan iarracht gach focal i gcolún A a mheáitseáil lena leagan Béarla i gcolún B. Tá an chéad cheann déanta le cabhrú leat. (*Learn the parts of the body in the section 'Na baill bheatha' on pages 120–1, and then try to match each word in column A with its English equivalent in column B. The first one has been done to help you.*)

Colún A		Colún B	
(a)	droim	(i)	wrist
(b)	coim	(ii)	heel
(c)	muineál	(iii)	cheek
(d)	bolg	(iv)	chest
(e)	glúin	(v)	thighs
(f)	cíocha	(vi)	eyebrows
(g)	smig	(vii)	breasts
(h)	leiceann	(viii)	neck
(i)	ordóg	(ix)	eyelashes
(j)	uillinn	(x)	knee
(k)	malaí	(xi)	chin
(l)	fabhraí	(xii)	thumb
(m)	giall	(xiii)	forehead
(n)	gualainn	(xiv)	back
(o)	caol na láimhe	(xv)	elbow
(p)	ceathrúna	(xvi)	shoulder
(q)	cliabhrach nó ucht	(xvii)	stomach
(r)	sáil	(xviii)	waist
(s)	éadan	(xix)	breast
(t)	brollach	(xx)	jaw

a	b	c	d	e	f	g	h	i	j	k	l	m	n	o
<u>xiv</u>	__	__	__	__	__	__	__	__	__	__	__	__	__	__

p	q	r	s	t
__	__	__	__	__

Na baill bheatha

ceann	*head*
éadan nó ceann éadain	*forehead*
gruaig	*hair*
béal	*mouth*
teanga	*tongue*
fiacail / fiacla	*tooth / teeth*
srón nó **gaosán**	*nose*

muineál	*neck*
scornach	*throat*
cluas / cluasa	*ear / ears*
súil / súile	*eye / eyes*
mala / malaí	*eyebrow / eyebrows*
fabhra / fabhraí	*eyelash / eyelashes*
leiceann / leicne	*cheek / cheeks*
smig	*chin*
giall	*jaw*
droim	*back*
gualainn / guaillí	*shoulder / shoulders*
cnámh / cnámha	*bone / bones*
lámh / lámha	*hand / hands,* also *arm / arms*
méar / méara	*finger / fingers*
ordóg / ordóga	*thumb / thumbs*
rosta nó caol na láimhe	*wrist*
uillinn / uillinneacha	*elbow / elbows*
tóin	*backside*
cliabhrach nó ucht	*chest*
brollach	*breast*
cíoch / cíocha	*breast / breasts*
cos / cosa	*leg / legs*
rúitín / rúitíní	*ankle / ankles*
sáil / sála	*heel / heels*
glúin / glúna	*knee / knees*
bolg	*stomach*
ceathrú / ceathrúna	*thigh / thighs*
coim	*waist*

 ## Frásaí agus focail

pian / an phian	*(a) pain / the pain*
tinneas / an tinneas	*(an) illness / the illness*
slaghdán / an slaghdán	*(a) cold / the cold*
casacht / an chasacht	*(a) cough / the cough*
scornach thinn	*(a) sore throat*
tinneas cinn	*(a) headache*
tinneas fiacaile	*toothache*
tinneas cluaise	*earache*
Tá bolg tinn orm.	*I have a sore stomach.*
Tá pian i mo bholg.	*I have a stomach-ache.*
Chuir mé mo ghualainn as alt.	*I dislocated my shoulder.*

Ghortaigh mé mo dhroim.	*I hurt my back.*
briste	*broken*
Bhris mé mo chos.	*I broke my leg.*
Thit sí i laige.	*She fainted.*
Tá teocht ard aige.	*He has a high temperature.*
Tá biseach orm.	*I'm recovered.*
Tá mé ag teacht chugam féin.	*I'm getting better.*
braithim nó mothaím	*I feel*
go maith / níos fearr	*well / better*
cuibheasach nó measartha	*middling*
olc / níos measa	*bad / worse*

An t-aisteoir Seán Ó Tarpaigh as Maigh Eo, an t-aoi speisialta i gclár a naoi den tsraith *Turas Teanga* ar an teilifís, le láithreoir an chláir, Sharon Ní Bheoláin. (*The actor Seán Ó Tarpaigh from Mayo, special guest in programme nine of the* Turas Teanga *television series, with presenter Sharon Ní Bheoláin.*)

tinn nó breoite	*sick*
sláintiúil nó folláin	*healthy*
aclaí / neamhaclaí	*fit / unfit*
dochtúir / an dochtúir	*(a) doctor / the doctor*
fiaclóir / an fiaclóir	*(a) dentist / the dentist*
banaltra / an bhanaltra	*(a) nurse / the nurse*

dul faoi scian nó **obráid a bheith agat**	*to have an operation*
cógas	*medicine*
oideas	*prescription*
siopa poitigéara	*chemist's shop*

Súil siar ar an aonad

Bain triail as an ngníomhaíocht seo go bhfeice tú an bhfuil na príomhphointí a múineadh in Aonad 9 ar eolas agat. Éist leis an dlúthdhiosca nuair a bheidh tú críochnaithe chun do fhreagraí a dhearbhú.

(*Try this activity now to see if you know the main points taught in Unit 9. Listen to the CD when you have finished to verify your answers.*)

Conas mar a déarfá na nithe seo a leanas? (*How would you say the following?*):

(*a*)   Are you all right?
(*b*)   Have you got a headache? Yes.
(*c*)   My leg (*or* foot) is very sore.
(*d*)   I hurt my leg (*or* foot).
(*e*)   I've been sick since.
(*f*)   I twisted my ankle.
(*g*)   He has a sore throat.
(*h*)   I have a toothache.
(*i*)   That's a pity.
(*j*)   If you wouldn't mind.
(*k*)   I feel better already.
(*l*)   You're recovering.

Freagraí na ngníomhaíochtaí

Gníomhaíocht 9.2

(*a*)   Tá tinneas boilg uirthi *or* Tá pian ina bolg.
(*b*)   Tá tinneas cinn air.
(*c*)   Tá tinneas fiacaile uirthi.
(*d*)   Tá pian ina cluas.
(*e*)   Tá (an) slaghdán orthu.
(*f*)   Tá scornach thinn air.
(*g*)   Tá pian ina droim.
(*h*)   Tá tinneas boilg air *or* Tá pian ina bholg.

Gníomhaíocht 9.3

(a) Chas mé mo rúitín.

(b) drochphian

(c) pianmhar

(d) Is trua sin.

(e) pian ghránna

(f) otharcharr

(g) Braithim níos fearr cheana féin.

(h) Meas tú an mbeidh gá agamsa le hotharcharr?

Gníomhaíocht 9.4

(a) Ghortaigh sé a chos.

(b) Ghortaigh sí a cos.

(c) Tá tinneas cinn orm.

(d) Tá tinneas fiacaile air.

(e) Tá pian ina cluas.

(f) Tá. Tá an slaghdán orthu.

(g) Tá. Tá scornach thinn orm agus tinneas cinn.

(h) Tá pian ina droim.

(i) Bhí bolg tinn orm.

Gníomhaíocht 9.5

(a) droim agus (xiv) back

(b) coim agus (xviii) waist

(c) muineál agus (viii) neck

(d) bolg agus (xvii) stomach

(e) glúin agus (x) knee

(f) cíocha agus (vii) breasts

(g) smig agus (xi) chin

(h) leiceann agus (iii) cheek

(i) ordóg agus (xii) thumb

(j) uillinn agus (xv) elbow

(k) malaí agus (vi) eyebrows

(l) fabhraí agus (ix) eyelashes

(m) giall agus (xx) jaw

(n) gualainn agus (xvi) shoulder

(o) caol na láimhe agus (i) wrist

(p) ceathrúna agus (v) thighs

(q) cliabhrach nó ucht agus (iv) chest

(r) sáil agus (ii) heel

(s)   éadan agus (xiii) forehead
(t)   brollach agus (xix) breast

Súil siar ar an aonad

(a)   An bhfuil tú ceart go leor?
(b)   An bhfuil tinneas cinn ort? Tá.
(c)   Tá mo chos an-tinn.
(d)   Ghortaigh mé mo chos.
(e)   Tá mé tinn ó shin.
(f)   Chas mé mo rúitín.
(g)   Tá scornach thinn air.
(h)   Tá tinneas fiacaile orm.
(i)   Is trua sin.
(j)   Munar mhiste leat.
(k)   Braithim níos fearr cheana féin.
(l)   Tá tú ag teacht chugat féin.

Aistriúchán ar na comhráite

Maighréad had a meal in a restaurant last night and isn't feeling the best this morning.

Aoife:	Do you want corn flakes?
Maighréad:	No, thank you. I'm not hungry this morning.
Aoife:	Are you okay?
Maighréad:	Oh, yes. I feel a little tired, that's all.
Aoife:	How was the meal last night?
Maighréad:	It was all right. Why?
Aoife:	A friend of mine ate in that place recently and he was sick for a week afterwards.
Maighréad:	Really?
Aoife:	Really and truly.
Maighréad:	Now that you mention it, I have a pain in my stomach.
Aoife:	Have you got a headache?
Maighréad:	Yes! It's just starting now.
Aoife:	You poor thing!

Róisín slips and falls while she's out jogging with Anna.

Anna:	Róisín! Are you all right?
Róisín:	My foot. It's very sore.

Anna looks at her foot.

Anna:	Where's the pain?
Róisín:	There. In my ankle.
Anna:	Are you able to stand?
Róisín:	I'll try.

Róisín attempts to put weight on her foot.

Róisín:	I can't.
Anna:	You'll have to go to the doctor.
Róisín:	Do you think?
Anna:	I think so.

Maighréad is in the doctor's waiting-room and is feeling very sorry for herself when Róisín hobbles in, supported by Anna.

Anna:	Now, my dear, sit down here.

Róisín sits down carefully. She's in pain but doesn't complain.

Anna:	Are you all right?
Róisín:	Yes.
Maighréad:	What happened to you, my dear?
Róisín:	I twisted my ankle. We were out running.
Anna:	Trying to be healthy! Look at us now!
Maighréad:	I'm very bad myself.
Anna:	What's wrong with you?
Maighréad:	I have a stomach-ache. And I have a headache that's killing me.
Anna:	I'm sorry to hear that.
Maighréad:	I ate a meal in a restaurant last night and I've been sick since.
Róisín:	You poor thing!

The doctor is finishing with a patient. Maighréad is next, but the doctor feels he should see Róisín first, because of her bad ankle injury.

The doctor sees Róisín squirming with pain in her chair.

Doctor:	Now, ladies, how are you?
Maighréad:	Indeed, we're not too well, doctor.
Doctor:	You hurt your foot, did you?
Róisín:	Yes. We were out running and I twisted my ankle.
Doctor:	There's a bad pain there, is there?
Róisín:	It's painful, right enough.
Maighréad:	I have a headache and it's killing me, doctor.
Doctor:	That's a pity. Would you mind if I brought this girl in first?
Maighréad:	I have a nasty pain in my stomach!
Róisín:	It's all right. I'll wait.

She moves her leg and then cries with the pain.

Doctor: I think it's better that you come in first. [*to Maighréad*] If you wouldn't mind.

There's a bandage on Róisín's leg. She's standing, with Anna's help, and is about to leave the surgery.

Doctor: There'll be an ambulance here in a few minutes. Would you mind sitting outside until it comes?
Róisín: Certainly. Thank you very much, doctor. I feel better already.
Anna: You're recovering, all right.
Doctor: That's good.

Róisín and Anna leave the surgery.

Maighréad enters the surgery.

Doctor: Now yourself.
Maighréad: Is there an ambulance coming for that girl?
Doctor: There is. She must go to the hospital as quickly as possible.
Maighréad: Do you think I'll need an ambulance?
Doctor: Tell me more and we'll see.

Aonad 10

TAISTEAL AGUS LAETHANTA SAOIRE

TRAVEL AND HOLIDAYS

San aonad seo, déanfaidh tú na rudaí seo a leanas a chleachtadh (*In this unit, you will practise the following*):

- ag rá cad iad na tíortha a raibh tú iontu (*saying what countries you've been to*)
- ag rá cén fáth a dtaitníonn tír faoi leith leat (*saying why you like a particular country*)
- ag cur tuairimí in iúl faoin gcostas maireachtála i dtír (*expressing opinions about the cost of living in a country*)
- ag rá cén fhad a bhí tú i dtír éigin (*saying how long you spent in some country*)
- ag ainmniú náisiúnachtaí (*naming nationalities*).

Foghlaim na Gaeilge 10

Cuir tús le grúpa comhrá i do theach cónaithe, i gcaife, nó i dteach tábhairne áitiúil. Cuir le chéile liosta ábhar (abair sé cinn) roimh ré le plé ag an imeacht, agus déan iarracht é seo a scaipeadh ar na daoine eile a bheidh i láthair. (Bain úsáid as an ríomhphost chun seo a dhéanamh, más féidir.) Má thagann roinnt mhaith daoine chuig an imeacht, cuir daoine ina suí i ngrúpaí, agus ná bíodh níos mó ná ceathrar in aon cheann acu. Ní gá go mbeadh aon duine i gceannas ar na grúpaí seo, ach tá sé tábhachtach cur in iúl dóibh sula dtosaíonn an chaint gan níos mó ná timpeall ceathrú uaire a chaitheamh ag plé ábhair.

Start a conversation group in your own home, or in a local café or pub. Put together a list of topics (say, about six) in advance to be discussed at the event, and try to distribute this to those who will be in attendance. (Use e-mail to do this, if possible.) If a good number of people come to the event, divide them into groups, with no more than four people in any group. It is not necessary for someone to take charge of these groups, but it is important to inform them that no more than about a quarter of an hour should be spent discussing any topic.

Gníomhaíocht 10.1

Cloisfidh tú daoine ag caint faoi thaisteal. Éist leo ar dtús gan féachaint ar an script ag deireadh an aonaid go bhfeice tú an dtuigfidh tú mórán dá gcuid cainte. (*You'll hear people talking about travel. Listen to them first without looking at the script at the end of the unit and see how much you understand.*)

Comhráite

Anna interviews Séamas about the travelling he's done.

Anna:	A Shéamais, is fear mór taistil tusa. Inis dúinn faoi chuid de na tíortha atá feicthe agat.
Séamas:	Bhuel, anuraidh, mar shampla, bhíos sa Tuirc—tír an-suimiúil ar fad. An bhliain roimhe sin thugas cuairt ar an tSualainn. An bhliain roimhe sin arís, sa Ghréig a bhíos.
Anna:	Tá an Eoraip ar fad siúlta agat, nach bhfuil?
Séamas:	Tá, mhuise.
Anna:	Cén tír is fearr a thaitin leat san Eoraip?
Séamas:	An Iodáil is fearr a thaitin liom.
Anna:	Cad chuige ar thaitin an Iodáil leat?
Séamas:	Tá muintir na hIodáile go hálainn. Agus is breá liom an bia ann.
Anna:	An bhfuil sí costasach mar thír?
Séamas:	Níl, in aon chor—go háirithe amuigh faoin tuath. Tá lóistín agus bia den scoth le fáil go han-réasúnta ann.
Anna:	Do bharúil an bhfuil sí níos saoire ná an tír seo?
Séamas:	Déanaim amach go bhfuil.

Cathal is planning to go on holiday. Dónall tells him about his holiday in Greece.

Dónall:	Conas a bhí agat?
Cathal:	An raibh tú riamh sa Ghréig?
Dónall:	Bhí mé ann dhá bhliain ó shin.
Cathal:	An bhfuil sí an-te mar thír?
Dónall:	Tá sí te, ceart go leor. An maith leat an teas?
Cathal:	Is maith liom beagán teasa.
Dónall:	Bhí mise ann aimsir na Cásca. Ní raibh sé róthe ag an tráth sin den bhliain.
Cathal:	Ar bhain tú sult as do shaoire ann?

Dónall:	Bhain, cinnte. Tá go leor leor le feiceáil sa Ghréig.
Cathal:	Cad é faoin chostas?
Dónall:	Níl an Ghréig costasach mar thír. Agus tá na daoine an-chineálta.
Cathal:	An molfá do dhaoine a dhul ann?
Dónall:	Mholfainn, cinnte.

Aoife has returned from holidays in Spain. She tells Darach who went with her and what they got up to.

Aoife:	Darach!
Darach:	Aoife! Cén chaoi a bhfuil tú?
Aoife:	Thar cionn!
Darach:	Fuair tú an ghrian ó chonaic mé go deireanach thú.
Aoife:	Fuair. Tá mé díreach tar éis teacht ar ais ón Spáinn.
Darach:	An raibh tú i bhfad ann?
Aoife:	Bhí mé ann ar feadh coicíse.
Darach:	Cén chaoi ar thaitin an Spáinn leat?
Aoife:	Bhí an aimsir go hálainn. Chaith muid an lá ar an trá agus an oíche sna clubanna.
Darach:	Cé mhéad agaibh a bhí ann?
Aoife:	Mé féin agus Siobhán. Ach bhí go leor eile ó Éirinn amuigh ann chomh maith.

Eolas úsáideach / *Useful information*

- The words **muintir na hIodáile** (*the people of Italy*) are used in Irish where you would say *the Italians* or *Italians* in English. You can also use **na hIodálaigh**.

  It's worth learning the following:

an Fhrainc	Francach / Francaigh	France	a French person / French people
an Ghearmáin	Gearmánach / Gearmánaigh	Germany	a German person / German people
an Spáinn	Spáinneach / Spáinnigh	Spain	a Spanish person / Spanish people
an Phortaingéil	Portaingéalach / Portaingéalaigh	Portugal	a Portuguese person / Portuguese people
an Iodáil	Iodálach / Iodálaigh	Italy	an Italian person / Italian people
an Ghréig	Gréagach / Gréagaigh	Greece	a Greek person / Greek people
an tSualainn	Sualannach / Sualannaigh	Sweden	a Swedish person / Swedish people

- The words **Francach, Gearmánach** etc. are adjectives as well as nouns and are used when referring to something from a country as well as to a person:

  Is breá liom fíon Francach. (*I love French wine.*)
  Chaith mé seachtain i mbaile beag Spáinneach. (*I spent a week in a small Spanish town.*)

- If the noun is in the plural, the adjective must also be in the plural:

  baile Iodálach (*an Italian town*)
  bailte Iodálacha (*Italian towns*)

- When you talk about being in a country you use **sa** (or **san** before a vowel) for countries whose names contain the definite article, **an** (*the*):

  an Fhrainc (*France*)   **sa Fhrainc** (*in France*)
  an Ghearmáin (*Germany*)   **sa Ghearmáin** (*in Germany*)
  an Iodáil (*Italy*)   **san Iodáil** (*in Italy*)

- If the country name does not contain the article, you use **i** (or **in** before a vowel):
  Sasana (*England*) **i Sasana** (*in England*)
  Albain (*Scotland*) **in Albain** (*in Scotland*)

Gníomhaíocht 10.2

Scríobh **sa, san, i** nó **in** roimh ainm gach tíre (*Write **sa**, **san**, **i** or **in** before the name of each country*):

(*a*) an Bheilg; _____ Bheilg (*in Belgium*)

(*b*) an Astráil; _____ Astráil (*in Australia*)

(*c*) an Nua-Shéalainn; _____ Nua-Shéalainn (*in New Zealand*)

(*d*) Iosrael; _____ Iosrael (*in Israel*)

(*e*) an Ísiltír; _____ Ísiltír (*in the Netherlands*)

(*f*) Meiriceá; _____ Meiriceá (*in America*)

(*g*) Ceanada; _____ gCeanada (*in Canada*)

(*h*) an Rúis; _____ Rúis (*in Russia*)

(*i*) Cúba; _____ gCúba (*in Cuba*)

(*j*) an Danmhairg; _____ Danmhairg (*in Denmark*)

Gníomhaíocht 10.3

Éist leis na daoine a chuala tú níos luaithe ag tabhairt tuilleadh eolais faoina dtaisteal, agus abair cé acu a bhfuil na habairtí atá le fáil roimh na comhráite fíor nó bréagach. (*Listen to the people you heard earlier talk a little more about their travels, and say whether the sentences that appear below are true or false.*)

(*a*)	Anna thinks India would be too warm for her.	Fíor	Bréagach
(*b*)	Séamas would like to live in India.	Fíor	Bréagach
(*c*)	Dónall thinks Paris is expensive.	Fíor	Bréagach
(*d*)	Dónall wasn't too impressed with the train service in France.	Fíor	Bréagach
(*e*)	Aoife's hotel in Spain was quite expensive.	Fíor	Bréagach
(*f*)	Darach was in Spain last year.	Fíor	Bréagach

Comhráite

Anna wants to know what Séamas's favourite country is of all those he's been to.

Anna: As na tíortha ar fad atá feicthe agat, cé acu is fearr a thaitin leat?
Séamas: Déanaim amach gurb í an Ind is mó a chuaigh i bhfeidhm orm.
Anna: Bheadh an Ind i bhfad róthe domsa!
Séamas: Braitheann sé sin ar an áit, agus ar an tráth den bhliain leis. Tír an-mhór í an Ind, an dtuigeann tú.
Anna: Ar mhaith leat a bheith i do chónaí san Ind?
Séamas: Níor mhaith, dáiríre. Ba mhaith liom dul ann arís ar saoire, cinnte. Ach is deas filleadh ar Éirinn leis.

Cathal has been to France a few times, but he's never been to the south of the country. Dónall has, and he tells Cathal how he got there.

Cathal: An raibh tú riamh sa Fhrainc?
Dónall: Bhí, go minic.
Cathal: Bhí mé féin ann cúpla uair fosta. Tá Páras go deas.
Dónall: Tá sé daor go leor mar chathair—ach níl sé mórán níos daoire ná Baile Átha Cliath.
Cathal: Ba mhaith liom deisceart na Fraince a fheiceáil. Ní raibh mé riamh ansin.
Dónall: Tá ceantar an Riviera go hálainn, thíos in aice le teorainn na hIodáile. Chuaigh mise ar an traein ó Pháras go Nice. Tá an tseirbhís traenach ar fheabhas sa Fhrainc.

Aoife tells Darach more about her holiday in Spain.

Darach: Cén áit ar fhan sibh?
Aoife: In óstán. Fuair muid an-mhargadh.
Darach: Ní raibh sé ródhaor, mar sin?
Aoife: Ní raibh. An raibh tú féin riamh sa Spáinn?
Darach: Bhí mé in Ibiza anuraidh. D'fhan mé i mbrú óige ann.
Aoife: Ó dheas a bhí muide, lámh le Málaga.
Darach: An rachfá ann arís?
Aoife: Rachainn, cinnte.

- You can use **chun** or **go** (**go dtí** before the definite article) when you talk about going to a country. Nouns that follow **chun** are in the genitive case.
  Chuaigh mé go dtí an Fhrainc. or **Chuaigh mé chun na Fraince.**
  Chuaigh mé go dtí an Iodáil. or **Chuaigh mé chun na hIodáile.**

- This is how you refer to various parts of a country:
  tuaisceart (*north*); **i dtuaisceart na Spáinne** (*in the north of Spain*)
  deisceart (*south*); **i ndeisceart na hIodáile** (*in the south of Italy*)
  iarthar (*west*); **in iarthar na Fraince** (*in the west of France*)
  oirthear (*east*); **in oirthear na Gréige** (*in the east of Greece*)

- These are the various forms of the noun **tír** (*country*):
  an tír (*the country*)
  i lár na tíre (*in the middle of the country*)
  na tíortha (*the countries*)

- **Ar feadh** (*for*) is used when referring to periods of time that are finished. Nouns that directly follow it are in the genitive case:
  seachtain (*a week*) **ar feadh seachtaine** (*for a week*)
  coicís (*a fortnight*) **ar feadh coicíse** (*for a fortnight*)
  mí (*a month*) **ar feadh míosa** (*for a month*)
  bliain (*a year*) **ar feadh bliana** (*for a year*)

- If a number comes between **ar feadh** and the noun, however, the noun remains unchanged:
  trí seachtaine **ar feadh trí seachtaine** (or **seachtainí**)
  trí mhí **ar feadh trí mhí**

- Here are some useful sentences relating to periods of time:
  Cén fhad a bhí tú sa Fhrainc? (*How long were you in France?*)
  Cathain a bhí tú sa Spáinn? (*When were you in Spain?*)
  anuraidh (*last year*)
  arú anuraidh (*the year before last*)
  trí bliana ó shin (*three years ago*)

Gníomhaíocht 10.4

Tabhair an freagra a thaispeántar ar na ceisteanna seo (*Answer these questions as shown*):

(*a*)   Cén fhad a bhí tú sa Ghearmáin?

Tusa: *I was there for a month.*

(*b*)   An raibh tú ar saoire?

Tusa: *I was. I was in Italy for a fortnight.*

(*c*)   An raibh tú riamh sa Ghréig?

Tusa: *I was. A few times.*

(*d*)   Cén áit a ndeachaigh tú ar saoire?

Tusa: *I went to Italy for three weeks.*

(*e*)   Cathain a bhí tú i Meiriceá?

Tusa: *The year before last.*

(*f*)   Cathain a bhí tú i ndeisceart na Fraince?

Tusa: *Four years ago. I was there for a week.*

(*g*)   Cén áit sa Phortaingéil a raibh tú?

Tusa: *In the north of the country.*

An damhsóir Breandán de Gallaí as Gaoth Dobhair, an t-aoi speisialta i gclár a deich den tsraith *Turas Teanga* ar an teilifís, le láithreoir an chláir, Sharon Ní Bheoláin.
(*The dancer Breandán de Gallaí from Gaoth Dobhair in Donegal, special guest in programme ten of the Turas Teanga television series, with presenter Sharon Ní Bheoláin.*)

Gníomhaíocht 10.5

Tá cur síos sa teachtaireacht ríomhphoist seo ó Shinéad chuig a cara Deirdre ar a laethanta saoire san Astráil. Bain úsáid as na focail sa liosta chun na bearnaí ina teachtaireacht a líonadh. Bí cúramach, áfach: tá focail bhreise curtha ansin nach dtéann isteach i mbearna ar bith! (*Sinéad describes her holiday in Australia in this e-mail message to her friend Deirdre. Use the words in the list to fill the gaps in her e-mail. Be careful, however: extra words have been included that don't fit into any of the gaps!*)

thír	daoire	sheachtain	an-saor	róthe
leo	glaofaidh	liom	daora	ais
san	seachtaine	na Fraince	fheabhas	seomra

A Dheirdre, a chara,

Tá súil agam go bhfuil tú go maith. Tá mé féin agus Caoimhín díreach tar éis trí
_____(1) a chaitheamh _____(2) Astráil; thángamar ar _____(3) Dé
Sathairn seo caite. Caithfidh mé a rá go raibh sé ar _____(4) ar fad!

Tá an fómhar acu sa tír faoi láthair, mar sin ní raibh sé _____(5) in aon chor. Níl
an Astráil daor mar _____(6); d'fhanamar in óstán deas i Melbourne, an
Victoria Hotel, mar shampla, agus níor chosain an _____(7) dúbailte ach
timpeall caoga euro san oíche. _____(8) ar fad! Tá Baile Átha Cliath i bhfad
níos _____(9) mar chathair. Bhí an bia agus an deoch an-réasúnta freisin.

Chaitheamar seachtain i Sydney chomh maith, agus ansin thugamar cuairt ar
Ayers Rock agus Alice Springs ina dhiaidh sin. Thaitin na háiteanna sin go mór
_____(10).

Cloisim go bhfuil tú féin ag dul chun _____(11) i gceann cúpla lá. Tá
súil agam go mbeidh am deas agat. Tá mé cinnte go mbainfidh tú an-sult as do
shaoire ansin.

Ní bheidh mé ag obair san oíche amárach, mar sin _____(12) mé ort agus
inseoidh mé an scannal go léir duit!
       Ádh mór ort,
       Sinéad

ABC **Gluais**

an fómhar:	*the autumn*
thugamar cuairt ar:	*we visited*
tá súil agam:	*I hope*
inseoidh mé an scannal go léir duit!:	*I'll tell you all the scandal!*

Gníomhaíocht 10.6

Seo sliocht as alt faoin saol i gCúba. Tá gluais le fáil thíos, ach déan iarracht brí na bhfocal agus na bhfrásaí deacra a thomhas ón gcomhthéacs ar dtús, gan féachaint ar an ngluais.
(*This is an excerpt from an article about Cuba. There's a glossary below, but try guessing the meaning of the difficult words and phrases from the context first, without looking at the glossary.*)

Is léir cé a chaitheann an bríste i gCúba! Níl ómós faoi leith ann do na mná, agus tá a áit féin ag gach duine sa tír. Is iad na mná a dhéanann an chócaireacht, an glanadh, agus an obair tí. Amuigh faoin tuath bíonn orthu go leor siúil a dhéanamh sa teas millteanach, ag tarraingt uisce ó na toibreacha.

Is cosúil go bhfuil taithí ag na mná ar an saol seo, agus tá siad an-bhródúil as a gcuid fear. I dteach amháin ar thug muid cuairt air labhair muid le bean dhá bhliain is fiche a raibh páiste óg aici. Dúirt mo chara léi nach bhfaca sé le tamall roimhe sin í. Dúirt sise go bródúil nár thug a fear céile cead di a bheith amuigh, mar nár thaitin sin leis. Tá a leithéid coitianta go leor i gCúba.

Ní fhanann lánúineacha i bhfad le chéile. Is minic a imíonn na fir ó na mná agus iad ag súil leis an gcéad pháiste, gan iad ach cúig bliana déag, b'fhéidir. Is annamh i gCúba an t-athair céanna agus an mháthair chéanna ag deirfiúr agus deartháir.

Mar sin féin, bíonn na fir ag obair go dian le hairgead a shaothrú chun bia agus éadach a sholáthar dá gclann, rud nach bhfuil éasca. An fear a bhailigh muidne ón aerfort, mar shampla, bhí air tacsaí a fháil ar an margadh dubh le muid a thabhairt go dtí an teach.

Fernando ab ainm dó, agus ba mháinlia é. Chuir sé ceathrar faoi scian an lá a bhailigh sé muidne ón aerfort. Bhí sé a trí ar maidin nuair a d'fhág sé ag an teach muid, agus bhí triúr le cur faoi scian aige leathuair tar éis a seacht an mhaidin chéanna. $12 sa mhí an pá a shaothraíonn Fernando ón stát. Ba phá coicíse dó muidne a thabhairt ón aerfort go dtí an teach. Bhí muid fós sa leaba an chéad lá eile nuair a tháinig sé le muid a thabhairt timpeall na cathrach, ar chúpla dollar eile.

Seachtain ina dhiaidh sin chasamar lena bhean chéile, dochtúir eile, agus d'fhiafraigh mise di ar thaitin úlla léi. Dúirt sí nár ith sí úll le bliain roimhe sin, go raibh siad go hálainn ach go raibh siad ródhaor: $1 an ceann. B'fhada go mbeadh úll arís aici, dar léi.

Tuairim is $12 sa mhí a fhaigheann múinteoirí, dochtúirí, innealtóirí, agus daoine eile mar iad. Saothraíonn freastalaithe i bhfad níos mó ná sin sna hóstáin ar shéisíní, agus is féidir le lucht tacsaí agus daoine eile a bhíonn ag plé le turasóirí brath ar an margadh dubh.

Sin é cás na ndochtúirí, ach cén saol atá ag na daoine nach bhfuil in ann obair ar bith a fháil? Níl aon *dole* ann. Casadh ceathrar fear óga orainn i bPinar del Río, cathair bheag atá tuairim is céad míle ó Havana. Thug muid isteach i síbín iad le deoch a fháil dóibh. Cuireadh canna beorach ar an mbord os a gcomhair agus ní raibh siad in ann é a oscailt. Ní raibh canna acu riamh ina saol, *lads* idir seacht mbliana déag agus fiche bliain d'aois. Thuig mé bochtanas an Tríú Domhan an lá sin.

Bunaithe ar alt le Darach Ó Tuairisg a bhí i gcló san iris *Cuisle,* Feabhra 1999.

 Gluais

is léir:	*it's obvious*
ómós:	*respect*
faoi leith:	*special*
an chócaireacht:	*the cooking*
sa teas millteanach:	*in the terrible heat*
toibreacha:	*wells*
taithí:	*experience*
an-bhródúil:	*very proud*
tá a leithéid coitianta:	*such a thing is common*
lánúineacha:	*couples*
is annamh:	*it is seldom*
ag obair go dian:	*working hard*
le hairgead a shaothrú:	*to earn money*
a sholáthar:	*to provide*
máinlia:	*a surgeon*
chuir sé ceathrar faoi scian:	*he operated on four people*
d'fhiafraigh mise di:	*I asked her*
b'fhada:	*it would be a long time*
innealtóirí:	*engineers*
freastalaithe:	*waiters*
séisíní:	*tips*
ag plé le turasóirí:	*dealing with tourists*
síbín:	*a rudimentary pub or bar*
canna beorach:	*a can of beer*
bochtanas an Tríú Domhan:	*the poverty of the Third World*

Frásaí agus Focail

Chaith mé . . .	*I spent . . .*
an Fhrainc / sa Fhrainc	*France / in France*
an Ghearmáin / sa Ghearmáin	*Germany / in Germany*
Sasana / i Sasana	*England / in England*

Albain / in Albain	*Scotland / in Scotland*
Cúba / i gCúba	*Cuba / in Cuba*
Meiriceá / i Meiriceá	*America / in America*
na Stáit Aontaithe / sna Stáit Aontaithe	*the United States / in the United States*
i ndeisceart na Fraince	*in the south of France*
i dtuaisceart na Spáinne	*in the north of Spain*
in iarthar na Gearmáine	*in western Germany*
in oirthear na hAstráile	*in eastern Australia*
i lár na tíre	*in the middle of the country*
lóistín iomlán	*full board*
lóistín féinfhreastail	*self-catering accommodation*
seomra singil	*a single room*
seomra dúbailte	*a double room*
óstán / an t-óstán	*(a) hotel / the hotel*
brú óige / an brú óige	*(a) youth hostel / the youth hostel*
puball	*(a) tent*
ionad campála	*(a) campsite*
lóistín bia agus leaba	*bed-and-breakfast accommodation*
áirithint / curtha in áirithe	*booking / booked*
Fuair mé árasán ar cíos	*I rented an apartment*

te / an-te / róthe	*hot / very hot / too hot*
fuar / an-fhuar / rófhuar	*cold / very cold / too cold*
fliuch / ag stealladh báistí	*wet / pouring rain*
tirim	*dry*
gaofar	*windy*
stoirmiúil	*stormy*
brothallach	*sultry*
ar an traein	*by train*
ar an mbus	*by bus*
ar an eitleán	*by plane*
sa charr	*by car*
saor / an-saor	*cheap / very cheap*
réasúnta	*reasonable*

daor / an-daor / ródhaor	*expensive / very expensive / too expensive*
costasach / an-chostasach	
róchostasach	*expensive / very expensive / too expensive*

Súil siar ar an aonad

Bain triail as an ngníomhaíocht seo go bhfeice tú an bhfuil na príomhphointí a múineadh in Aonad 10 ar eolas agat. Éist leis an dlúthdhiosca nuair a bheidh tú críochnaithe chun do fhreagraí a dhearbhú.
(*Try this activity now to see if you know the main points taught in Unit 10. Listen to the CD when you have finished in order to verify your answers.*)

Conas mar a déarfá na nithe seo a leanas? (*How would you say the following?*):

(*a*)   The Italians are lovely.
(*b*)   Is it an expensive country?
(*c*)   Were you ever in Spain?
(*d*)   Is it a very hot country?
(*e*)   It wasn't too hot at that time of year.
(*f*)   I was in France for a fortnight.
(*g*)   India would be far too hot for me.
(*h*)   I'd like to see the south of France.
(*i*)   The Riviera area is lovely.
(*j*)   Where did you stay? (addressing more than one person)
(*k*)   I went there by train.
(*l*)   I stayed in a youth hostel for a week.

Freagraí na ngníomhaíochtaí

Gníomhaíocht 10.2

(*a*)   sa Bheilg
(*b*)   san Astráil
(*c*)   sa Nua-Shéalainn
(*d*)   in Iosrael
(*e*)   san Ísiltír
(*f*)   i Meiriceá
(*g*)   i gCeanada
(*h*)   sa Rúis
(*i*)   i gCúba
(*j*)   sa Danmhairg

Gníomhaíocht 10.3

(*a*)   Anna thinks India would be too warm for her. (Fíor)
(*b*)   Séamas would like to live in India. (Bréagach)
(*c*)   Dónall thinks Paris is expensive. (Fíor)
(*d*)   Dónall wasn't too impressed with the train service in France. (Bréagach)
(*e*)   Aoife's hotel in Spain was quite expensive. (Bréagach)
(*f*)   Darach was in Spain last year. (Fíor)

Gníomhaíocht 10.4

(*a*)   Bhí mé ansin ar feadh míosa.
(*b*)   Bhí. Bhí mé san Iodáil ar feadh coicíse.
(*c*)   Bhí. Cúpla uair.
(*d*)   Chuaigh mé chun na hIodáile ar feadh trí seachtaine.
(*e*)   Arú anuraidh.
(*f*)   Ceithre bliana ó shin. Bhí mé ansin ar feadh seachtaine.
(*g*)   I dtuaisceart na tíre.

Gníomhaíocht 10.5

(1)   seachtaine
(2)   san
(3)   ais
(4)   fheabhas
(5)   róthe
(6)   thír
(7)   seomra
(8)   An-saor
(9)   daoire
(10)   liom
(11)   na Fraince
(12)   glaofaidh

Súil siar ar an aonad

(*a*)   Tá muintir na hIodáile (na hIodálaigh) go hálainn.
(*b*)   An bhfuil sí costasach mar thír?
(*c*)   An raibh tú riamh sa Spáinn?
(*d*)   An bhfuil sí an-te mar thír?
(*e*)   Ní raibh sé róthe ag an tráth sin den bhliain.
(*f*)   Bhí mé sa Fhrainc ar feadh coicíse.
(*g*)   Bheadh an Ind i bhfad róthe domsa.

(*h*)　Ba mhaith liom deisceart na Fraince a fheiceáil.

(*i*)　Tá ceantar an Riviera go hálainn.

(*j*)　Cén áit ar fhan sibh?

(*k*)　Chuaigh mé ansin ar an traein.

(*l*)　D'fhan mé i mbrú óige ar feadh seachtaine.

Aistriúchán ar na comhráite

Anna interviews Séamas about the travelling he's done.

Anna:	Séamas, you're a man who's done a lot of travelling. Tell us about some of the countries you've seen.
Séamas:	Well, last year, for example, I was in Turkey—a very interesting country indeed. The year before that I visited Sweden. The year before that again I was in Greece.
Anna:	You've travelled (literally, walked) all of Europe, have you not?
Séamas:	I have indeed.
Anna:	What country did you like most in Europe?
Séamas:	Italy was the one I liked most.
Anna:	Why did you like Italy?
Séamas:	The Italian people are lovely. And I love the food there.
Anna:	Is it an expensive country?
Séamas:	Not at all—especially in the countryside. Excellent accommodation and food are available very reasonably there.
Anna:	Is it cheaper, in your opinion, than this country?
Séamas:	I think it is.

Cathal is planning to go on holiday. Dónall tells him about his holiday in Greece.

Dónall:	How did you get on?
Cathal:	Were you ever in Greece?
Dónall:	I was there two years ago.
Cathal:	Is it a very hot country?
Dónall:	It's hot all right. Do you like the heat?
Cathal:	I like a little heat.
Dónall:	I was there at Easter. It wasn't too hot at that time of year.
Cathal:	Did you enjoy your holiday there?
Dónall:	I did indeed. There's plenty to see in Greece.
Cathal:	What about the cost?
Dónall:	Greece is not an expensive country. And the people are very kind.
Cathal:	Would you recommend people to go there?
Dónall:	I would indeed.

Aoife has returned from holidays in Spain. She tells Darach who went with her and what they got up to.

Aoife:	Darach!
Darach:	Aoife! How are you?
Aoife:	Great!
Darach:	You've got the sun since I last saw you.
Aoife:	I did. I've just returned from Spain.
Darach:	Were you there for long?
Aoife:	I was there for a fortnight.
Darach:	How did you like Spain?
Aoife:	The weather was lovely. We spent the days on the beach and the nights in the clubs.
Darach:	How many of you were there?
Aoife:	Siobhán and myself. But there were plenty more from Ireland out there as well.

Anna wants to know what Séamas's favourite country is of all those he's been to.

Anna:	Of all the countries you've seen, which did you like the most?
Séamas:	I'd say India impressed me most.
Anna:	India would be far too hot for me!
Séamas:	That depends on the place, and the time of year also. India is a very big country, you understand.
Anna:	Would you like to live in India?
Séamas:	Not really. I'd like to go there again on holiday, certainly. But it's nice to return to Ireland as well.

Cathal has been to France a few times, but he's never been to the south of the country. Dónall has, and he tells Cathal how he got there.

Cathal:	Were you ever in France?
Dónall:	I was, often.
Cathal:	I was there a few times myself also. Paris is nice.
Dónall:	It's dear enough as a city—but it's not much more expensive than Dublin.
Cathal:	I'd like to see the south of France. I was never there.
Dónall:	The Riviera area is lovely, down by the Italian border. I went by train from Paris to Nice. The train service in France is excellent.

Aoife tells Darach more about her holiday in Spain.

Darach:	Where did you stay?
Aoife:	In a hotel. We got a great bargain.
Darach:	It wasn't too dear, then?
Aoife:	No. Were you ever in Spain yourself?
Darach:	I was in Ibiza last year. I stayed in a youth hostel there.
Aoife:	We were in the south, near Málaga.
Darach:	Would you go there again?
Aoife:	I would indeed.

Aonad 11

BIA AGUS DEOCH

FOOD AND DRINK

San aonad seo, déanfaidh tú na rudaí seo a leanas a chleachtadh (*In this unit, you will practise the following*):

- ag déanamh socruithe bualadh le duine (*arranging to meet someone*)
- ag rá cén cineál bia a thaitníonn agus nach dtaitníonn leat (*saying what kinds of food you like and dislike*)
- ag tairiscint dí do dhuine (*offering someone a drink*)
- ag cur tuairimí in iúl i dtaobh bia agus dí (*expressing opinions on food and drink*)
- ag ordú bia (*ordering food*)
- ag ainmniú cineálacha éagsúla bia agus dí (*naming different kinds of food and drink*).

Foghlaim na Gaeilge 11

Tá go leor focal agus frásaí le foghlaim i ngach aonad sa leabhar seo, agus ní éireoidh leat an teanga sin go léir a fhoghlaim ag an am amháin. Caithfidh tú, mar sin, díriú ar na nithe is úsáidí duitse. Bí ag rá na bhfocal agus na bhfrásaí nua i do chloigeann, nó os ard agus tú ag tiomáint nó ag déanamh na hiarnála. Tá bialanna agus caifí éagsúla ann ar féidir leat bia agus deochanna a ordú trí Ghaeilge iontu, ní hamháin i gceantair Ghaeltachta ach i mBaile Átha Cliath, Béal Feirste, agus Gaillimh. Nuair a bheas tú muiníneach go leor as do chuid Gaeilge, téigh go ceann de na háiteanna seo agus bain úsáid as an stór focal agus as na frásaí nua atá foghlamtha agat.

Each unit in this book contains many new words and phrases to learn, and it won't be possible for you to master all this language at the same time. You should concentrate, therefore, on learning what you regard as the most useful language. Say these words and phrases in your mind, or aloud as you are driving or doing the ironing. There are quite a few restaurants and cafés where you can order food and drink through Irish, not only in Irish-speaking areas but in Dublin, Belfast, and Galway also. When you feel confident enough about your Irish, go to one of these places and use the vocabulary and phrases that you have learnt.

Gníomhaíocht 11.1

Cloisfidh tú daoine ag caint faoi bhia agus dheoch. Éist leo ar dtús gan féachaint ar an script ag deireadh an aonaid go bhfeice tú an dtuigfidh tú mórán dá gcuid cainte. (*You'll hear people talking about food and drink. Listen to them first without looking at the script at the end of the unit and see how much you understand.*)

Comhráite

Siobhán and Róisín arrange to meet for lunch.

Siobhán:	Heileo!
Róisín:	Ar mhaith leat lón a ithe liom inniu?
Siobhán:	Ba chuma liom. Cén áit ar mhaith leat a dhul?
Róisín:	Bheadh an caife nua sin i lár an bhaile go maith. Bíonn ceapairí an-deas acu. Agus is féidir béile iomlán a fháil ann chomh maith.
Siobhán:	Bheadh sé sin togha. Feicfidh mé ar ball thú.
Róisín:	Slán go fóillín.

Anna is inviting Maighréad to dinner and she wants to know what sort of food Maighréad would like.

Anna:	Cén cineál bia a thaitníonn leat?
Maighréad:	Taitníonn chuile chineál liom, ach amháin bia Indiach. Tá sé i bhfad róthe domsa.
Anna:	Is maith liom féin bia spíosrach, caithfidh mé a rá. Fan go bhfeice mé—an maith leat bia mara?
Maighréad:	Sin an bia is fearr liom ar fad: bia breá folláin ón bhfarraige.
Anna:	Tá bialann sa bhaile mhór a dhéanann scoth bia mara. Ar mhaith leat a dhul ansin?
Maighréad:	Ba bhreá liom é.

Dónall and Cathal are having a drink together.

Cathal:	Cad é a bheas agat?
Dónall:	Pionta Guinness, le do thoil.

Cathal: An pórtar is mó a ólann tú?

Dónall: Braitheann sé. Is maith liom beoir a ól i gcaitheamh an tsamhraidh. An fear pórtair tú féin?

Cathal: Sea, in amanna. Ach ní ólaim riamh i gcaitheamh na seachtaine.

Dónall: Nach mbeidh deoch anois agat?

Cathal: Cupán caife a bheas agam—sin uilig.

Eolas úsáideach / *Useful information*

- Here are some ways in which you can express approval of an idea or a thing:
  Bheadh sé sin togha. (*That would be great.*)
  Tá sé sin togha. (*That's great.*)
  or simply
  Togha! (*Great!*)

- As we have seen before, the consonants **b**, **c**, **f**, **g**, **m** and **p** are lenited when they follow **an-** (*very*). The other consonants remain unchanged, however.
  an-bhlasta (*very tasty*)
  an-fhuar (*very cold*)
  but
  an-deas (*very nice*)
  an-te (*very hot*)

- The same consonants are also lenited when they follow **ró–** (*too*):
  róthe (*too hot*)
  ródhaor (*too dear*)

Speech bubbles: **Fíon dearg le do thoil.** / **An mbeidh deoch agat?**

- Adjectives beginning with a vowel are not affected by **an-** or by **ró-**:
  an-éasca (*very easy*)
  ró-uisciúil (*too watery*)

- We mentioned the importance of not confusing **Ar mhaith?** and **An maith?**:
  Do you like . . . ?
  An maith leat beoir?
  (*Do you like beer?*)
  An maith libh bia mara?   **Is maith. / Ní maith.**
  (*Do you like seafood?*)   (*Yes. / No.*)

  Would you like . . . ?
  Ar mhaith leat deoch?
  (*Would you like a drink?*)
  Ar mhaith leat cupán caife?   **Ba mhaith. / Níor mhaith.**
  (*Would you like a cup of coffee?*)   (*Yes. / No.*)

- You can use one of the following sentences if you're offering someone a drink:
  Cad (or **Cad é** or **Céard**) **a bheas agat?** (*What will you have?*)
  An mbeidh deoch agat? (*Will you have a drink?*)
  Beidh. Pionta beorach, le do thoil. (*Yes. A pint of beer, please.*)

Gníomhaíocht 11.2

Líon na bearnaí sna habairtí seo (*Fill the blanks in these sentences*):

(a) Níl an béile seo _____. (*This meal is not too nice.*)

(b) Tá an t-anraith seo _____. (*This soup is very watery.*)

(c) Tá an bia sa chaife seo _____, agus níl sé _____. (*The food in this café is very good, and it's not too expensive.*)

(d) Níl an t-iasc seo _____. (*This fish is not too tasty.*)

(e) Ar mhaith leat deoch eile? _____. (*Would you like another drink? Yes.*)

(*f*) Ar mhaith leis cupán eile caife? _____. (*Would he like another cup of coffee? No.*)

(*g*) An maith leat bia mara? _____. (*Do you like seafood? Yes.*)

(*h*) An maith leat bia spíosrach? _____. (*Do you like spicy food? No.*)

Gníomhaíocht 11.3

Sula n-éistfidh tú leis na comhráite seo thíos, déan iarracht na bearnaí iontu a líonadh, ag úsáid na bhfocal atá sa liosta. Éist leis na míreanna ansin chun do chuid freagraí a dhearbhú. Bí cúramach: tá focail bhreise sa liosta nach dtéann in aon bhearna!
(*Before you listen to the dialogues below, try to fill in the blanks, using the words given in the list. Listen to the dialogues then to see whether or not you were right. Be careful: there are extra words in the list that don't fit into any blank!*)

bliana	an Fhrainc
fhaigheann	Ar mhaith
ithimse	bheidh
dtógann	bhliain
beidh	thaitin
Spáinne	bheidh
ródhaor	tógann

Comhráite

Róisín and Siobhán are having a look at the lunch menu in the new café in the centre of town.

Róisín: Cad a _____(1) agat?

Siobhán: Sílim go mbeidh an t-uibheagán cáise agam, agus sailéad leis.

Róisín: Ní fheadar an bhfuil an lasagne mairteola go deas anseo.

Siobhán: Ná fiafraigh díomsa. Ní _____(2) feoil ar chor ar bith.

Róisín: Nach n-itheann?

Siobhán: Ní itheann. Níor bhlais mé greim feola ó bhí mé trí _____(3) déag d'aois.

Róisín: Bhíos féin i m'fheoilséantóir ar feadh tamaill, ach fuaireas an-deacair coinneáil leis. An bhfaigheann tusa deacair é?

Siobhán: Ní _____(4), dáiríre. Tá cleachtadh agam air faoin tráth seo.

Anna and Maighréad have finished eating. Anna wants to know if her friend enjoyed the meal.

Anna:	Bhuel, ar _____ (5) an dinnéar leat?
Maighréad:	Bhí an t-iasc go deas. Ach ní raibh mórán caoi ar na glasraí. Bhí siad i bhfad róbhruite.
Anna:	Tá an fíon go deas, nach bhfuil?
Maighréad:	Tá, ach is fearr liomsa fíon na _____ (6). Tá blas beagáinín searbh ar an bhfíon sin, feictear dom.
Anna:	An mbeidh milseog agat?
Maighréad:	Ní _____ (7), a stór. Ní réitíonn milseog liom tar éis béile mór a ithe. Ar aon chaoi, tá siad i bhfad _____ (8), na milseoga céanna.
Anna:	Do bharúil?
Maighréad:	Cinnte tá. Beidh bolgaimín tae agam—sin an méid.

In the hotel, Dónall has bought himself another drink and another cup of coffee for Cathal. He then asks Cathal if he would like peanuts or crisps.

Dónall:	Anois, cupán caife.
Cathal:	Bulaí fir!
Dónall:	An _____ (9) tú siúcra?
Cathal:	Ní thógann. Braon beag bainne, sin an méid.
Dónall:	_____ (10) leat paicéad cnónna?
Cathal:	Níor mhaith, go raibh maith agat. Ní ithim na rudaí sin ar chor ar bith.
Dónall:	Arbh fhearr leat paicéad brioscán?
Cathal:	Tá mé i gceart mar atá mé, a Dhónaill, go raibh maith agat.

Eolas úsáideach / *Useful information*

- These are some of the sentences a customer or a waiter might use in one of the Irish-language cafés or restaurants that have opened in recent years:
  Céard a bheas agat?
  or
  Cad a bheidh agat? (*What will you have?*)

Céard ba mhaith leat?
or
Cad ba mhaith leat? (*What would you like?*)

- The plural forms would be used, of course, if more than one person was being addressed:
Céard a bheas agaibh?
Céard ba mhaith libh?

- Here are some sentences you might hear a customer using while they were ordering food:
Beidh an sicín rósta agam. (*I'll have the roast chicken.*)
or
Ba mhaith liom an bradán le sceallóga, le do thoil. (*I'd like the salmon with chips, please.*)

- If a second person were ordering, they would be likely to use emphatic forms:
Beidh an stéig agamsa, le do thoil. (*I'll have the steak, please.*)
or
Ba mhaith liomsa an t-uibheagán seo, le do thoil. (*I'd like this omelette, please.*)

- A waiter will often use the emphatic form as well when they hand out food to various people around a table:
An bradán duitse. An stéig duit féin. (*The salmon for you. The steak for yourself.*)

- These phrases can be used to comment on the quality of the food:
Tá an mhilseog seo go hálainn. (*This dessert is lovely.*)
Tá an béile seo ar fheabhas. (*This meal is excellent.*)
Tá na glasraí seo deas úr. (*These vegetables are nice and fresh.*)
Tá an t-anlann sin i bhfad rómhilis. (*That sauce is far too sweet.*)
Tá an sicín seo ró-spíosrach. (*This chicken is too spicy.*)
Tá an bainne seo géar. (*This milk is sour.*)
Tá drochbhlas ar an iasc. (*The fish tastes bad.*)

Gníomhaíocht 11.4

Tabhair an freagra a thaispeántar ar na ceisteanna seo (*Answer these questions as shown*):

(*a*) Céard a bheas agat?
Tusa: *The cheese omelette, please.*
(*b*) An itheann tú feoil?
Tusa: *No. I'm a vegetarian.*
(*c*) Tá an fíon seo go deas, nach bhfuil?
Tusa: *Yes, but I prefer French wine.*
(*d*) An dtógann tú siúcra?
Tusa: *No. A drop of milk, that's all.*
(*e*) An dtógann tú bainne?
Tusa: *No, thank you.*
(*f*) Ar mhaith leat milseog?
Tusa: *No. They don't agree with me.*
(*g*) An mbeidh milseog agat?
Tusa: *Yes.*
(*h*) An mbeidh milseog agat?
Tusa: *No. I'll have a cup of tea.*

Gníomhaíocht 11.5

Foghlaim an stór focal a bhaineann le bia atá le fáil sa rannóg 'Cineálacha bia agus dí' ar leathanaigh 153–5 thíos agus ansin déan iarracht gach focal i gcolún A a mheaitseáil lena leagan Gaeilge i gcolún B. Tá an chéad cheann déanta le cabhrú leat. (*Learn the vocabulary relating to food in the section 'Cineálacha bia agus dí' on pages 153–5, then try to match each word in column A with its Irish equivalent in column B. The first one has been done to help you.*)

Colún A		Colún B	
(*a*)	apple pie and cream	(i)	ispín
(*b*)	beef	(ii)	uaineoil
(*c*)	boiled egg	(iii)	milseog
(*d*)	cheesecake	(iv)	bradán deataithe
(*e*)	chips	(v)	liamhás
(*f*)	corn flakes	(vi)	gliomach
(*g*)	dessert	(vii)	ubh bhruite
(*h*)	fruit salad	(viii)	calóga arbhair
(*i*)	garlic mushrooms	(ix)	sceallóga

(j)	ham	(x)	beacáin ghairleoige
(k)	lamb	(xi)	mairteoil
(l)	lobster	(xii)	fíon geal
(m)	mussels	(xiii)	bia mara
(n)	orange juice	(xiv)	diúilicíní
(o)	red pepper	(xv)	tráta
(p)	sausage	(xvi)	píóg úll agus uachtar
(q)	seafood	(xvii)	sú oráistí
(r)	smoked salmon	(xviii)	císte cáise
(s)	tomato	(xix)	piobar dearg
(t)	white wine	(xx)	sailéad torthaí

a	b	c	d	e	f	g	h	i	j	k	l	m	n	o
xvi	__	__	__	__	__	__	__	__	__	__	__	__	__	__

p	q	r	s	t
__	__	__	__	__

ABC

Cineálacha bia agus dí

sú oráistí	*orange juice*
ubh bhruite / uibheacha bruite	*boiled egg / boiled eggs*
ubh fhriochta / uibheacha friochta	*fried egg / fried eggs*
calóga arbhair	*corn flakes*
uibheagán beacán	*mushroom omelette*
putóg bhán / dhubh	*white / black pudding*
ispín / ispíní	*sausage / sausages*
bagún	*bacon*
slisín / slisíní	*rasher / rashers*
arán	*bread*
tósta	*toast*
im	*butter*
borróg / borróga	*bun / buns*
bocaire / bocairí	*muffin / muffins*
cupán / pota tae	*cup / pot of tea*
tae luibhe	*herbal tea*
caife	*coffee*
siúcra	*sugar*
spunóg, dhá spunóg, trí spunóg	*one spoon, two spoons, three spoons*

beacáin ghairleoige	*garlic mushrooms*
anraith / sú	*soup*
seabhdar / sú mara	*chowder*
manglam cloicheán	*prawn cocktail*
milseog	*dessert*
píóg úll agus uachtar	*apple pie and cream*
briosca / brioscaí	*biscuit / biscuits*
císte cáise	*cheesecake*
torthaí	*fruit*
sailéad torthaí	*fruit salad*
feoil	*meat*
sicín rósta	*roast chicken*
mairteoil	*beef*
gríscín	*a chop*
uaineoil	*lamb*
liamhás	*ham*
ae	*liver*
stéig	*steak*
stobhach	*stew*
bia mara	*seafood*
tuinnín	*tuna*
breac geal	*sea trout*
bradán deataithe	*smoked salmon*
gliomach	*lobster*
diúilicíní	*mussels*
leathóg	*plaice*
faoitín	*whiting*
líomóid	*lemon*
trosc	*cod*
glasra / glasraí	*vegetable / vegetables*
luibheanna	*herbs*
sinséar	*ginger*
gairleog	*garlic*
piobar dearg	*red pepper*
biabhóg	*rhubarb*
tráta	*tomato*
cóilis	*cauliflower*

piseanna	peas
pónairí	beans
glasraí meascaithe	mixed vegetables
cairéid	carrots
prátaí	potatoes
prátaí bruite	boiled potatoes
sceallóga	chips
rís	rice
ceapaire	sandwich
fíon geal / dearg	white / red wine
clár an fhíona	wine list
uisce mianraí	mineral water
beoir gan alcól	non-alcoholic beer
pionta beorach	pint of beer
biachlár	menu

ABC **Frásaí agus focail**

gréithe	crockery
sceanra	cutlery
scian / sceana	knife / knives
forc / foirc	fork / forks
spúnóg / spúnóga	spoon / spoons
pláta / plátaí	plate / plates
fochupán / sásar	saucer
bia Iodálach	Italian food
bia Síneach	Chinese food
bia Indiach	Indian food
bia Francach	French food
bia Seapánach	Japanese food
bia Meicsiceach	Mexican food
bia Spáinneach	Spanish food
Tá mé stiúgtha leis an ocras.	I'm starving.
Tá mé spallta leis an tart.	I'm parched with thirst.
geir, saill	fat
geireach, sailleach	fatty
gréisc	grease

gréisceach	*greasy*
gríosctha	*grilled*
bia a ghríoscadh	*to grill food*
friochta	*fried*
bia a fhriochadh	*to fry food*
bruite, fiuchta	*boiled*
bia a fhiuchadh nó a bhruith	*to boil food*
scallta	*poached*
bia a scalladh	*to poach food*

An cócaire agus úinéir bialainne Brian Ó Domhnaill as Anagaire i dTír Chonaill, an t-aoi speisialta i gclár a haon déag den tsraith *Turas Teanga* ar an teilifís, le láithreoir an chláir, Sharon Ní Bheoláin. *(The chef and restaurant owner Brian Ó Domhnaill from Anagaire in Donegal, special guest in programme eleven of the Turas Teanga television series, with presenter Sharon Ní Bheoláin.)*

Súil siar ar an aonad

Bain triail as an ngníomhaíocht seo go bhfeice tú an bhfuil na príomhphointí a múineadh in Aonad 11 ar eolas agat. Éist leis an dlúthdhiosca nuair a bheidh tú críochnaithe chun do fhreagraí a dhearbhú.
(*Try this activity now to see if you know the main points taught in Unit 11. Listen to the CD when you have finished in order to verify your answers.*)

Conas mar a déarfá na nithe seo a leanas? (*How would you say the following?*):

(*a*)　Would you like to eat lunch with me today?

(*b*)　That would be great.

(*c*)　What type of food do you like?

(*d*)　Do you like seafood?

(*e*)　Would you like a drink?

(*f*)　Will you have a drink?

(*g*)　I don't eat meat at all. I'm a vegetarian.

(h)   Did you enjoy the dinner?
(i)   Will you have dessert? No.
(j)   Do you take sugar? No.
(k)   What would you like?
(l)   I'll have the steak, please.

Freagraí na ngníomhaíochtaí

Gníomhaíocht 11.2

(a)   Níl an béile seo ródheas.
(b)   Tá an t-anraith seo an-uisciúil.
(c)   Tá an bia sa chaife seo an-mhaith, agus níl sé ródhaor.
(d)   Níl an t-iasc seo róbhlasta.
(e)   Ar mhaith leat deoch eile? Ba mhaith.
(f)   Ar mhaith leis cupán eile caife? Níor mhaith.
(g)   An maith leat bia mara? Is maith.
(h)   An maith leat bia spíosrach? Ní maith.

Gníomhaíocht 11.3

(1)   bheidh
(2)   ithimse
(3)   bliana
(4)   fhaigheann
(5)   thaitin
(6)   Spáinne
(7)   bheidh
(8)   ródhaor
(9)   dtógann
(10) Ar mhaith

Gníomhaíocht 11.4

(a)   An t-uibheagán cáise, le do thoil.
(b)   Ní ithim (or Ní itheann). Is feoilséantóir mé.
(c)   Tá, ach is fearr liom fíon na Fraince (or fíon Francach).
(d)   Ní thógaim (or Ní thógann). Braon bainne, sin an méid.
(e)   Ní thógaim (or Ní thógann), go raibh maith agat.
(f)   Níor mhaith. Ní réitíonn siad liom.
(g)   Beidh.
(h)   Ní bheidh. Beidh cupán tae agam.

Gníomhaíocht 11.5

(a)   apple pie and cream agus (xvi) píóg úll agus uachtar
(b)   beef agus (xi) mairteoil
(c)   boiled egg agus (vii) ubh bhruite
(d)   cheesecake agus (xviii) císte cáise
(e)   chips agus (ix) sceallóga
(f)   corn flakes agus (viii) calóga arbhair
(g)   dessert agus (iii) milseog
(h)   fruit salad agus (xx) sailéad torthaí
(i)   garlic mushrooms agus (x) beacáin ghairleoige
(j)   ham agus (v) liamhás
(k)   lamb agus (ii) uaineoil
(l)   lobster agus (vi) gliomach
(m)   mussels agus (xiv) diúilicíní
(n)   orange juice agus (xvii) sú oráistí
(o)   red pepper agus (xix) piobar dearg
(p)   sausage agus (i) ispín
(q)   seafood agus (xiii) bia mara
(r)   smoked salmon agus (iv) bradán deataithe
(s)   tomato agus (xv) tráta
(t)   white wine agus (xii) fíon geal

Súil siar ar an aonad

(a)   Ar mhaith leat lón a ithe liom inniu?
(b)   Bheadh sé sin togha.
(c)   Cén cineál bia a thaitníonn leat?
(d)   An maith leat bia mara?
(e)   Ar mhaith leat deoch?
(f)   An mbeidh deoch agat?
(g)   Ní ithim feoil ar chor ar bith. Is feoilséantóir mé.
(h)   Ar thaitin an dinnéar leat?
(i)   An mbeidh milseog agat? Ní bheidh.
(j)   An dtógann tú siúcra? Ní thógaim *or* Ní thógann.
(k)   Céard ba mhaith leat?
(l)   Beidh an stéig agam, le do thoil.

Aistriúchán ar na comhráite

Siobhán and Róisín arrange to meet for lunch.

Siobhán:	Hello!
Róisín:	Would you like to eat lunch with me today?
Siobhán:	I wouldn't mind. Where would you like to go?
Róisín:	That new café in the centre of town would be good. They have very nice sandwiches. And you can get a full meal there as well.
Siobhán:	That would be great. I'll see you later.
Róisín:	Bye for now.

Anna is inviting Maighréad to dinner and she wants to know what sort of food Maighréad would like.

Anna:	What type of food do you like?
Maighréad:	I like all kinds, except Indian food. It's far too hot for me.
Anna:	I like spicy food myself, I must say. Let me see—do you like seafood?
Maighréad:	That's the food I like most of all: fine, healthy, food from the sea.
Anna:	There's a restaurant in town that does excellent seafood. Would you like to go there?
Maighréad:	I'd love to.

Dónall and Cathal are having a drink together.

Cathal:	What will you have?
Dónall:	A pint of Guinness, please.
Cathal:	Do you mostly drink stout?
Dónall:	It depends. I like to drink beer during the summer. Are you a stout man yourself?
Cathal:	Yes, sometimes. But I never drink during the week.
Dónall:	Will you not have a drink now?
Cathal:	I'll have a cup of coffee—that's all.

Róisín and Siobhán are having a look at the lunch menu in the new café in the centre of town.

Róisín:	What will you have?
Siobhán:	I think I'll have the cheese omelette, and a salad as well.
Róisín:	I wonder if the beef lasagne is nice here.
Siobhán:	Don't ask me. I don't eat meat at all.
Róisín:	Do you not?
Siobhán:	No. I haven't tasted a bite of meat since I was thirteen years old.

Róisín:	I was a vegetarian myself for a while, but I found it very difficult to keep up. Do you find it difficult?
Siobhán:	Not really. I'm used to it by now.

Anna and Maighréad have finished eating. Anna wants to know if her friend enjoyed the meal.

Anna:	Well, did you like the dinner?
Maighréad:	The fish was nice. But the vegetables weren't the best. They were over-cooked.
Anna:	The wine is nice, isn't it?
Maighréad:	Yes, but I prefer Spanish wine. That wine tastes a little bit bitter, I find.
Anna:	Will you have dessert?
Maighréad:	I won't, my dear. Dessert doesn't agree with me after eating a big meal. Anyway, they're far too dear, the same desserts.
Anna:	Do you think so?
Maighréad:	Indeed they are. I'll have a sup of tea—that's all.

In the hotel, Dónall has bought himself another drink and another cup of coffee for Cathal. He then asks Cathal if he would like peanuts or crisps.

Dónall:	Now, a cup of coffee.
Cathal:	Good man!
Dónall:	Do you take sugar?
Cathal:	No. A drop of milk, that's all.
Dónall:	Would you like a packet of nuts?
Cathal:	No, thank you. I don't eat those things at all.
Dónall:	Would you prefer a packet of crisps?
Cathal:	I'm fine as I am, Dónall, thank you.

Aonad 12

AN TEACH AGUS TREORACHA

THE HOUSE AND GIVING DIRECTIONS

San aonad seo, déanfaidh tú na rudaí seo a leanas a chleachtadh (*In this unit, you will practise the following*):

- ag rá cá bhfuil d'áit chónaithe (*saying where the place you live is*)
- ag déanamh cur síos ar d'áit chónaithe (*describing the place where you live*)
- ag rá cén saghas áit chónaithe a theastaíonn uait (*saying what type of place you're looking for*)
- ag comhaireamh rudaí (*counting things*)
- ag tabhairt treoracha do dhuine (*giving someone directions*)
- ag ainmniú na seomraí agus na n-áiseanna i dteach (*naming the rooms and the facilities in a house*).

Foghlaim na Gaeilge 12

Foghlaimíonn daoine teangacha ar shlite difriúla. An rud a oibríonn go maith do dhuine amháin, tá seans nach mbainfidh duine eile mórán tairbhe as. Caithfidh tusa triail a bhaint as straitéisí éagsúla foghlamtha agus ansin cloí leis na cinn is fearr a oibríonn duit, seachas an cur chuige ceannann céanna a úsáid is atá á úsáid ag duine éigin eile. B'fhéidir gur duine tú ar gá dó mionstaidéar a dhéanamh ar rialacha gramadaí, nó b'fhéidir go gcuireann rialacha mearbhall ort, gur fearr leat a bheith ag éisteacht le taifeadtaí nó ag léamh. Ní bheidh a fhios agat go dtriailfidh tú straitéisí éagsúla.

People learn languages in different ways. Something that works well for one person might not prove too useful for another. You must try various learning strategies and then stick to the ones that work best for you, rather than using the same approach being employed by someone else. Perhaps you're someone who needs to study grammar in detail, or perhaps rules confuse you totally, and you prefer to listen to recordings or to read. You won't know until you've tried various strategies.

Gníomhaíocht 12.1

Cloisfidh tú daoine ag caint faoi lóistín agus tithe. Éist leo ar dtús gan féachaint ar an script ag deireadh an aonaid go bhfeice tú an dtuigfidh tú mórán dá gcuid cainte. (*You'll hear people talking about accommodation and houses. Listen to them first without looking at the script at the end of the unit and see how much you understand.*)

Comhráite

Róisín is excited about her new apartment. She explains to her friend Siobhán where it is and how big it is.

Siobhán:	Cá bhfuil d'árasán nua suite?
Róisín:	Níl sé ach dhá nóiméad siúil ó lár an bhaile. Tá sé díreach in aice na habhann. Tá páirc phoiblí álainn díreach trasna an bhóthair uaidh.
Siobhán:	Agus cé chomh mór is atá sé?
Róisín:	Tá seomra codlata amháin ann, seomra suite agus cistin, agus seomra folctha. Tá sé beag go leor.
Siobhán:	Ach tá neart spáis ann do dhuine amháin, déarfainn.
Róisín:	Ó, tá. Is breá liom áit chomh lárnach a bheith agam.
Siobhán:	Ba bhreá liom m'áit féin a bheith agam. Tá mé tinn tuirseach de bheith i mo chónaí sa mbaile.

Sinéad is looking for a new house, so she talks to a local auctioneer, Cathal.

Cathal:	Inis dom, cén cineál tí atá de dhíth ort?
Sinéad:	Teastaíonn teach ceithre sheomra codlata uainn. Ba mhaith linn cistin mhór, seomra suite mór, agus seomra spraoi do na páistí.
Cathal:	Cé mhéad páiste atá agaibh?
Sinéad:	Tá triúr againn. Ba mhaith linn gairdín breá fairsing freisin.
Cathal:	Agus tá sibh ag iarraidh bheith in aice na farraige.
Sinéad:	Tá, más féidir.
Cathal:	Cá bhfuil sibh in bhur gcónaí faoi láthair?
Sinéad:	Tá teach leathscoite againn ar imeall na cathrach. Eastát an-mhór atá ann. Níl áiseanna ar bith ann do na páistí.

Siobhán explains why she's sick of living at home.

Róisín: Cén fáth go bhfuil tú tuirseach de bheith i do chónaí sa bhaile?
Siobhán: Cuireann Aoife as dom. Bíonn sí an-chantalach scaití.
Róisín: Mar sin féin, níl aon chíos le híoc agat. Agus bíonn do dhinnéar
            réitithe gach lá duit.

Eolas úsáideach / *Useful information*

- When a noun is preceded by certain types of words—another noun, for example, or a compound preposition (**in aice, os comhair**, for example)—it is in the *genitive case*, and usually undergoes some change. There are several examples of nouns in the genitive case in the dialogues above:

  an baile (*the town*)   **lár an bhaile** (*the middle of the town*)
  an abhainn (*the river*)   **in aice na habhann** (*beside the river*)
  an bóthar (*the road*)   **trasna an bhóthair** (*across the road*)
  an fharraige (*the sea*)   **in aice na farraige** (*beside the sea*)
  an chathair (*the city*)   **ar imeall na cathrach** (*on the edge of the city*)

- Here's another example of the genitive case:

  spás (*space*)   **neart spáis** (*plenty of space*)
  The word **neart** means literally *strength*, in this context it means *plenty*. In some parts of Ireland, **neart** has been translated into English as *a power of*:
  neart spáis, *a power of space.*

- An adjective beginning with one of the consonants **b, c, f, g, m** or **p** is lenited if it follows a feminine noun in the nominative or accusative case. The other consonants remain unchanged, however. Here are two examples from this unit:

  páirc álainn phoiblí (*a beautiful public park*)
  cistin mhór (*a big kitchen*)

- The noun **gairdín** (*garden*) is masculine, so adjectives that follow it are not lenited:

  gairdín breá (*a fine garden*)

- Ag comhaireamh rudaí (*Counting things*)

  1

Consonants	Vowels
aon bhaile amháin	**aon óstán amháin**

  2–6: the consonants **b**, **c**, **d**, **f**, **g**, **m**, **p**, **s** and **t** are lenited

dhá sheomra	**ceithre árasán**
trí fhuinneog	**cúig árasán**
ceithre dhoras	**sé árasán**

  7–10: the consonants **b**, **c**, **d**, **f**, **g**, **p** and **t** and the vowels are eclipsed:

seacht mbosca	**naoi n-oíche**
ocht gcathaoir	**ocht n-óstán**
deich dteach	**deich n-árasán**

  11

Consonants	Vowels
aon bhaile dhéag	**aon óstán déag**

  12—16: the consonants **b**, **c**, **d**, **f**, **g**, **m**, **p**, **s** and **t** are lenited:

dhá sheomra dhéag	**ceithre árasán déag**
trí fhuinneog déag	**cúig árasán déag**
ceithre dhoras déag	**sé árasán déag**

  17–19: the consonants **b**, **c**, **d**, **f**, **g**, **p** and **t** and the vowels are eclipsed:

seacht mbosca dhéag	**naoi n-oíche dhéag**
naoi gcathaoir déag	**ocht n-óstán déag**

- The word **déag** is lenited when it is preceded by a regular noun ending in a vowel:

  dhá sheomra dhéag

  but

  dhá chathaoir déag

- In Unit 2 we saw that **bliain** (*year*) differs from other nouns: special plural forms are used after certain cardinal numbers. The same is true of **ceann** (*one of something*):

1	*2*	*3–6*	*7–10*
ceann amháin	**dhá cheann**	**trí cinn**	**seacht gcinn**
or			
aon cheann amháin			

You can't use a cardinal number on its own in answer to questions like this one below: you must use the word **ceann** as well.

Cé mhéad seomra codlata atá i do theach nua?—Trí cinn.

(*How many bedrooms are there in your new house?—Three.*)

Gníomhaíocht 12.2

A

Cuir séimhiú ar na haidiachtaí idir lúibíní, más gá. Tá na hainmfhocail in abairtí *a, c, e, g* agus *h* baininscneach. (*Lenite the adjectives in parentheses, if necessary. The nouns in sentences a, c, e, g and h are feminine.*)

(*a*) Tá fuinneog (mór) ar an gcistin.

(*b*) Tá árasán (deas) ag Michelle i lár na cathrach.

(*c*) Bhí tine (breá) lasta ag Peadar nuair a bhain sí an baile amach.

(*d*) Tá mé i mo chónaí in aice le baile (fíorálainn).

(*e*) Ní maith liom an tsíleáil (glas) sin.

(*f*) Tá garáiste (mór) ar chúl an tí.

(*g*) Is fuath liom a bheith ag obair i gcistin (salach).

(*h*) Tá leaba (compordach) agam.

B

Athraigh na hainmfhocail idir lúibíní más gá. (*Change the nouns in parentheses if necessary.*)

(*a*) Níl ach seacht (seomra) san óstán nua sin.

(*b*) Tá dhá (seomra) codlata in árasán nua Shíle.

(*c*) Tá trí (óstán) sa cheantar anois.

(*d*) Beidh cúig (cathaoir) (déag) ag teastáil ar fad.

(*e*) Tá trí (bosca) (déag) agam duit.

(f) Tá an dráma sin ar siúl anois le dhá (oíche) (déag).

(g) Cé mhéad seomra atá san óstán sin? Ocht (ceann).

(h) Briseadh naoi (fuinneog) sa scoil.

Gníomhaíocht 12.3

Déan iarracht leagan Gaeilge na bhfocal agus na bhfrásaí seo a leanas a aimsiú agus tú ag éisteacht leis na comhráite.
(*Try to find the Irish equivalent of the following words and phrases as you listen to the dialogues.*)

(a) for sale

(b) separate dining-room

(c) five minutes' walk from the beach

(d) turn right

(e) go across the bridge

(f) the apartment

(g) Do you know the neighbours?

(h) the girl next door

(i) she's very friendly

(j) the rent is reasonable

Comhráite

In the auctioneer's office we visited in an earlier scene, Sinéad is being told about a house she could possibly buy.

Cathal: Tá teach cúig sheomra codlata ar díol againn i gceantar Chois
            Fharraige. Tá cistin mhór ann. Anois, níl seomra spraoi ar bith
            ann, ach tá seomra bia ar leith ann. B'fhéidir go mbeifeá ábalta
            seomra spraoi a dhéanamh as.
Sinéad: B'fhéidir. An bhfuil gairdín ann?
Cathal: Tá leathacra de ghairdín ann.
Sinéad: Bheadh sé sin mór go leor, cinnte.
Cathal: Níl sé ach cúig bhomaite siúil ón trá.

Róisín explains to Dónall where her new apartment is.

Róisín: Níl sé i bhfad as seo in aon chor. Féach: téigh amach an doras
            agus cas ar dheis.
Dónall: Siar Sráid na Siopaí, an ea?

Róisín:	Is ea, sin é. Lean ort siar ansin. Téigh trasna an droichid. Téigh trasna an bhóthair ansin, agus síos leat in aice na habhann. Tá an t-árasán sa dara foirgneamh ar thaobh na láimhe clé.
Dónall:	An ceann nua bán a bhfuil na fuinneoga móra ann, an ea?
Róisín:	Is ea, sin é. In uimhir 25 atáimse, ar an tríú hurlár.
Dónall:	Buailfidh mé isteach ann tar éis na hoibre tráthnóna.
Róisín:	Go hiontach. Chífidh mé ansin tú.

Dónall calls around, and he and Róisín discuss the neighbours and the rent.

Dónall:	Tá sé go hálainn, a Róisín.
Róisín:	Tá, nach bhfuil? Táim an-sásta leis.
Dónall:	An bhfuil aithne agat ar na comharsana?
Róisín:	Tá an cailín béal dorais ag obair san ollscoil. Bhíos ag caint léi tráthnóna inné. Tá sí an-mhuinteartha.
Dónall:	Tá an cíos réasúnta go leor don pháirt seo den bhaile.
Róisín:	Is dóigh liom féin go bhfuil sé an-saor. Is breá le mo chroí áit chomh lárnach a bheith agam.

Eolas úsáideach / *Useful information*

- The noun **bomaite** (*a minute*) may be a new one to you: it's the word Ulster speakers use instead of **nóiméad**.

- Here are some sentences you might use if you were asking for or giving directions:
  Cá bhfuil tú i do chónaí? (*Where do you live?*)
  Téigh díreach ar aghaidh. (*Go straight ahead.*)
  Téigh síos an tsráid. (*Go down the street.*)
  Téigh suas an bóthar. (*Go up the road.*)
  Téigh trasna an droichid. (*Go across the bridge.*)
  Lean ort go bun na sráide. (*Continue to the bottom of the street.*)
  Siúil suas go barr na sráide. (*Walk up to the top of the street.*)
  ar an gcúinne / ar an gcoirnéal (*on the corner*)
  Cas ar chlé. (*Turn left.*)
  Cas ar dheis. (*Turn right.*)
  Tóg an chéad chasadh ar chlé. (*Take the first turn on the left.*)
  Tóg an dara casadh ar dheis. (*Take the second turn on the right.*)
  an casadh deireanach (*the last turn*)
  Tá an t-árasán ansin ar thaobh na láimhe clé. (*The apartment is there on the left-hand side.*)
  ar thaobh na láimhe deise (*on the right-hand side*)

> **Tá sé trasna ón ollmhargadh.** (*It's across from the supermarket.*)
> **Tá m'árasán díreach in aice leis an mbanc.** (*My apartment is right beside the bank.*)
> **Tá cónaí uirthi os comhair na páirce.** (*She lives opposite the park.*)
> **Is é mo theachsa an chéad cheann ar thaobh na láimhe clé.** (*My house is the first on the left.*)
> **an dara / an tríú / an ceathrú / an cúigiú / an séú ceann** (*the second / third / fourth / fifth / sixth one*)
>
> • Note that the consonants **b**, **c**, **f**, **g**, **m** and **p** are lenited when they follow the ordinal number **céad** (*first*), but the other consonants remained unchanged:
> **an chéad chasadh** (*the first turn*)
> **an chéad bhóthar** (*the first road*)
> but
> **an chéad teach** (*the first house*)
>
> • Words beginning with a consonant don't change after the ordinal numbers from **dara** (*second*) to **deichiú** (*tenth*):
> **an cúigiú casadh** (*the fifth turn*)

Gníomhaíocht 12.4

Líon na bearnaí sna habairtí seo, agus ansin éist leis an dlúthdhiosca chun do chuid freagraí a dhearbhú (*Fill in the blanks in these sentences, then listen to the CD to verify your answers*):

(a) Lean ort _____ an tsráid, agus ansin tóg an _____ ar dheis. (*Continue on up the street, and then take the third turn on the right.*)

(b) Téigh _____ go _____ an bhóthair, cas ar chlé, agus téigh _____ ar aghaidh. (*Go down to the bottom of the road, turn left, and go straight on.*)

(c) Cas ar _____, siúil trasna an droichid, agus tóg an _____ ar chlé. (*Turn right, walk across the bridge, and take the second turn on the left.*)

(d) Siúil suas go _____ na sráide agus tóg an casadh _____ ar dheis. (*Walk up to the top of the street and take the last turn on the right.*)

(e) Is é mo theachsa an dara _____ ar thaobh na láimhe _____. (*My house is the second one on the right-hand side.*)

(f) Tá m'árasán _____ in _____ leis an ollmhargadh. (*My apartment is right beside the supermarket.*)

(g) Téigh trasna an droichid agus _____ _____ ar aghaidh. (*Go across the bridge and walk straight ahead.*)

(*h*) Téigh _____ an dara _____ ar dheis. (*Go down the second road on the right.*)

Gníomhaíocht 12.5

Foghlaim an stór focal a bhaineann leis an teach atá le fáil sa rannóg 'Frásaí agus focail' ar leathanaigh 171–4 thíos, agus ansin déan iarracht gach focal i gcolún A a mheaitseáil lena leagan Béarla i gcolún B. Tá an chéad cheann déanta le cabhrú leat. (*Learn the vocabulary relating to the house in the section 'Frásaí agus focail' on pages 171–4, and then try to match each word in column A with its English equivalent in column B. The first one has been done to help you.*)

Colún A		Colún B	
(*a*)	leithreas	(i)	mantelpiece
(*b*)	fál	(ii)	mirror
(*c*)	sconsa	(iii)	waste bin
(*d*)	niteoir soithí	(iv)	fireplace
(*e*)	doirteal	(v)	video recorder
(*f*)	lasc	(vi)	dishwasher
(*g*)	murlán	(vii)	dressing-table
(*h*)	fístaifeadán	(viii)	sink
(*i*)	cithfholcadán	(ix)	toilet
(*j*)	tocht	(x)	bookcase
(*k*)	téamh lárnach	(xi)	fridge
(*l*)	clár maisiúcháin	(xii)	handle
(*m*)	scáthán	(xiii)	hedge
(*n*)	leabhragán	(xiv)	mattress
(*o*)	tolg	(xv)	central heating
(*p*)	teallach	(xvi)	switch
(*q*)	cócaireán	(xvii)	sofa
(*r*)	cuisneoir	(xviii)	cooker
(*s*)	bosca bruscair	(xix)	shower
(*t*)	matal	(xx)	fence

a	b	c	d	e	f	g	h	i	j	k	l	m	n	o
ix	—	—	—	—	—	—	—	—	—	—	—	—	—	—

p	q	r	s	t
—	—	—	—	—

Gníomhaíocht 12.6

Seo sliocht as alt faoi na deacrachtaí a bhíonn ag mic léinn lóistín a fháil ag tús na bliana acadúla. Tá gluais le fáil thíos, ach déan iarracht brí na bhfocal agus na bhfrásaí deacra a thomhas ón gcomhthéacs ar dtús, gan féachaint ar an ngluais.

(This is an excerpt from an article about the difficulties experienced by students when they are seeking accommodation at the beginning of the academic year. There is a glossary below, but try guessing the meaning of the difficult words and phrases from the context first, without looking at the glossary.)

Beidh géarchéim tithíochta ag mic léinn mura ndéanfar rud éigin faoi chúrsaí lóistín láithreach, a dúirt uachtarán Aontas na Mac Léinn in Ollscoil Chathair Bhaile Átha Cliath, Dáibhí Ó Donnabháin, an tseachtain seo.

'Tá fadhb mhór tithíochta i mBaile Átha Cliath ó tháinig méadú ar phraghas na dtithe,' a dúirt an Donnabhánach. 'Níl múinteoirí agus gardaí in ann tithe a cheannach níos mó, agus tá siad siúd ag fáil tithe ar cíos, tithe a bhíodh ar fáil do mhic léinn.'

Thóg Aontas na Mac Léinn in Éirinn tigín taobh amuigh den Roinn Comhshaoil an tseachtain seo mar agóid le haird a tharraingt ar na fadhbanna tithíochta a bhíonn ag mic léinn, go háirithe ag an am seo den bhliain. I measc na bhfadhbanna sin tá a laghad lóistín atá á chur ar fáil sna coláistí, an caighdeán íseal tithíochta, agus easpa cearta tionónta ag na mic léinn a bhíonn ag fanacht i lóistín sna coláistí éagsúla.

Creidtear go mbeidh fadhbanna móra ag mic léinn i mbliana agus iad ar thóir lóistín, go háirithe i mBaile Átha Cliath. 'Ní féidir le mic léinn teacht aníos go Baile Átha Cliath agus a bheith ag súil go mbeidh lóistín acu tar éis cúpla lá,' a dúirt Ó Donnabháin. 'A luaithe a fhaigheann siad amach cén coláiste a mbeidh siad ag freastal air, ba chóir dóibh dul i dteagmháil le hAontas na Mac Léinn, nó le hOifig Lóistín an choláiste sin, chun liosta tithe agus árasán a fháil. Ba chóir do mhic léinn atá ag teacht aníos go Baile Átha Cliath den chéad uair brú óige a chur in áirithe don chéad seachtain nó coicís, mar go dtógann sé an-fhada lóistín a fháil.'

Dúirt Julian de Spáinn, comhordaitheoir feachtas Aontas na Mac Léinn in Éirinn, gur chothaigh an easpa lóistín go leor fadhbanna do mhic léinn, go háirithe dóibh siúd a bhí ag dul chun an choláiste den chéad uair. 'An fhadhb is mó ná gur féidir le mic léinn a bheith ag cuardach lóistín ar feadh míosa,' a dúirt sé. 'Caithfidh siad leabhair a cheannach agus cúrsaí a roghnú ag an am céanna. Bíonn rudaí níos tábhachtaí le déanamh acu mar sin ná bheith ag lorg lóistín.'

Mar chomhairle ar mhic léinn a bheidh ag cuardach tí nó árasáin i nGaillimh nó i mBaile Átha Cliath, dúirt de Spáinn gur cheart dóibh tús a chur leis an gcuardach chomh luath is a thagann na torthaí amach. Dúirt sé gur chóir dóibh cabhair a fháil óna dtuismitheoirí agus lóistín á lorg acu, agus airgead éarlaise a bheith leo.

As alt a bhí i gcló in Foinse.

Gluais

géarchéim tithíochta:	*housing crisis*
mura ndéanfar rud éigin:	*if something isn't done*
uachtarán Aontas na Mac Léinn:	*president of the Students' Union*
méadú:	*increase*
ag fáil tithe ar cíos:	*renting houses*
ar fáil do mhic léinn:	*available to students*
tigín:	*a small house*
an Roinn Comhshaoil:	*the Department of the Environment*
agóid:	*protest*
le haird a tharraingt:	*to draw attention*
fadhbanna:	*problems*
caighdeán íseal:	*low standard*
easpa cearta tionónta:	*lack of tenant rights*
ar thóir:	*searching for*
a luaithe:	*as soon as*
brú óige a chur in áirithe:	*book a youth hostel*
comhordaitheoir feachtas:	*campaigns co-ordinator*
ag cuardach:	*searching for*
comhairle:	*advice*
torthaí:	*results*
airgead éarlaise:	*deposit money*

Frásaí agus focail

teach scoite / an teach scoite
(a) detached house / the detached house
teach leathscoite / an teach leathscoite
(a) semi-detached house / the semi-detached house
árasán / an t-árasán
(a) flat / the flat
ceap árasán / an ceap árasán
(an) apartment block / the apartment block
teach sraithe / an teach sraithe
(a) terrace house / the terrace house
morgáiste / an morgáiste
(a) mortgage / the mortgage

comharsa / an chomharsa / na comharsana
neighbour / the neighbour / the neighbours
doras tosaigh / an doras tosaigh
(a) front door / the front door
doras cúil / an doras cúil
(a) back door / the back door
fuinneog / an fhuinneog / na fuinneoga
(a) window / the window/ the windows
**seomra suí / parlús / an seomra suí /
an parlús**
(a) sitting-room / the sitting-room
seomra bia / an seomra bia
(a) dining-room / the dining-room
cistin / an chistin
(a) kitchen / the kitchen
seomra codlata / an seomra codlata
(a) bedroom / the bedroom
seomra staidéir / an seomra staidéir
(a) study / the study
seomra folctha / an seomra folctha
(a) bathroom / the bathroom
leithreas / an leithreas
(a) toilet / the toilet
seomra breise / an seomra breise
(a) spare room / the spare room
staighre / an staighre
(a) stairs / the stairs
halla / an halla
(a) hall / the hall
léibheann / an léibheann
(a) landing / the landing
díon / an díon
(a) roof / the roof
síleáil / an tsíleáil
(a) ceiling / the ceiling
gairdín tosaigh / an gairdín tosaigh
(a) front garden / the front garden
gairdín cúil / an gairdín cúil
(a) back garden / the back garden
geata / an geata
(a) gate / the gate

garáiste / an garáiste	*(a) garage / the garage*
fál / an fál	*(a) hedge / the hedge*
faiche / an fhaiche	*(a) lawn / the lawn*
pábháil / an phábháil	*(a) patio / the patio*
bothán / an bothán	*(a) shed / the shed*
sconsa / an sconsa	*(a) fence / the fence*
cabhsa / an cabhsa	*(a) driveway / the driveway*
cócaireán / an cócaireán	*(a) cooker / the cooker*
meaisín níocháin / an meaisín níocháin	*(a) washing machine / the washing machine*
triomadóir / an triomadóir	*(a) dryer / the dryer*
niteoir soithí / an niteoir soithí	*(a) dishwasher / the dishwasher*
cuisneoir / an cuisneoir	*(a) fridge / the fridge*
reoiteoir / an reoiteoir	*(a) freezer / the freezer*
doirteal / an doirteal	*(a) sink / the sink*
bosca bruscair / an bosca bruscair	*(a) waste bin / the waste bin*
urlár / an t-urlár	*(a) floor / the floor*
urlár adhmaid / an t-urlár adhmaid	*(a) wooden floor / the wooden floor*
lasc / an lasc	*(a) switch / the switch*
plocóid / an phlocóid	*(a) plug / the plug*
soicéad / an soicéad	*(a) socket / the socket*
murlán / an murlán	*(a) handle / the handle (of door)*
teilifíseán / an teilifíseán	*(a) television / the television*
fístaifeadán / an fístaifeadán	*(a) video recorder / the video recorder*
cófra / an cófra	*(a) cupboard / the cupboard*
cathaoir uilleach / an chathaoir uilleach	*(an) armchair / the armchair*
tolg / an tolg	*(a) sofa / the sofa*
cuirtín / an cuirtín / na cuirtíní	*(a) curtain / the curtain / the curtains*
leabhragán / an leabhragán	*(a) bookcase / the bookcase*
matal / an matal	*(a) mantelpiece / the mantelpiece*
teallach / an teallach	*(a) fireplace / the fireplace*
folcadán / an folcadán	*(a) bath / the bath*
cithfholcadán / an cithfholcadán	*(a) shower / the shower*
leaba / an leaba	*(a) bed / the bed*
tocht / an tocht	*(a) mattress / the mattress*
tarraiceán / an tarraiceán	*(a) drawer / the drawer*
clár maisiúcháin / an clár maisiúcháin	*(a) dressing-table / the dressing-table*
vardrús / an vardrús	*(a) wardrobe / the wardrobe*
scáthán / an scáthán	*(a) mirror / the mirror*

ruga / an ruga	(a) rug / the rug
brat urláir / an brat urláir	(a) carpet / the carpet
radaitheoir / an radaitheoir	(a) radiator / the radiator
téamh lárnach / an téamh lárnach	central heating / the central heating

Tá mé ag roinnt tí le beirt eile.	I'm sharing a house with two others.
Tá árasán ar cíos agam.	I'm renting an apartment.
Tá an cíos an-saor / an-daor.	The rent is very cheap / very expensive.

An t-amhránaí sean-nóis agus múinteoir Mairéad Ní Fhlátharta as an Spidéal i gConamara, an t-aoi speisialta i gclár a dó dhéag den tsraith *Turas Teanga* ar an teilifís, le láithreoir an chláir, Sharon Ní Bheoláin. *(The sean-nós singer and teacher Mairéad Ní Fhlátharta from An Spidéal in Conamara, special guest in programme twelve of the* Turas Teanga *television series, with presenter Sharon Ní Bheoláin.)*

Súil siar ar an aonad

Bain triail as an ngníomhaíocht seo go bhfeice tú an bhfuil na príomhphointí a múineadh in Aonad 12 ar eolas agat. Éist leis an dlúthdhiosca nuair a bheidh tú críochnaithe chun do fhreagraí a dhearbhú. *(Try this activity now to see if you know the main points taught in Unit 12. Listen to the CD when you have finished in order to verify your answers.)*

Conas mar a déarfá na nithe seo a leanas? *(How would you say the following?)*:

(a) Where is your new apartment?
(b) It's right beside the river.
(c) There's enough space for one person, I'd say.
(d) Where do you live at the moment? (addressing more than one person)
(e) We have a semi-detached house on the edge of the city.
(f) You have no rent to pay.
(g) How many bedrooms are there in the house? Four.
(h) It has a big kitchen.

(i)   It has a separate dining-room.
(j)   The apartment is in the second building on the left.
(k)   Do you know the neighbours?
(l)   I think it's very cheap myself.

Freagraí na ngníomhaíochtaí

Gníomhaíocht 12.2

A

(a)   Tá fuinneog mhór ar an gcistin.
(b)   Tá árasán deas ag Michelle i lár na cathrach.
(c)   Bhí tine bhreá lasta ag Peadar nuair a bhain sí an baile amach.
(d)   Tá mé i mo chónaí in aice le baile fíorálainn.
(e)   Ní maith liom an tsíleáil ghlas sin.
(f)   Tá garáiste mór ar chúl an tí.
(g)   Is fuath liom a bheith ag obair i gcistin shalach.
(h)   Tá leaba chompordach agam.

B

(a)   Níl ach seacht seomra san óstán nua sin.
(b)   Tá dhá sheomra codlata in árasán nua Shíle.
(c)   Tá trí óstán sa cheantar anois.
(d)   Beidh cúig chathaoir déag ag teastáil ar fad.
(e)   Tá trí bhosca dhéag agam duit.
(f)   Tá an dráma sin ar siúl anois le dhá oíche dhéag.
(g)   Cé mhéad seomra atá san óstán sin? Ocht gcinn.
(h)   Briseadh naoi bhfuinneog sa scoil.

Gníomhaíocht 12.3

(a)   ar díol
(b)   seomra bia ar leith
(c)   cúig bhomaite siúil ón trá
(d)   cas ar dheis
(e)   téigh trasna an droichid
(f)   an t-árasán
(g)   An bhfuil aithne agat ar na comharsana?
(h)   an cailín béal dorais
(i)   tá sí an-mhuinteartha
(j)   tá an cíos réasúnta

Gníomhaíocht 12.4

(a) Lean ort suas an tsráid, agus ansin tóg an tríú casadh ar dheis.
(b) Téigh síos go bun an bhóthair, cas ar chlé, agus téigh díreach ar aghaidh.
(c) Cas ar dheis, siúil trasna an droichid, agus tóg an dara casadh ar chlé.
(d) Siúil suas go barr na sráide agus tóg an casadh deireanach ar dheis.
(e) Is é mo theachsa an dara ceann ar thaobh na láimhe deise.
(f) Tá m'árasán díreach in aice leis an ollmhargadh.
(g) Téigh trasna an droichid agus siúil díreach ar aghaidh.
(h) Téigh síos an dara bóthar ar dheis.

Gníomhaíocht 12.5

(a) leithreas agus (ix) toilet
(b) fál agus (xiii) hedge
(c) sconsa agus (xx) fence
(d) niteoir soithí agus (vi) dishwasher
(e) doirteal agus (viii) sink
(f) lasc agus (xvi) switch
(g) murlán agus (xii) handle
(h) fístaifeadán agus (v) video recorder
(i) cithfholcadán agus (xix) shower
(j) tocht agus (xiv) mattress
(k) téamh lárnach agus (xv) central heating
(l) clár maisiúcháin agus (vii) dressing-table
(m) scáthán agus (ii) mirror
(n) leabhragán agus (x) bookcase
(o) tolg agus (xvii) sofa
(p) teallach agus (iv) fireplace
(q) cócaireán agus (xviii) cooker
(r) cuisneoir agus (xi) fridge
(s) bosca bruscair agus (iii) waste bin
(t) matal agus (i) mantelpiece

Súil siar ar an aonad

(a) Cá bhfuil d'árasán nua?
(b) Tá sé díreach in aice na habhann.
(c) Tá neart spáis ann do dhuine amháin, déarfainn.
(d) Cá bhfuil sibh i bhur gcónaí faoi láthair?
(e) Tá teach leathscoite againn ar imeall na cathrach.
(f) Níl aon chíos le híoc agat.

(*g*) Cé mhéad seomra codlata atá sa teach? Ceithre cinn.
(*h*) Tá cistin mhór ann.
(*i*) Tá seomra bia ar leith ann.
(*j*) Tá an t-árasán sa dara foirgneamh ar thaobh na láimhe clé.
(*k*) An bhfuil aithne agat ar na comharsana?
(*l*) Is dóigh liom féin go bhfuil sé an-saor.

Aistriúchán ar na comhráite

Róisín is excited about her new apartment. She explains to her friend Siobhán where it is and how big it is.

Siobhán: Where's your new apartment located?
Róisín: It's only two minutes' walk from the centre of town. It's right beside the river. There's a beautiful public park just across the road from it.
Siobhán: And how big is it?
Róisín: There's one bedroom, a sitting-room and kitchen, and a bathroom. It's quite small.
Siobhán: But there's enough space for one person, I'd say.
Róisín: Oh, there is. I love having such a central place.
Siobhán: I'd love to have my own place. I'm sick and tired of living at home.

Sinéad is looking for a new house, so she talks to a local auctioneer, Cathal.

Cathal: Tell me, what sort of house do you want?
Sinéad: We want a four-bedroom house. We'd like a big kitchen, a large sitting-room, and a playroom for the children.
Cathal: How many children have you?
Sinéad: We have three. We'd like a fine, good-sized garden as well.
Cathal: And you want to be beside the sea.
Sinéad: Yes, if possible.
Cathal: Where do you live at the moment?
Sinéad: We have a semi-detached house on the edge of the city. It's a very big estate. There are no facilities there for the children.

Siobhán explains why she's sick of living at home.

Róisín: Why are you tired of living at home?
Siobhán: Aoife annoys me. She's very cranky sometimes.
Róisín: All the same, you've no rent to pay. And your dinner is made for you every day.

In the auctioneer's office we visited in an earlier scene, Sinéad is being told about a house she could possibly buy.

Cathal: We have a five-bedroom house for sale in the Cois Fharraige area. It has a big kitchen. Now, there's no playroom, but there's a separate dining-room. Perhaps you could turn it into a playroom.

Sinéad: Perhaps. Is there a garden?

Cathal: There's half an acre of garden.

Sinéad: That would certainly be big enough.

Cathal: It's only five minutes' walk from the beach.

Róisín explains to Dónall where her new apartment is.

Róisín: It's not far from here at all. Look: go out the door and turn right.

Dónall: Back up Shop Street, is it?

Róisín: Yes, that's it. Continue back there. Go across the bridge. Cross the road then, and down you go to the right by the river. The apartment is in the second building on the left-hand side.

Dónall: The new white one with the big windows, is it?

Róisín: Yes, that's it. I'm in number 25, on the third floor.

Dónall: I'll call in there in the evening after work.

Róisín: Great. I'll see you then.

Dónall calls around, and he and Róisín discuss the neighbours and the rent.

Dónall: It's lovely, Róisín.

Róisín: It is, isn't it? I'm very pleased with it.

Dónall: Do you know the neighbours?

Róisín: The girl next door works in the university. I was talking to her yesterday evening. She's very friendly.

Dónall: The rent is quite reasonable for this part of town.

Róisín: I think it's very cheap myself. I'm really happy to have such a central place.

Aonad 13

CÚRSAÍ SIOPADÓIREACHTA

SHOPPING

San aonad seo, déanfaidh tú na rudaí seo a leanas a chleachtadh (*In this unit, you will practise the following*):

- ag plé céard le ceannach (*discussing what to buy*)
- ag pleanáil turas siopadóireachta (*planning a shopping expedition*)
- ag plé oiriúnacht bronntanais (*discussing the suitability of a present*)
- ag plé costas earraí (*discussing the price of goods*)
- ag cur earraí i gcomparáid lena chéile (*comparing goods*)
- ag ainmniú ball éadaigh (*naming items of clothing*).

Foghlaim na Gaeilge 13

Déan iarracht bheith ag smaoineamh i nGaeilge, seachas bheith i gcónaí ag aistriú ó do mháthairtheanga. Chun gur féidir leat tosú ag smaoineamh i nGaeilge tá sé riachtanach go mbeadh teagmháil rialta agat leis an teanga agus go ndéanfá tú féin a bhá inti (trí chúrsa teanga a dhéanamh, mar shampla). Lena chois sin, ná déan dearmad go bhfuil difear réasúnta mór idir gramadach na Gaeilge agus gramadach an Bhéarla, agus gur minic nach féidir aistriú díreach ó theanga amháin go dtí an ceann eile! Smaoinigh, mar shampla, nach n-úsáideann cainteoirí Gaeilge forainm (**mé**, **tú**, etc.) de ghnáth nuair a bhíonn *yes* nó *no* an Bhéarla mar fhreagra ar cheist, nó—mar a chonaic tú in aonad eile—go mbíonn tinneas 'ort' i nGaeilge seachas 'agat' ('Tá tinneas cinn orm,' mar shampla).

Try thinking in Irish, instead of always translating from your mother tongue. To start thinking through Irish, it will be necessary for you to have regular contact with the language and to immerse yourself in it as much as possible (by taking a language course, for example). Also, be conscious of the fact that the grammar of Irish and the grammar of English differ significantly, and that direct translation doesn't always work! Bear in mind, for example, that Irish-speakers usually avoid using a pronoun (mé, tú, etc.) when answering yes or no to a question, or—as you saw in an earlier unit—that an illness is 'on' you (for example, 'Tá tinneas cinn orm').

Gníomhaíocht 13.1

Cloisfidh tú daoine ag caint faoi shiopadóireacht agus cheannach earraí. Éist leo ar dtús gan féachaint ar an script ag deireadh an aonaid go bhfeice tú an dtuigfidh tú mórán dá gcuid cainte. *(You'll hear people talking about shopping and buying items. Listen to them first without looking at the script at the end of the unit and see how much you understand.)*

Comhráite

Róisín enlists the help of Dónall to go shopping.

Dónall:	Róisín! Conas tá agat?
Róisín:	Go breá. Cogar, an bhféadfainn gar a iarraidh ort?
Dónall:	Abair leat.
Róisín:	An dtiocfaidh tú ag siopadóireacht liom tráthnóna? Beidh mé ag cócaireacht le haghaidh chóisir Bhrídín san oíche amárach.
Dónall:	Cad ba mhaith leat a réiteach?
Róisín:	Níl a fhios agam. Iasc, b'fhéidir?
Dónall:	An maith le Brídín iasc?
Róisín:	Is breá léi iasc.
Dónall:	Bheadh bradán go deas.
Róisín:	An mbeadh sé sin an-daor?
Dónall:	Bheadh sé daor go leor.
Róisín:	Ach bheadh sé go deas, nach mbeadh? Gheobhaidh muid bradán, mar sin.

Cathal and Anna receive an invitation to a wedding. He thinks his old suit will do fine, but she disagrees.

Cathal:	Tá iníon Charlie agus Mhaighréad ag pósadh. Tá cuireadh faighte chuig an bhainis againn.
Anna:	Beidh orainn a dhul ag siopadóireacht, mar sin. Níl rud ar bith agatsa le caitheamh.
Cathal:	Tá culaith ghorm agam thuas staighre. Beidh sí sin go breá.
Anna:	Ní bheidh sí. Tá culaith úr de dhíth ort.

Cathal:	Buailfidh mé isteach chuig an bhaile mhór ag an deireadh seachtaine.
Anna:	Tiocfaidh mise leat. Tá siopa úr oscailte san ionad siopadóireachta.
Cathal:	Tá an áit sin an-daor.
Anna:	Níl sé chomh daor sin. Gheobhaidh tú culaith álainn ann.

Siobhán and Aoife are shopping for their father's birthday. If only they could decide what he would like . . .

Siobhán:	Meas tú an dtaitneodh leabhar leis?
Aoife:	Leabhair faoin bpolaitíocht is mó a léann sé. Níl mórán spéise aige i scéalta ficsin.
Siobhán:	Céard faoi dhlúthdhiosca? Is breá leis ceol.
Aoife:	Ach ceol clasaiceach is mó a thaitníonn leis. Níl anseo ach ceol Gaelach.

Eolas úsáideach / *Useful information*

- Notice that in Irish, when you want to say *this evening* you just say **tráthnóna**, the word for *evening*:
  An dtiocfaidh tú ag siopadóireacht liom tráthnóna? (*Will you come shopping with me this evening?*)

- One of the dialogues above contains a few examples of the *conditional mood*:
  Bheadh bradán go deas. (*Salmon would be nice.*)
  An mbeadh sé sin an-daor? (*Would that be very dear?*)
  Bheadh sé daor go leor. (*It would be dear enough / quite dear.*)
  Ach bheadh sé go deas, nach mbeadh? (*But it would be nice, wouldn't it?*)

- Don't forget that the consonants **b**, **c**, **f**, **g**, **m** and **p** are lenited when they follow **an-** (*very*), and that the same consonants, as well as **d**, **s**, and **t**, are also lenited after **ró-** (*too*):

beag (*small*)	**an-bheag** (*very small*)	**róbheag** (*too small*)
mór (*big*)	**an-mhór** (*very big*)	**rómhór** (*too big*)
maith (*good*)	**an-mhaith** (*very good*)	**rómhaith** (*too good*)
saor (*cheap*)	**an-saor** (*very cheap*)	**róshaor** (*too cheap*)
daor (*dear*)	**an-daor** (*very dear*)	**ródhaor** (*too dear*)

- These are some sentences you might use or hear when shopping:
  Cé mhéad sin? (*How much is that?*)
  Sin ocht euro is fiche ar fad. (*That's twenty-eight euro altogether.*)

Cé mhéad atá air seo? (*How much is this?*)

Cé mhéad atá orthu seo? (*How much are these?*)

Cé mhéad atá air sin? (*How much is that?*)

Cé mhéad atá orthu sin? (*How much are those?*)

Sin sladchonradh / margadh maith. (*That's a bargain.*)

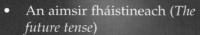

- **An aimsir fháistineach** (*The future tense*)

  The future tense of a verb expresses a future act or event.

  Beidh mé sa bhaile ag an deireadh seachtaine. (*I'll be at home at the weekend.*)

  An mbeidh tú ansin anocht?—Beidh. (*Will you be there tonight?—Yes.*)

- The list below contains commonly used verbs. Try learning the various forms.

Statement	Question	Yes. / No.
Ceannóidh mé . . . (*I'll buy . . .*)	**An gceannóidh mé . . . ?** (*Will I buy . . . ?*)	**Ceannóidh. / Ní cheannóidh.**
Tiocfaidh sí . . . (*She'll come . . .*)	**An dtiocfaidh sí . . . ?** (*Will she come . . . ?*)	**Tiocfaidh. / Ní thiocfaidh.**
Rachaimid . . . (*We'll go . . .*)	**An rachaimid . . . ?** (*Will we go . . . ?*)	**Rachaidh. / Ní rachaidh.**
Feicfidh siad . . . (*They'll see . . .*)	**An bhfeicfidh siad . . . ?** (*Will they see . . . ?*)	**Feicfidh. / Ní fheicfidh.**
Cloisfidh sé . . . (*He'll hear . . .*)	**An gcloisfidh sé . . . ?** (*Will he hear . . . ?*)	**Cloisfidh. / Ní chloisfidh.**
Déanfaidh sí . . . (*She'll do/make . . .*)	**An ndéanfaidh sí . . . ?** (*Will she do/make . . . ?*)	**Déanfaidh. / Ní dhéanfaidh.**

Déarfaidh sibh . . .	**An ndéarfaidh sibh . . . ?**	Déarfaidh. /
(*You'll say . . .*)	(*Will you say . . . ?*)	Ní déarfaidh.
Gheobhaidh tú . . .	**An bhfaighidh tú . . . ?**	Gheobhaidh. /
(*You'll get . . .*)	(*Will you get . . . ?*)	Ní bhfaighidh.
Íosfaidh sibh . . .	**An íosfaidh sibh . . . ?**	Íosfaidh. / Ní íosfaidh.
(*You'll eat . . .*)	(*Will you eat . . . ?*)	
Tabharfaimid . . .	**An dtabharfaimid . . . ?**	Tabharfaidh. /
(*We'll give . . .*)	(*Will we give . . . ?*)	Ní thabharfaidh.
Imreoidh siad . . .	**An imreoidh siad . . . ?**	Imreoidh. / Ní imreoidh.
(*They'll play . . .*)	(*Will they play . . . ?*)	
Cuirfidh mé . . .	**An gcuirfidh mé . . . ?**	Cuirfidh. / Ní chuirfidh.
(*I'll put . . .*)	(*Will I put . . . ?*)	

- Here are a few points to remember:
  It's not necessary to use a pronoun (**mé**, **tú**, etc.) when your answer to the questions above is *Yes* or *No*.
  The answer is the same in each person:
  An gcuirfidh sí an t-airgead chugat? (*Will she send you the money?*)—
  Cuirfidh. / Ní chuirfidh. (*Yes. / No.*)
  An gcuirfidh siad an t-airgead chugat? (*Will they send you the money?*)—
  Cuirfidh. / Ní chuirfidh. (*Yes. / No.*)

- Note that the **n** in **An** is not pronounced when it precedes a consonant.

Gníomhaíocht 13.2

A

Tabhair freagra dearfach agus freagra diúltach ar gach ceist díobh seo (*Give an affirmative answer (Yes) and a negative answer (No) to each of these questions*):

(*a*) An bhfeicfidh tú Mark ag an deireadh seachtaine?

(*b*) An rachaidh tú liom go Gaillimh amárach?

(*c*) An gceannóidh tú nuachtán domsa chomh maith?

(*d*) An mbeidh sibh anseo ag an Nollaig?

(*e*) An dtiocfaidh sí leat?

(*f*) An mbeimid ann níos mó ná seachtain?

(g) An bhfaighidh tú seoladh agus uimhir theileafóin Dhónaill dom?

(h) An imreoidh tú cluiche leadóige liom?

B

Líon na bearnaí sna habairtí seo (*Fill in the gaps in these sentences*):

(a) An _____ sí cúpla lá saor ag an Nollaig?—Gheobhaidh.

(b) An _____ tú gar dom?—Déanfaidh, cinnte.

(c) An _____ sibh le Bríd teacht isteach anseo?—Déarfaidh.

(d) An _____ tú dinnéar liom Dé Sathairn?—Íosfaidh, cinnte.

(e) An _____ siad an t-airgead duit?—Tabharfaidh.

(f) An _____ sé chuig do chóisir?—Tiocfaidh, tá súil agam.

(g) An _____ sibh ansin le chéile?—Rachaidh.

(h) An _____ tú glao orm?—Cuirfidh, ag an deireadh seachtaine.

Gníomhaíocht 13.3

Déan iarracht leagan Gaeilge na bhfocal agus na bhfrásaí seo a leanas a aimsiú agus tú ag éisteacht leis na comhráite.

(*Try to find the Irish equivalent of the following words and phrases as you listen to the dialogues.*)

(a) vegetables

(b) new potatoes

(c) fresh

(d) Would you like to prepare this dinner?

(e) more expensive

(f) the suit

(g) You're worse than any woman!

(h) He never wears a hat.

(i) a present

(j) I'm easily pleased.

Comhráite

Róisín and Dónall are shopping now for Brídín's party.

Róisín: Ceart go leor, tá an bradán againn. Anois, na glasraí.
Dónall: Bheadh prátaí nua go deas le bradán.
Róisín: Tá cuma dheas ar na prátaí sin. Cé mhéad a theastódh uainn?

Dónall:	Theastódh ar a laghad dhá phunt uainn.
Róisín:	Agus leitís, le haghaidh sailéid. An bhfuil an leitís seo úr go leor?
Dónall:	Tá. Tá sí go breá.
Róisín:	A Dhónaill . . .
Dónall:	Sea?
Róisín:	Tá tú an-mhaith ag siopadóireacht.
Dónall [*jokingly*]:	Meas tú?
Róisín:	Measaim é. Cogar, ar mhaith leat an dinnéar seo a réiteach?

Anna gives Cathal a hand as he shops for new clothes to wear to the wedding.

Anna:	Tá an léine sin níos deise ná an ceann seo.
Cathal:	Tá sí níos daoire chomh maith.
Anna:	Agus oireann an chulaith sin duit. Tá an dath sin go hálainn ort.
Cathal:	Do bharúil?
Anna:	Tá sí fíordheas. Ba cheart duit í a cheannach.
Cathal:	Níl mé féin chomh cinnte sin. Triailfidh mé an ceann eile arís.
Anna:	Dia ár sábháil! Tá tú níos measa ná bean ar bith!

Siobhán and Aoife are still trying to find that elusive present for their father.

Siobhán:	B'fhéidir gur mhaith leis hata.
Aoife:	Ach ní chaitheann sé riamh hata!
Siobhán:	B'fhéidir go bhfuil sé in am aige tosú. Tá sé ag éirí sách maol.
Aoife:	Meas tú an mbainfeadh sé úsáid as scaif?
Siobhán:	Níl a fhios agam. B'fhearr dúinn glaoch air, sílim.

Siobhán phones him. Aoife continues to look at the hats and scarves.

Siobhán:	Haileo—a Dheaide? Tá muid ag iarraidh féirín a fháil do do bhreithlá. Céard ba mhaith leat?

Siobhán smiles when she hears her father's answer.

Siobhán:	Maith go leor, mar sin. Slán leat.
Aoife:	Céard a dúirt sé?
Siobhán:	An rud céanna a deir sé i gcónaí: 'Ara, is cuma liom. Is furasta mise a shásamh.'

Eolas úsáideach / Useful information

- In Unit 2, we saw how to compare people's ages:
  sean (*old*)
  Tá Bríd níos sine ná Diarmaid. (*Bríd is older than Diarmaid.*)

- Here is a comparison contained in one of the dialogues above:
  deas (*nice*)
  Tá an léine sin níos deise ná an ceann eile. (*That shirt is nicer than the other one.*)

- It's worth learning these forms as well:

beag (*small*)	**níos lú** (*smaller*)
mór (*big*)	**níos mó** (*bigger*)
fada (*long*)	**níos faide** (*longer*)
álainn (*beautiful*)	**níos áille** (*more beautiful*)
breá (*fine*)	**níos breátha** (*finer*)
dian (*hard, strict*)	**níos déine** (*harder, stricter*)
furasta (*easy*)	**níos fusa** (*easier*)
fuar (*cold*)	**níos fuaire** (*colder*)
fliuch (*wet*)	**níos fliche** (*wetter*)
maith (*good*)	**níos fearr** (*better*)
gearr (*short*)	**níos giorra** (*shorter*)
leathan (*wide*)	**níos leithne** (*wider*)
olc (*bad*)	**níos measa** (*worse*)
ramhar (*fat*)	**níos raimhre** (*fatter*)
te (*hot*)	**níos teo** (*hotter*)
saibhir (*rich*)	**níos saibhre** (*richer*)

Tá an gúna seo níos deise, nach bhfuil?

Meas tú?

- Adjectives that end in a vowel (with the exception of **breá**, **fada**, and **te**) remain unchanged after **níos**:
  buí (*yellow*)   **níos buí** (*yellower*)

- Adjectives with the endings listed below, however, do undergo change after **níos**:
  -úil to **-úla**: **suimiúil** (*interesting*) **níos suimiúla** (*more interesting*)
  -each to **-í**: **aisteach** (*strange*) **níos aistí** (*stranger*)
  -ach to **-aí**: **tábhachtach** (*important*) **níos tábhachtaí** (*more important*)
  -air to **-ra**: **deacair** (*difficult*) **níos deacra** (*more difficult*)

Gníomhaíocht 13.4

Athraigh na haidiachtaí idir lúibíní, más gá; ansin éist leis an dlúthdhiosca chun do chuid freagraí a dhearbhú. (*Change the adjectives in parentheses, if necessary, then listen to the CD to verify your answers.*)

(*a*)   Tá an lá inniu níos (te) ná an lá inné.

(*b*)   Tá na laethanta ag éirí níos (fada).

(*c*)   Tá an léine seo níos (daor), ach tá sí i bhfad níos (deas).

(*d*)   Tá a cuid gruaige i bhfad níos (dorcha) anois ná mar a bhí sí.

(*e*)   Tá Peadar níos (sásta) sa phost seo ná mar a bhí sé sa cheann deireanach.

(*f*)   Is duine i bhfad níos (spéisiúil) í Bláthnaid ná Michelle.

(*g*)   Tá an tinneas cinn seo ag éirí níos (olc).

(*h*)   Tá do bhéilese níos (blasta) ná mo cheannsa.

(*i*)   Tá daoine níos (ramhar) anois ná mar a bhí riamh.

(*j*)   Tá sé i bhfad níos (fuar) anois ná mar a bhí sé an mhí seo caite.

Gníomhaíocht 13.5

Foghlaim an stór focal a bhaineann le héadaí atá le fáil sna rannóga 'Éadaí agus oiriúintí' agus 'Frásaí agus focail' ar leathanaigh 188–90 thíos, agus ansin déan iarracht gach focal i gcolún A a mheaitseáil lena leagan Gaeilge i gcolún B. Tá an chéad cheann déanta le cabhrú leat. (*Learn the vocabulary relating to clothes in the sections 'Éadaí agus oiriúintí' and 'Frásaí agus focail' on pages 188–90, and then try to match each word in column A with its Irish equivalent in column B. The first one has been done to help you.*)

Colún A		Colún B	
(*a*)	pyjamas	(i)	bándearg
(*b*)	underwear	(ii)	cadás
(*c*)	shirt	(iii)	cuaráin
(*d*)	bra	(iv)	cumhrán
(*e*)	silk	(v)	dúghorm
(*f*)	sandals	(vi)	léine
(*g*)	tights	(vii)	carbhat
(*h*)	perfume	(viii)	olann
(*i*)	leisure wear	(ix)	buataisí
(*j*)	belt	(x)	síoda

(k)	tie	(xi)	riteoga
(l)	navy blue	(xii)	crios
(m)	pink	(xiii)	pitseámaí
(n)	purple	(xiv)	geansaí
(o)	wool	(xv)	cíochbheart
(p)	cotton	(xvi)	fo-éadaí
(q)	boots	(xvii)	lámhainní
(r)	gloves	(xviii)	éadaí fóillíochta
(s)	jumper	(xix)	corcra

a	b	c	d	e	f	g	h	i	j	k	l	m	n	o
xiii	—	—	—	—	—	—	—	—	—	—	—	—	—	—

p	q	r	s
—	—	—	—

ABC Frásaí agus focail

bríste / an bríste	*trousers / the trousers*
crios / an crios	*(a) belt / the belt*
léine / an léine	*(a) shirt / the shirt*
blús / an blús	*(a) blouse / the blouse*
geansaí / an geansaí	*(a) jumper / the jumper*
cóta báistí / an cóta báistí	*(a) raincoat / the raincoat*
seaicéad fada / an seaicéad fada	*(a) long jacket / the long jacket*

culaith / an chulaith	(a) a suit or dress / the suit or dress
éadaí cnis / fo-éadaí	underwear
lámhainní/miotóga	gloves
éadaí samhraidh	summer clothes
éadaí geimhridh	winter clothes
T-léine / an T-léine	(a) T-shirt / the T-shirt
gúna / an gúna	(a) dress / the dress
sciorta / an sciorta	(a) skirt / the skirt
cíochbheart / an cíochbheart	(a) bra / the bra
hata / an hata	(a) hat / the hat
scaif / an scaif	(a) scarf / the scarf
carbhat / an carbhat	(a) tie / the tie
buataisí	boots
cuaráin	sandals
bróga spóirt	trainers
stocaí	socks
riteoga	tights
cumhrán / an cumhrán	perfume / the perfume
éadaí fóillíochta	leisure wear
culaith spóirt	tracksuit
pitseámaí	pyjamas
slipéir	slippers
scáth fearthainne / an scáth fearthainne	(an) umbrella / the umbrella

Éadaí agus oiriúintí	
olann	wool
ábhar sintéiseach	synthetic material
cadás	cotton
leathar	leather
svaeid	suede
síoda	silk

gorm	blue
dúghorm	navy blue
buí	yellow
donn	brown
glas / uaine	green
dearg	red
bándearg	pink
liath	grey

dubh	*black*
bán	*white*
corcra	*purple*
geal	*bright*
dorcha	*dark*

Tá an léine sin rótheann ort.	*That shirt is too tight on you.*
scaoilte / róscaoilte	*loose / too loose*
Tá sé go hálainn ort.	*It's lovely on you.*
gránna	*ugly*
Feileann / oireann sé duit.	*It suits you.*
Cén uimhir a chaitheann tú?	*What size do you take?*
Uimhir a deich.	*Size ten.*

Súil siar ar an aonad

Bain triail as an ngníomhaíocht seo go bhfeice tú an bhfuil na príomhphointí a múineadh in Aonad 13 ar eolas agat. Éist leis an dlúthdhiosca nuair a bheidh tú críochnaithe chun do fhreagraí a dhearbhú.
(*Try this activity now to see if you know the main points taught in Unit 13. Listen to the CD when you have finished in order to verify your answers.*)

Conas mar a déarfá na nithe seo a leanas? (*How would you say the following?*)

(*a*) Will you come shopping with me this evening?

(*b*) Would that be very expensive?

(*c*) I have a blue suit upstairs.

(*d*) Isn't that place very expensive?

(*e*) Do you think he'd like a book?

(*f*) New potatoes would be nice with salmon.

(*g*) We'd need at least two pounds.

(*h*) Is this lettuce fresh enough?

(*i*) That shirt is nicer than this one.

(*j*) I'll try the other one again.

(*k*) He never wears a hat.

(*l*) We're trying to get a present for your birthday.

An t-aisteoir Máire Éilís Ní Fhlátharta as an Spidéal i gConamara, an t-aoi speisialta i gclár a trí déag den tsraith *Turas Teanga* ar an teilifís.
(*The actress Máire Éilís Ní Fhlátharta from An Spidéal in Conamara, special guest in programme thirteen of the* Turas Teanga *television series.*)

Freagraí na ngníomhaíochtaí

Gníomhaíocht 13.2

A

(a) Feicfidh. / Ní fheicfidh.
(b) Rachaidh. / Ní rachaidh.
(c) Ceannóidh. / Ní cheannóidh.
(d) Beidh. / Ní bheidh.
(e) Tiocfaidh. / Ní thiocfaidh.
(f) Beidh. / Ní bheidh.
(g) Gheobhaidh. / Ní bhfaighidh.
(h) Imreoidh. / Ní imreoidh.

B

(a) An bhfaighidh sí cúpla lá saor ag an Nollaig?
(b) An ndéanfaidh tú gar dom?
(c) An ndéarfaidh sibh le Bríd teacht isteach anseo?
(d) An íosfaidh tú dinnéar liom Dé Sathairn?
(e) An dtabharfaidh siad an t-airgead duit?
(f) An dtiocfaidh sé chuig do chóisir?
(g) An rachaidh sibh ansin le chéile?
(h) An gcuirfidh tú glao orm?

Gníomhaíocht 13.3

(a) glasraí
(b) prátaí nua
(c) úr
(d) Ar mhaith leat an dinnéar seo a réiteach?
(e) níos daoire
(f) an chulaith
(g) Tá tú níos measa ná bean ar bith!
(h) Ní chaitheann sé riamh hata.
(i) féirín
(j) Is furasta mise a shásamh.

Gníomhaíocht 13.4

(a) Tá an lá inniu níos teo ná an lá inné.
(b) Tá na laethanta ag éirí níos faide.
(c) Tá an léine seo níos daoire, ach tá sí i bhfad níos deise.
(d) Tá a cuid gruaige i bhfad níos dorcha anois ná mar a bhí sí.

(e)   Tá Peadar níos sásta sa phost seo ná mar a bhí sé sa cheann deireanach.

(f)   Is duine i bhfad níos spéisiúla í Bláthnaid ná Michelle.

(g)   Tá an tinneas cinn seo ag éirí níos measa.

(h)   Tá do bhéilese níos blasta ná mo cheannsa.

(i)   Tá daoine níos raimhre anois ná mar a bhí riamh.

(j)   Tá sé i bhfad níos fuaire anois ná mar a bhí sé an mhí seo caite.

Gníomhaíocht 13.5

(a)   pyjamas agus (xiii) pitseámaí

(b)   underwear agus (xvi) fo-éadaí

(c)   shirt agus (vi) léine

(d)   bra agus (xv) cíochbheart

(e)   silk agus (x) síoda

(f)   sandals agus (iii) cuaráin

(g)   tights agus (xi) riteoga

(h)   perfume agus (iv) cumhrán

(i)   leisure wear agus (xviii) éadaí fóillíochta

(j)   belt agus (xii) crios

(k)   tie agus (vii) carbhat

(l)   navy blue agus (v) dúghorm

(m) pink agus (i) bándearg

(n)   purple agus (xix) corcra

(o)   wool agus (viii) olann

(p)   cotton agus (ii) cadás

(q)   boots agus (ix) buataisí

(r)   gloves agus (xvii) lámhainní

(s)   jumper agus (xiv) geansaí

Súil siar ar an aonad

(a)   An dtiocfaidh tú ag siopadóireacht liom tráthnóna?

(b)   An mbeadh sé sin an-daor?

(c)   Tá culaith ghorm agam thuas staighre.

(d)   Nach bhfuil an áit sin an-daor?

(e)   Meas tú an dtaitneodh leabhar leis?

(f)   Bheadh prátaí nua go deas le bradán.

(g)   Theastódh ar a laghad dhá phunt uainn.

(h)   An bhfuil an leitís seo úr go leor?

(i)   Tá an léine sin níos deise ná an ceann seo.

(j)   Triailfidh mé an ceann eile arís.

(k)   Ní chaitheann sé riamh hata.

(l)   Tá muid ag iarraidh féirín a fháil do do bhreithlá.

Aistriúchán ar na comhráite

Róisín enlists the help of Dónall to go shopping.

Dónall:	Róisín! How are you?
Róisín:	Fine. Listen, could I ask you for a favour?
Dónall:	Go ahead.
Róisín:	Will you come shopping with me this evening? I'll be cooking for Brídín's party tomorrow night.
Dónall:	What would you like to prepare?
Róisín:	I don't know. Fish, perhaps?
Dónall:	Does Brídín like fish?
Róisín:	She loves fish.
Dónall:	Salmon would be nice.
Róisín:	Would that be very expensive?
Dónall:	It would be quite dear.
Róisín:	But it would be lovely, wouldn't it? We'll get salmon, then.

Cathal and Anna receive an invitation to a wedding. He thinks his old suit will do fine, but she disagrees.

Cathal:	Charlie and Maighréad's daughter is getting married. We've been invited to the wedding.
Anna:	We'll have to go shopping, then. You've nothing to wear.
Cathal:	I've a blue suit upstairs. That'll be fine.
Anna:	It will not. You need a new suit.
Cathal:	I'll go into town at the weekend.
Anna:	I'll come with you. There's a new shop open in the shopping centre.
Cathal:	That place is very expensive.
Anna:	It's not that expensive. You'll get a lovely suit there.

Siobhán and Aoife are shopping for their father's birthday. If only they could decide what he would like . . .

Siobhán:	I wonder would he like a book?
Aoife:	He mostly reads books on politics. He's not very interested in fictional stories.
Siobhán:	A CD, perhaps? He loves music.
Aoife:	But classical music is what he likes most. All they have here is Irish music.

Róisín and Dónall are shopping now for Brídín's party.

Róisín:	Okay, we have the salmon. Now, the vegetables.
Dónall:	New potatoes would be nice with salmon.

Róisín:	Those potatoes look nice. How much would we need?
Dónall:	We'd need at least two pounds.
Róisín:	And lettuce, for a salad. Is this lettuce fresh enough?
Dónall:	Yes. It's fine.
Róisín:	Dónall . . .
Dónall:	Yes?
Róisín:	You're very good at shopping.
Dónall [*jokingly*]:	Do you think so?
Róisín:	I think so. Listen, would you like to prepare this dinner?

Anna gives Cathal a hand as he shops for new clothes to wear to the wedding.

Anna:	That shirt is nicer than this one.
Cathal:	It's dearer as well.
Anna:	And that suit suits you. That colour is lovely on you.
Cathal:	Do you think so?
Anna:	It's really nice. You should buy it.
Cathal:	I'm not so sure myself. I'll try the other one again.
Anna:	God save us! You're worse than any woman!

Siobhán and Aoife are still trying to find that elusive present for their father.

Siobhán:	Perhaps he'd like a hat.
Aoife:	But he never wears a hat!
Siobhán:	Perhaps it's time he started. He's getting quite bald.
Aoife:	I wonder would he use a scarf?
Siobhán:	I don't know. We'd better phone him, I think.

Siobhán phones him. Aoife continues to look at the hats and scarves.

Siobhán:	Hello—Dad? We're trying to get a present for your birthday. What would you like?

Siobhán smiles when she hears her father's answer.

Siobhán:	Okay, then. Bye.
Aoife:	What did he say?
Siobhán:	The same thing he always says: 'Oh, I don't mind. I'm easily pleased.'

Aonad 14

NA MEÁIN CHUMARSÁIDE

THE MEDIA

San aonad seo, déanfaidh tú na rudaí seo a leanas a chleachtadh (*In this unit, you will practise the following*):

- ag rá cad iad na nósanna féachana atá agat maidir leis an teilifís (*saying what your television viewing habits are*)
- ag rá cad iad na cineálacha cláracha a thaitníonn agus nach dtaitníonn leat (*saying what programmes you like and dislike*)
- ag rá cad iad na nósanna léitheoireachta atá agat (*saying what your reading habits are*)
- ag tuiscint scéalta nuachta agus réamhaisnéis na haimsire (*understanding news stories and the weather forecast*)
- ag rá cad iad na nósanna éisteachta atá agat maidir leis an raidió (*saying what your radio listening habits are*)
- ag ainmniú cineálacha cláracha teilifíse agus raidió (*naming types of television and radio programmes*).

Foghlaim na Gaeilge 14

Tá i bhfad níos mó meán Gaeilge ann anois ná mar a bhí deich mbliana ó shin, agus is fiú go mór iad a úsáid mar acmhainn. Léigh ailt i nGaeilge faoi ábhair a bhfuil suim agat féin iontu, éist le cláracha raidió fúthu, nó féach ar chláracha mar gheall orthu ar an teilifís. Beidh sé níos fusa alt nó clár a thuiscint ar ábhar a bhfuil cur amach an-mhaith agat air cheana féin, seachas bheith ag díriú ar ábhair nach bhfuil tú eolach orthu. Éist leis an nuacht i mBéarla ar an raidió nó ar an teilifís agus ansin éist leis na scéalta céanna ar nuacht na Gaeilge.

There are far more Irish language media in existence these days than ten years ago, and it's well worth using them as a resource. Read articles in Irish about subjects you're interested in, listen to radio programmes about them, or watch television programmes about them. It will be easier to understand an article or a programme on a topic you're already very familiar with, instead of concentrating on subjects you have little knowledge of. Listen to the news in English on radio or television and then listen to the same stories on the news in Irish.

Gníomhaíocht 14.1

Cloisfidh tú dhá chomhrá faoi na meáin chumarsáide, agus tuairisc nuachta freisin. Éist leo ar dtús gan féachaint ar an script ag deireadh an aonaid go bhfeice tú an dtuigfidh tú mórán den chaint. (*You'll hear two conversations about the media, and also a news report. Listen to them first without looking at the script at the end of the unit and see how much you understand.*)

Comhráite

Darach is conducting a marketing survey of what television channels people watch.

Darach:	Gabh mo leithscéal. Tá suirbhé á dhéanamh agam; an bhféadfainn cúpla ceist a chur ort?
Séamas:	D'fhéadfá, cinnte.
Darach:	An bhféachann tú ar an teilifís mórán?
Séamas:	Féachann—beagnach gach aon oíche.
Darach:	Céard iad na cláracha is mó a thaitníonn leat?
Séamas:	Is breá liom cláracha spóirt agus cláracha faoin nádúr.
Darach:	Céard iad na cláracha nach dtaitníonn leat?
Séamas:	Is fuath liom na sobail. Tá i bhfad an iomarca acu ar an teilifís.
Darach:	An maith leat cláracha nuachta?
Séamas:	Is maith. Tá an-mheas agam ar nuacht Channel 4.

This woman is a voracious reader of newspapers.

Darach:	Gabh mo leithscéal. An bhféadfainn cúpla ceist a chur ort?
Maighréad:	Abair leat.
Darach:	An léann tú mórán nuachtán?
Maighréad:	M'anam go léim, chuile lá beo.
Darach:	Céard iad na nuachtáin a léann tú?
Maighréad:	Bhuel, ceannaím an *Irish Times* chuile mhaidin. Agus faighim an *Guardian* cúpla lá sa tseachtain le cois.
Darach:	Cén fáth go dtaitníonn siad sin leat?

Ceannáras TG4, Baile na hAbhann, Conamara. *(TG4's headquarters, Baile na hAbhann, Conamara.)*

Maighréad:	Ní bhíonn aon tseafóid ag baint leo. Agus tá scríbhneoirí an-mhaith acu. Léim an páipéar Gaeilge *Lá* chomh maith anois is arís. Agus caithim súil ar an *Washington Post* ar an idirlíon.
Darach:	An léann tú páipéar Domhnaigh?
Maighréad:	Faighim *Foinse* ag an deireadh seachtaine i gcónaí.

Listen to this radio news report about a traffic accident and see if you can make out who was involved and where the accident happened.

Maraíodh fear sna fichidí i dtimpiste bóthair i gContae Chill Dara go luath ar maidin. Gortaíodh bean sna caogaidí san eachtra chéanna. Bhuail an dá charr in aghaidh a chéile díreach taobh amuigh de bhaile Chill Choca. Tugadh an bheirt go hOspidéal Nás na Rí, ach bhí an fear caillte faoin am a bhain sé an t-ospidéal amach. Tá cóir leighis á cur ar an bhean, ach deirtear nach bhfuil sí gortaithe go holc. Is é seo an cúigiú timpiste ar an phíosa chéanna bóthair le trí mhí anuas.

Eolas úsáideach / *Useful information*

- The pronoun you use to refer to a television programme, or to more than one programme, depends on the gender of the noun being referred to, and whether it's singular or plural:
  Masculine noun, singular: e.g. **nuachtán** (*newspaper*)
  An maith leat an nuachtán sin?—Is breá liom é.
  Feminine noun, singular: e.g. **iris** (*magazine*)
  An maith leat an iris sin?—Is fuath liom í.

Plural: e.g. **sraithscéalta** (*serials*)
An dtaitníonn na sraithscéalta leat?—Is breá liom iad.

- Here are the various forms of the prepositional pronoun **le**:

  Singular

  Is maith liom . . . (*I like . . .*)
  Is maith leat . . . (*You like . . .*)
  Is maith leis . . . (*He likes . . .*)
  Is maith léi . . . (*She likes . . .*)

  Plural

  Is maith linn . . . (*We like . . .*)
  Is maith libh . . . (*You like . . .*)
  Is maith leo . . . (*They like . . .*)

- There are several examples of the *autonomous form* of the verb in the news report above. The verbal action is expressed, but no mention is made of the agent, nor is there any indication of person or number. Here are some examples:

  maraíodh fear (*a man was killed*)
  gortaíodh bean (*a woman was injured*)
  tugadh an bheirt go hOspidéal Nás na Rí (*the two were taken to Naas Hospital*)
  deirtear (*it is said/reported*)

- These examples are also heard regularly in news reports:

  goideadh airgead (*money was stolen*)
  tuairiscíodh (*it was reported*)
  fuarthas corp (*a body was found*)

Gníomhaíocht 14.2

Líon na bearnaí sna habairtí seo (*Fill the blanks in these sentences*):

(*a*) An dtaitníonn cláracha spóirt le Deirdre?—Is breá léi _____.

(*b*) An maith libh an sraithscéal nua sin atá ar RTÉ 1?—Is breá _____ é.

(*c*) An bhféachann na páistí ar TG4?—_____, anois is arís.

(*d*) An maith le Sinéad a post nua?—Is maith _____ go mór é, cloisim.

(*e*) An léann siad aon nuachtán?—_____, ó am go chéile.

(*f*) An dtaitníonn an clár nua ceoil sin ar TG4 leat?—Ní _____.

(*g*) An gceannaíonn tú an iris sin gach mí?—Ní _____. Is fuath liom ___.

(*h*) An bhfaigheann tú an *Irish Times* gach lá? Ní _____, ach ar an Satharn amháin.

Gníomhaíocht 14.3

Sula n-éistfidh tú leis na comhráite agus leis an tuairisc aimsire seo thíos, déan iarracht na bearnaí iontu a líonadh, ag úsáid na bhfocal atá sa liosta. Éist leis na míreanna ansin chun do chuid freagraí a dhearbhú. Bí cúramach: tá focail bhreise sa liosta nach dtéann in aon bhearna!

(Before you listen to the dialogues and the weather report below, try to fill in the blanks, using the words in the list. Listen to the dialogues then to check whether or not you were right. Be careful: there are extra words in the list that don't fit into any blank!)

tíre	leat
iad	mbíonn
bhíonn	éisteacht
tráthnóna	bíonn
chaitheann	tú

Comhráite

This woman answers questions about how much television she lets her children watch.

Darach:	Cé mhéad ama a _____(1) do chuid páistí ag breathnú ar an teilifís?
Sinéad:	Ligim dóibh breathnú air ar feadh dhá uair an chloig gach _____(2), agus níos mó ag an deireadh seachtaine.
Darach:	An mbíonn cead acu breathnú ar maidin air?
Sinéad:	Ní _____(3) le linn am scoile.
Darach:	Céard iad na stáisiúin a thaitníonn le do chuid páistí?
Sinéad:	Ceann ar bith a bhfuil na *Simpsons* air, dáiríre.
Darach:	Is maith leo na *Simpsons*?
Sinéad:	Is breá leo _____(4). Breathnaíonn siad ar go leor stuif ar TG4 chomh maith. Bíonn an-chláracha do pháistí air.

Maighréad talks about the radio stations she likes best.

Maighréad:	Tá go leor daoine ag _____(5) le Raidió na Gaeltachta i Meiriceá anois.
Darach:	Bíonn siad ag éisteacht leis ar an idirlíon, is dóigh?
Maighréad:	Bíonn. Tá Raidió na Gaeltachta go hiontach.
Darach:	Céard iad na stáisiúin eile a _____(6) tú ag éisteacht leo?
Maighréad:	An bhfuil a fhios agat céard é féin, ach bainim an-gháire as Gerry Ryan ar maidin ar 2FM.

Darach: Cén fáth go dtaitníonn Gerry _____(7)?

Maighréad: Tá píosa spraoi ann.

Listen to this excerpt from a weather forecast and see if you can work out what type of weather lies in store.

Agus anois an aimsir. Beidh sé scamallach agus fliuch ar fud na _____(8) inniu. Leathfaidh aimsir níos cineálta isteach ón Aigéan Atlantach amárach.

An láithreoir spóirt Mícheál Ó Domhnaill as an Rinn i bPort Láirge, an t-aoi speisialta i gclár a ceathair déag den tsraith *Turas Teanga* ar an teilifís.
(The sports presenter Mícheál Ó Domhnaill from An Rinn in Waterford, special guest in programme fourteen of the Turas Teanga television series.)

Eolas úsáideach / *Useful information*

- Here are some useful questions for you to learn:
  Cén clár is fearr leat? (*What's your favourite programme?*)
  Céard iad na cláracha a thaitníonn leat? (*What programmes do you like?*)
  Cathain a bhreathnaíonn tú / a fhéachann tú ar an teilifís? (*When do you watch television?*)
  Cé chomh minic is a fheiceann tú an clár sin? (*How often do you see that programme?*)
  Cé mhéad ama a chaitheann tú ag breathnú ar an teilifís? (*How much time do you spend watching television?*)

- We came across some of the points of the compass in Unit 10; here now is a more detailed list:

  an tuaisceart (*the north*)   **sa tuaisceart** (*in the north*)
  an deisceart (*the south*)   **sa deisceart** (*in the south*)
  an t-iarthar (*the west*)   **san iarthar** (*in the west*)
  an t-oirthear (*the east*)   **san oirthear** (*in the east*)

  iarthuaisceart (*north-west*)   **san iarthuaisceart** (*in the north-west*)
  oirthuaisceart (*north-east*)   **san oirthuaisceart** (*in the north-east*)
  iardheisceart (*south-west*)   **san iardheisceart** (*in the south-west*)
  oirdheisceart (*south-east*)   **san oirdheisceart** (*in the south-east*)

- Here are some sentences you might come across in weather forecasts:

  Beidh an lá cineálta. (*It'll be a mild day.*)
  Beidh sé scamallach. (*It'll be cloudy.*)
  Beidh tréimhsí gréine ann. (*There'll be sunny periods.*)
  Beidh sé tirim agus grianmhar. (*It'll be dry and sunny.*)
  Beidh sneachta trom sa tuaisceart. (*There'll be heavy snow in the north.*)
  Beidh sé gaofar san oíche amárach. (*Tomorrow night will be windy.*)
  Séidfidh gaoth láidir ón iarthuaisceart. (*There'll be a strong northwesterly wind.*)
  Beidh ceathanna troma ann san iarnóin. (*There'll be heavy showers in the afternoon.*)
  Glanfaidh sé tráthnóna. (*It'll clear up in the evening.*)
  Beidh báisteach throm ann. (*There'll be heavy rain.*)
  Beidh sé smúitiúil. (*It'll be dull.*)
  Beidh an teocht idir deich gcéim agus cúig chéim déag Celsius. (*The temperature will be between ten and fifteen degrees Celsius.*)
  Beidh ceo sa deisceart. (*There'll be fog/mist in the south.*)
  Beidh sé ceomhar. (*It'll be foggy/misty.*)

Gníomhaíocht 14.4

Tabhair an freagra a thaispeántar ar na ceisteanna seo (*Answer these questions as shown*):

(*a*)   An bhféachann na páistí ar an teilifís go minic?
Tusa: *Yes, every night.*
(*b*)   Céard iad na cláracha is mó a thaitníonn leat?
Tusa: *I love the soaps.*
(*c*)   An léann tú mórán nuachtán?
Tusa: *Yes. I read a newspaper every day.*

(*d*)　　　An maith leat cláracha spóirt?

Tusa:　　*No. I hate them.*

(*e*)　　　An bhfaigheann tú nuachtán ar an Domhnach?

Tusa:　　*Yes. I always buy* Foinse *on Sunday.*

(*f*)　　　An dtaitníonn an *Irish Times* libh?

Tusa:　　*Yes. We love it.*

(*g*)　　　Cén cineál aimsire a bheas ann amárach?

Tusa:　　*It'll be cloudy in the morning, and there'll be heavy rain in the evening.*

(*h*)　　　Cén cineál aimsire atá geallta?

Tusa:　　*It'll be dry and sunny in the afternoon, but there'll be heavy showers in the evening.*

Gníomhaíocht 14.5

Foghlaim an stór focal a bhaineann le cúrsaí teilifíse atá le fáil sa rannóg 'Frásaí agus focail' ar leathanaigh 204–6 thíos, agus ansin déan iarracht gach focal i gcolún A a mheaitseáil lena leagan Béarla i gcolún B. Tá an chéad cheann déanta le cabhrú leat. (*Learn the vocabulary relating to television in the section 'Frásaí agus focail' on pages 204–6, then then try to match each word in column A with its English equivalent in column B. The first one has been done to help you.*)

Colún A		Colún B	
(*a*)	clár grinn	(i)	actor
(*b*)	sobalchlár	(ii)	documentary
(*c*)	sraith	(iii)	editor
(*d*)	clár faisnéise	(iv)	advertisement
(*e*)	réamhaisnéis na haimsire	(v)	detective programme
(*f*)	aisteoir	(vi)	reporter
(*g*)	láithreoir	(vii)	current affairs programme
(*h*)	fógra	(viii)	standard
(*i*)	tuairisceoir	(ix)	comedy programme
(*j*)	clár bleachtaireachta	(x)	violence
(*k*)	eagarthóir	(xi)	series
(*l*)	foréigean	(xii)	weather forecast
(*m*)	caighdeán	(xiii)	magazine programme
(*n*)	clár cúrsaí reatha	(xiv)	presenter
(*o*)	irischlár	(xv)	soap opera

a	b	c	d	e	f	g	h	i	j	k	l	m	n	o
<u>ix</u>	__	__	__	__	__	__	__	__	__	__	__	__	__	__

Gníomhaíocht 14.6

Seo alt faoi Raidió na Gaeltachta a bheith ar fáil ceithre huaire is fiche sa lá. Tá gluais le fáil thíos, ach déan iarracht brí na bhfocal agus na bhfrásaí deacra a thomhas ón gcomhthéacs ar dtús, gan féachaint ar an ngluais.
(*This is an article about Raidió na Gaeltachta being available twenty-four hours a day. There is a glossary below, but try guessing the meaning of the difficult words and phrases from the context first, without looking at the glossary.*)

Cuirfear tús le ré nua i stair Raidió na Gaeltachta Dé Luain seo chugainn nuair a chuirfidh an stáisiún tús le sceideal craolta ceithre huaire an chloig is fiche in aghaidh an lae den chéad uair riamh.

Bhíodh Raidió na Gaeltachta ag craoladh ar feadh dhá uair an chloig agus ceathrú—ó 7 go 9:15 i.n.—nuair a chuaigh sé ar an aer ar dtús i 1972, agus mhéadaigh sé seo de réir a chéile go dtí 17.5 uair an chloig, mar atá sé faoi láthair.

Is ag seoladh shuaitheantas nua an stáisiúin i mBaile Átha Cliath a d'fhógair ceannaire Raidió na Gaeltachta, Tomás Mac Con Iomaire, an sceideal nua ceithre huaire an chloig is fiche in aghaidh an lae.

'Tá Raidió na Gaeltachta go síoraí i mbun dul chun cinn ó bunaíodh an stáisiún beagnach tríocha bliain ó shin,' a dúirt Mac Con Iomaire. 'Is tábhachtach an fhorbairt í seo, go bhfuil muid anois ar fáil dár gcuid éisteoirí ag aon am den lá.

'Tá sé tugtha faoi deara againn go bhfuil éisteacht shuntasach idirlín againn ar fud an domhain, agus tugann an sceideal craolta ceithre huaire is fiche seans dóibh siúd cluas a thabhairt dúinn nuair atá an tír seo ina codladh.

'Freisin, tá athruithe móra tagtha ar uaireanta oibre in Éirinn, agus is minic go dtí seo nach raibh éisteoirí dár gcuid in ann éisteacht leis an stáisiún i rith an lae mar gur obair oíche a bhí ar bun acu. Ó Dé Luain seo chugainn ar aghaidh, áfach, beidh Raidió na Gaeltachta ar fáil duit, is cuma cén áit ina bhfuil tú nó cén t-am den lá atá ann.'

I measc na gcláracha nua sa sceideal beidh *Glór na Mí,* clár ó stiúideo nua Raidió na Gaeltachta i Ráth Cairn, agus *Cois Mara sa Rinn.* Beidh clár seachtainiúil ó Oileáin Árann sa sceideal nua freisin.

'Tá stiúideonna nua oscailte againn i Ráth Cairn, sa Rinn, agus sa Dromaid i gContae Chiarraí,' a dúirt Tomás Mac Con Iomaire. 'Ina theannta sin beidh muid ag tógáil stiúideonna nua in Acaill, ar an Eachléim, agus in Árainn freisin. Seo léiriú go gcreideann Raidió na Gaeltachta go bhfuil na Gaeltachtaí beaga chomh tábhachtach céanna leis na Gaeltachtaí móra, agus go bhfuil muid chun freastal cóir a dhéanamh ar chuile Ghaeltacht acu.'

As alt le Ruán Ó Crualaoich a bhí i gcló in *Foinse,* Meán Fómhair 2001.

Gluais

cuirfear tús le ré nua:	*a new era will be started*
stair:	*history*
sceideal craolta:	*broadcasting schedule*
ag craoladh:	*broadcasting*
mhéadaigh sé seo:	*this increased*
de réir a chéile:	*gradually*
seoladh shuaitheantas nua an stáisiúin:	*the launching of the station's new logo*
ceannaire:	*head*
go síoraí i mbun dul chun cinn:	*continuously engaged in progress*
ó bunaíodh an stáisiún:	*since the station was founded*
tábhachtach:	*important*
forbairt:	*development*
dár gcuid éisteoirí:	*for our listeners*
tá sé tugtha faoi deara againn:	*we have noticed*
éisteacht shuntasach idirlín:	*significant internet listenership*
cluas a thabhairt dúinn:	*to listen to us*
tá athruithe móra tagtha ar uaireanta oibre:	*working hours have changed a lot*
obair oíche a bhí ar bun acu:	*they were engaged in night work*
ar fáil duit:	*available to you*
ina theannta sin:	*as well as this*
seo léiriú go gcreideann Raidió na Gaeltachta:	*this shows that Raidió na Gaeltachta believes*
chomh tábhachtach céanna:	*just as important*
go bhfuil muid chun freastal cóir a dhéanamh:	*that we are going to cater properly*

 Frásaí agus focail

clár / an clár / na cláracha *(a) programme / the programme / the programmes*

clár grinn *(a) comedy programme*

clár faisnéise *(a) documentary*

clár cúrsaí reatha *(a) current affairs programme*

clár spóirt *(a) sports programme*

clár bleachtaireachta *(a) detective programme*

clár ceoil *(a) music programme*

clár cainte *(a) talk show*

irischlár *(a) magazine programme*

an nuacht *news*

sobalchlár *(a) soap opera*

sraith / an tsraith / na
sraitheanna *(a) series /
the series / the series*

réamhaisnéis na haimsire *the weather forecast*

sceideal *schedule*

fógra / an fógra / na fógraí *(an) advertisement / the
advertisement / advertisements*

aisteoir / an t-aisteoir / na
haisteoirí *(an) actor / the actor / the
actors*

láithreoir / an láithreoir *(a)
presenter / the presenter*

tuairisceoir / an tuairisceoir *(a)
reporter / the reporter*

léiritheoir / an léiritheoir *(a)
producer / the producer*

nuachtán / páipéar nuachta *(a) newspaper*

nuachtán laethúil *(a)
daily newspaper*

nuachtán Domhnaigh *(a)
Sunday newspaper*

iris / an iris *(a) magazine /
the magazine*

iris sheachtainiúil /
choicísiúil / mhíosúil
*(a) weekly / fortnightly /
monthly magazine*

eagarthóir / an t-
eagarthóir *(an) editor / the editor*

stáisiún raidió *(a) radio station*

stáisiún teilifíse *(a) television station*

cainéal *channel*

Tá caighdeán na gcláracha go maith /
go dona.
*The standard of programmes is good /
terrible.*

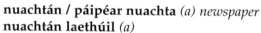

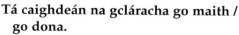

foréigean / an foréigean *violence / the violence*
Tá an iomarca foréigin ar an teilifís. *There's too much violence on television.*

Súil siar ar an aonad

Bain triail as an ngníomhaíocht seo go bhfeice tú an bhfuil na príomhphointí a múineadh in Aonad 14 ar eolas agat. Éist leis an dlúthdhiosca nuair a bheidh tú críochnaithe chun do fhreagraí a dhearbhú.

(*Try this activity now to see if you know the main points taught in Unit 14. Listen to the CD when you have finished in order to verify your answers.*)

Conas mar a déarfá na nithe seo a leanas? (*How would you say the following?*)

(*a*)   Do you watch television much?
(*b*)   What programmes do you like most?
(*c*)   I love programmes about nature.
(*d*)   What programmes do you not like?
(*e*)   Could I ask you a few questions?
(*f*)   Do you read many newspapers?
(*g*)   They have very good writers.
(*h*)   A man in his twenties was killed in a road accident.
(*i*)   A woman in her fifties was injured.
(*j*)   What stations do your children like?
(*k*)   They listen to it on the internet.
(*l*)   What other stations do you listen to?

Freagraí na ngníomhaíochtaí

Gníomhaíocht 14.2

(*a*)   An dtaitníonn cláracha spóirt le Deirdre?—Is breá léi iad.
(*b*)   An maith libh an sraithscéal nua sin atá ar RTÉ 1?—Is breá linn é.
(*c*)   An bhféachann na páistí ar TG4?—Féachann, anois is arís.
(*d*)   An maith le Sinéad a post nua?—Is maith léi go mór é, cloisim.
(*e*)   An léann siad aon nuachtán?—Léann, ó am go chéile.
(*f*)   An dtaitníonn an clár nua ceoil sin ar TG4 leat?—Ní thaitníonn.
(*g*)   An gceannaíonn tú an iris sin gach mí?—Ní cheannaím (*or* Ní cheannaíonn). Is fuath liom í.
(*h*)   An bhfaigheann tú an *Irish Times* gach lá?—Ní fhaighim (*or* Ní fhaigheann), ach ar an Satharn amháin.

Gníomhaíocht 14.3

(1)   chaitheann
(2)   tráthnóna

(3) bhíonn
(4) iad
(5) éisteacht
(6) mbíonn
(7) leat
(8) tíre

Gníomhaíocht 14.4

(a) Féachann, gach oíche.
(b) Is breá liom na sobail.
(c) Léim (or Léann). Léim nuachtán gach lá.
(d) Ní maith. Is fuath liom iad.
(e) Faighim (or Faigheann). Ceannaím *Foinse* i gcónaí ar an Domhnach.
(f) Taitníonn. Is breá linn é.
(g) Beidh sé scamallach ar maidin, agus beidh báisteach throm ann tráthnóna.
(h) Beidh sé tirim agus grianmhar san iarnóin, ach beidh ceathanna troma ann tráthnóna.

Gníomhaíocht 14.5

(a) clár grinn agus (ix) comedy programme
(b) sobalchlár agus (xv) soap opera
(c) sraith agus (xi) series
(d) clár faisnéise agus (ii) documentary
(e) réamhaisnéis na haimsire agus (xii) weather forecast
(f) aisteoir agus (i) actor
(g) láithreoir agus (xiv) presenter
(h) fógra agus (iv) advertisement
(i) tuairisceoir agus (vi) reporter
(j) clár bleachtaireachta agus (v) detective programme
(k) eagarthóir agus (iii) editor
(l) foréigean agus (x) violence
(m) caighdeán agus (viii) standard
(n) clár cúrsaí reatha agus (vii) current affairs programme
(o) irischlár agus (xiii) magazine programme

Súil siar ar an aonad

(a) An bhféachann tú ar an teilifís mórán?
(b) Céard iad na cláracha is mó a thaitníonn leat?
(c) Is breá liom cláracha faoin nádúr.

(d) Céard iad na cláracha nach dtaitníonn leat?

(e) An bhféadfainn cúpla ceist a chur ort?

(f) An léann tú mórán nuachtán?

(g) Tá scríbhneoirí an-mhaith acu.

(h) Maraíodh fear sna fichidí i dtimpiste bóthair.

(i) Gortaíodh bean sna caogaidí.

(j) Céard iad na stáisiúin a thaitníonn le do chuid páistí?

(k) Bíonn siad ag éisteacht leis ar an idirlíon.

(l) Céard iad na stáisiúin eile a mbíonn tú ag éisteacht leo?

Aistriúchán ar na comhráite

Darach is conducting a marketing survey of what television channels people watch.

Darach:	Excuse me. I'm conducting a survey; could I ask you a few questions?
Séamas:	You could, certainly.
Darach:	Do you watch television much?
Séamas:	Yes—nearly every night.
Darach:	What programmes do you like most?
Séamas:	I love sports programmes and programmes about nature.
Darach:	What programmes do you not like?
Séamas:	I hate the soaps. There are too many of them on television.
Darach:	Do you like news programmes?
Séamas:	Yes. I have a great regard for Channel 4 news.

This woman is a voracious reader of newspapers.

Darach:	Excuse me. Could I ask you a few questions?
Maighréad:	Go ahead.
Darach:	Do you read many newspapers?
Maighréad:	Indeed I do, every single day.
Darach:	What newspapers do you read?
Maighréad:	Well, I buy the *Irish Times* every morning. And I get the *Guardian* a few days a week as well.
Darach:	Why do you like those?
Maighréad:	There's no nonsense in them. And they have very good writers. I read the Irish paper *Lá* as well now and again. And I glance at the *Washington Post* on the internet.
Darach:	Do you read a Sunday paper?
Maighréad:	I always get *Foinse* at the weekend.

Listen to this radio news report about a traffic accident and see if you can make out who was involved and where the accident happened.

A man in his twenties was killed in a road accident in County Kildare early this morning. A woman in her fifties was killed in the same incident. The two cars collided just outside Kilcock town. Both people were taken to Naas Hospital, but the man was dead on arrival at the hospital. The woman is receiving treatment, but it is reported that she is not badly injured. This is the fifth accident on the same piece of road in the past three months.

This woman answers questions about how much television she lets her children watch.

Darach: How much time do your children spend watching television?
Sinéad: I let them watch it for two hours every evening, and more at the weekend.
Darach: Are they allowed to watch it in the morning?
Sinéad: Not during school times.
Darach: What stations do your children like?
Sinéad: Any one which has *The Simpsons* really.
Darach: They like *The Simpsons*?
Sinéad: They love them. They watch a lot of stuff on TG4 as well. There are great programmes for children on it.

Maighréad talks about the radio stations she likes best.

Maighréad: A lot of people are listening to Raidió na Gaeltachta in America now.
Darach: They listen to it on the Internet, I suppose?
Maighréad: Yes. Raidió na Gaeltachta is great.
Darach: What other stations do you listen to?
Maighréad: Do you know what: I get a good laugh out of Gerry Ryan in the morning on 2FM.
Darach: Why do you like Gerry?
Maighréad: He's a bit of crack.

Listen to this excerpt from a weather forecast and see if you can figure out what type of weather lies in store.

And now, the weather—it will be cloudy and wet throughout the country today. Milder weather will spread from the Atlantic tomorrow.

Aonad 15

AN TEICNEOLAÍOCHT

TECHNOLOGY

San aonad seo, déanfaidh tú na rudaí seo a leanas a chleachtadh (*In this unit, you will practise the following*):

- ag rá cad iad na scileanna ríomhaireachta atá agat (*saying what computer skills you have*)
- ag ainmniú cineálacha difriúla trealaimh teicneolaíochta (*naming different types of technological equipment*)
- ag labhairt faoi úsáid an ghutháin shoghluaiste (*speaking about uses of the mobile phone*)
- ag déanamh cur síos ar shuíomh gréasáin (*describing a web site*)
- ag rá cén úsáid a bhaineann tú as an idirlíon (*saying what use you make of the internet*)
- ag labhairt faoi ríomhphost a sheoladh (*speaking about sending e-mail*).

Foghlaim na Gaeilge 15

Roimhe seo, bhíodh sé deacair ag foghlaimeoirí a raibh cónaí orthu achar fada ó cheantar Gaeltachta deiseanna a fháil ar a gcuid Gaeilge a chleachtadh. Tá an t-idirlíon, agus go háirithe an ríomhphost, tar éis an fhadhb seo a leigheas cuid mhaith. Is fiú duitse aithne a chur ar chuid de na mílte cainteoir Gaeilge a ghlacann páirt go rialta sa phlé a bhíonn ar siúl ar liostaí ríomphoist mar Gaelic-L nó i bhfóraim eile plé. Aimsigh duine nó beirt atá sásta bheith ina gcairde ríomhphoist agat, agus scríobh chucu go rialta.

In the past, learners who lived a long way from an Irish-speaking area found it difficult to get opportunities to use their Irish. The internet, and e-mail in particular, have helped alleviate this problem. It's worth your while getting to know some of the thousands of Irish-speakers who take part regularly in discussions on e-mail lists such as Gaelic-L or the other discussion forums. Find one or two people who are willing to be your e-mail friends, and write to them regularly.

Gníomhaíocht 15.1

Cloisfidh tú daoine ag caint faoin teicneolaíocht. Éist leo ar dtús gan féachaint ar an script ag deireadh an aonaid go bhfeice tú an dtuigfidh tú mórán dá gcuid cainte. (*You'll hear people talking about technology. Listen to them first without looking at the script at the end of the unit and see how much you understand.*)

Comhráite

Róisín is about to apply for a new job, and her friend Siobhán wants to find out what skills she has.

Siobhán:	An bhfuil clóscríobh agat?
Róisín:	Tá. Seasca focal sa nóiméad.
Siobhán:	An bhfuil scileanna maithe ríomhaireachta agat?
Róisín:	Tá. Tá mé eolach ar chláracha ar nós Word agus Excel agus PowerPoint agus iad sin ar fad.
Siobhán:	Tá cúrsaí ríomhaireachta déanta agat, mar sin?
Róisín:	Tá. Rinne mé an ECDL anuraidh. Agus tá ríomhaire agus printéir agam sa bhaile. Is féidir liom oibriú ón mbaile más gá.
Siobhán:	Tá leat, mar sin!

Cathal will be working in America for a few weeks, but staying in touch with home will be no problem.

Cathal:	Ceart go leor. Cuirfidh mé scairt ort ón aerfort nuair a bhainfidh mé Washington amach.
Anna:	An oibríonn do ghuthán soghluaiste i Meiriceá?
Cathal:	Oibríonn. Beidh mé ábalta téacs a chur chugat achan lá. Tá sé saor go leor téacs a chur—fiú as Meiriceá.

Anna:	An gcuirfidh tú scairt orm as Heathrow má bhíonn moill ar an eitilt go Washington? Má bhíonn a fhios agam cá bhfuil tú, ní bheidh mé buartha.
Cathal:	Déanfaidh mé sin, cinnte.

Darach tells his friend Aoife about a great web site he's discovered.

Darach:	Tháinig mé ar shuíomh iontach aréir: 'ceol rac ponc com'. Is iontach an suíomh ceoil é féin. Tá chuile shórt ann.
Aoife:	Mar shampla?
Darach:	Liricí amhrán, cordaí don ghiotár, comhadanna ceoil is féidir a íoschóipeáil—chuile shórt beo.
Aoife:	Tá an t-ádh leatsa: tá ríomhaire agat sa mbaile.
Darach:	Caithfidh tú ceann a fháil, a Aoife. Tá oiread ceoil is féidir a fháil anois ón idirlíon le casadh ar sheinnteoir MP3.
Aoife:	Tá a fhios agam. Tá sé dochreidte.

Eolas úsáideach / *Useful information*

- In Irish, you say that you *have* a skill or talent:
  Tá clóscríobh agam. (*I can type.*)
  Tá ceol agam. (*I'm musical.*)

- As you probably noticed, **-í** is often added to words ending in **-anna** in the plural in some dialects of Irish, namely Ulster Irish and Connacht Irish. **Scileanna**, for example, is pronounced 'scileannaí'.

- In Unit 12, we looked at counting 1 to 20 things. Here are some of the rules for counting above 20:

cathaoir is fiche	(*21 chairs*)
dhá chathaoir is tríocha	(*32 chairs*)
trí chathaoir is ceathracha/daichead	(*43 chairs*)
ceithre chathaoir is caoga	(*54 chairs*)
cúig chathaoir is seasca	(*65 chairs*)
sé chathaoir is seachtó	(*76 chairs*)
seacht gcathaoir is ochtó	(*87 chairs*)
ocht gcathaoir is nócha	(*98 chairs*)
céad cathaoir	(*100 chairs*)

> - Nouns remain unchanged when they follow the numbers that are divisible by 10, such as **fiche** (*twenty*), **tríocha** (*thirty*), **ceathracha** (*forty*), **caoga** (*fifty*), **seasca** (*sixty*), **seachtó** (*seventy*), **ochtó** (*eighty*), **nócha** (*ninety*), **céad** (*a hundred*), **míle** (*a thousand*), **milliún** (*a million*):
>   **seasca focal sa nóiméad** (*sixty words a minute*)
>   **céad seomra** (*a hundred rooms*)
>   **míle bliain** (*a thousand years*)

Gníomhaíocht 15.2

Athraigh na hainmfhocail idir lúibíní, más gá. Féach ar na rialacha maidir le comhaireamh rudaí in Aonad 12 chomh maith sula dtosaíonn tú. (*Change the words in parentheses, if necessary. Have another look at the rules for counting things in Unit 12 as well before you begin the exercise.*)

(*a*) Ní fhaca mé í anois le dhá (oíche) (déag).

(*b*) Tá mé ábalta seachtó (focal) sa nóiméad a chlóscríobh.

(*c*) Tá sí ina cónaí i bPort Láirge anois le beagnach fiche (bliain).

(*d*) Cé mhéad siúcra a thógann tú?—Trí (ceann).

(*e*) Beidh seacht (cathaoir) is fiche ag teastáil uainn.

(*f*) Tá cúig (bosca) is tríocha ann ar fad.

(*g*) Tá ocht (dlúthdhiosca) ceannaithe agam le mí anuas.

(*h*) Tá ocht (carr) (déag) sa chlós faoi láthair.

Gníomhaíocht 15.3

Déan iarracht leagan Gaeilge na bhfocal agus na bhfrásaí seo a leanas a aimsiú agus tú ag éisteacht leis na comhráite.
(*Try to find the Irish equivalent of the following words and phrases as you listen to the dialogues.*)

(*a*) very useful

(*b*) research

(*c*) I make travel arrangements

(*d*) flights or accommodation

(*e*) e-mail

(*f*) message

(*g*) laptop computer

(*h*) very handy

(*i*) the address of the site

Comhráite

Róisín's friend Siobhán wants to find out how much she uses the internet.

Siobhán: Céard faoin idirlíon? An mbaineann tú mórán úsáide as?

Róisín: Baineann, gach aon lá. Tá sé an-úsáideach, is dóigh liom féin.

Siobhán: Cén úsáid is mó a bhaineann tú as?

Róisín: Déanaim taighde go minic, ar ábhair éagsúla.

Siobhán: Agus an mbaineann tú aon úsáid eile as?

Róisín: Bainim. Déanaim socruithe taistil ó am go chéile. Is féidir go leor airgid a shábháil má chuireann tú eitiltí nó lóistín in áirithe tríd an idirlíon.

Siobhán: Tá an jab agatsa! Níl seans ag éinne eile!

Anna wants to e-mail Cathal when he's in America. Will he have access to the internet while he's there?

Anna: Cad é faoin ríomhphost?

Cathal: Thig leat teachtaireacht a chur chugam am ar bith. Beidh mé ag seiceáil mo ríomhphoist achan lá.

Anna: Cén seoladh ríomhphoist atá agat arís?

Cathal: Cathal, a haon, a dó, a trí, ag hotmail ponc com.

Anna: An bhfuil tú ag tabhairt leat do ríomhaire glúine?

Cathal: Níl. Tá caife idirlín in achan bhaile anois—beidh sé furasta go leor mo ríomhphost a sheiceáil.

Anna: Tá sé an-áisiúil, nach bhfuil?

Cathal: Tá, cinnte . . . Siúil leat anois, nó caillfidh muid an t-eitleán.

Aoife wants the address of this useful music site she's been hearing about. But where can she go to see it?

Aoife:	Tabhair dom seoladh an tsuímh sin ar aon nós. Ba bhreá liom é a fheiceáil.
Darach:	Ach cá mbeidh tú in ann é a fheiceáil?
Aoife:	Beidh mé in ann bualadh isteach chuig an leabharlann. An t-aon rud faoi ná go mbíonn scuaine ann i gcónaí don ríomhaire.
Darach:	Tá an saol is a mháthair ag scimeáil ar an idirlíon na laethanta seo.
Aoife:	Tá, nach bhfuil? Níl aon dul as: caithfidh mé mo ríomhaire féin a fháil.
Darach:	Tuige nach dtagann tú chuig an teach s'againne tráthnóna amárach? Taispeánfaidh mé na suímh ar fad duit.
Aoife:	Bheadh sé sin go hiontach!

Eolas úsáideach / *Useful information*

- The word **achan** (*every*) is used in Ulster Irish instead of **gach**. The consonants **b, c, f, g, m** and **p** are lenited when they follow it:
  bean (*woman*)   **achan bhean** (*every woman*)
  fear (*man*)   **achan fhear** (*every man*)
  but
  achan duine (*every person*)

- There are several examples in the dialogues above of one noun governed by another in the genitive case:
  úsáid (*use*)
  An mbaineann tú mórán úsáide as? (*Do you make much use of it?*)

  taisteal (*travel*)
  déanaim socruithe taistil (*I make travel arrangements*)

  ríomhphost (*e-mail*)
  seoladh ríomhphoist (*e-mail address*)

  glúin (*knee*)
  ríomhaire glúine (*laptop computer*)

  an suíomh (*the site*)
  seoladh an tsuímh (*the address of the site*)

- Here are some sentences you might use when talking about e-mail:
  Fuair mé teachtaireacht ríomhphoist uaidh ar maidin. (*I got an e-mail message from him this morning.*)
  Seolaim a lán teachtaireachtaí ríomhphoist gach lá. (*I send a lot of e-mail messages every day.*)

> **Seolfaidh mé teachtaireacht ríomhphoist chugat amárach.** (*I'll send you an e-mail message tomorrow.*)
> **An bhfuair tú mo theachtaireacht ríomhphoist?** (*Did you get my e-mail message?*)

Gníomhaíocht 15.4

Tabhair an freagra a thaispeántar ar na ceisteanna seo (*Answer these questions as shown*):

Agallóir:	An bhfuil clóscríobh agat?
Tusa:	*Yes, fifty words a minute. I have good computer skills as well.*
Agallóir:	Go maith. Tá cúrsaí ríomhaireachta déanta agat, mar sin?
Tusa:	*Yes, two. I did the ECDL this year. I'm very familiar with programs such as Word and Excel, and with the Internet.*
Agallóir:	Bíonn tú ag úsáid an idirlín, mar sin?
Tusa:	*Yes. I have a laptop computer at home.*
Agallóir:	An bhfuil tú eolach ar an ríomhphost?
Tusa:	*Yes. I send a lot of e-mail messages every day.*
Agallóir:	An bhfuil trealamh ar bith eile agat?
Tusa:	*I have a printer as well. I can work from home now and again if necessary.*
Agallóir:	Go hiontach!

Gníomhaíocht 15.5

Foghlaim an stór focal a bhaineann leis an teicneolaíocht atá le fáil sa rannóg 'Frásaí agus focail' ar leathanaigh 217–18 thíos, agus ansin déan iarracht gach focal i gcolún A a mheaitseáil lena leagan Gaeilge i gcolún B. Tá an chéad cheann déanta le cabhrú leat. (*Learn the vocabulary relating to technology in the section 'Frásaí agus focail' on pages 217–18, then try to match each word in column A with its Irish equivalent in column B. The first one has been done to help you.*)

Colún A		Colún B	
(a)	document	(i)	luch
(b)	the internet	(ii)	trealamh
(c)	screen	(iii)	seiceálaí litrithe
(d)	file	(iv)	an t-idirlíon
(e)	attachment	(v)	turscar
(f)	message	(vi)	clóscríobh
(g)	program	(vii)	brabhsálaí
(h)	search engine	(viii)	suíomh gréasáin

(i)	typing	(ix)	teachtaireacht
(j)	mouse	(x)	ríomhaire boise
(k)	laptop computer	(xi)	íoschóipeáil
(l)	equipment	(xii)	comhad
(m)	CD	(xiii)	ceangaltán
(n)	web site	(xiv)	inneall cuardaigh
(o)	spelling checker	(xv)	scáileán
(p)	spam	(xvi)	dlúthdhiosca
(q)	browser	(xvii)	ríomhchlár
(r)	downloading	(xviii)	ríomhaire glúine
(s)	handheld computer	(xix)	cáipéis

a	b	c	d	e	f	g	h	i	j	k	l	m	n	o
xix	—	—	—	—	—	—	—	—	—	—	—	—	—	—

p	q	r	s
—	—	—	—

Frásaí agus focail

ABC

trealamh / an trealamh	equipment / the equipment
ríomhaire glúine	(a) laptop computer
ríomhaire boise	(a) handheld computer
luch	(a) mouse
printéir / an printéir	(a) printer / the printer
scáileán / an scáileán	(a) screen / the screen
scanóir / an scanóir	(a) scanner / the scanner
clóscríobh	typing
comhad / an comhad / na comhaid	(a) file / the file / the files
cáipéis / an cháipéis	(a) document / the document
ríomhphost / an ríomhphost	e-mail
teachtaireacht ríomhphoist	e-mail message
ceangaltán / an ceangaltán	(an) attachment / the attachment
víreas / an víreas	(a) virus / the virus
turscar	spam
an t-idirlíon	the internet
caife idirlín	(an) internet café
suíomh gréasáin / an suíomh gréasáin	(a) web site / the web site
inneall cuardaigh / an t-inneall cuardaigh	(a) search engine / the search engine

an gréasán domhanda	*the worldwide web*
seiceálaí litrithe / an seiceálaí litrithe	*(a) spelling checker / the spelling checker*
comhad a íoschóipeáil	*to download a file*
brabhsálaí / an brabhsálaí	*(a) browser / the browser*
ríomhchlár / an ríomhchlár	*(a) program / the program*
guthán soghluaiste / fón soghluaiste	*mobile phone*
teachtaireacht téacs / an teachtaireacht téacs	*(a) text message / the text message*

Seán Mac Réamoinn ón gcomhlacht teicneolaíochta Zamano, an t-aoi speisialta i gclár a cúig déag den tsraith *Turas Teanga* ar an teilifís.
(Seán Mac Réamoinn of the technology company Zamano, special guest in programme fifteen of the Turas Teanga television series.)

Súil siar ar an aonad

Bain triail as an ngníomhaíocht seo go bhfeice tú an bhfuil na príomhphointí a múineadh in Aonad 15 ar eolas agat. Éist leis an dlúthdhiosca nuair a bheidh tú críochnaithe chun do fhreagraí a dhearbhú.
(*Try this activity now to see if you know the main points taught in Unit 15. Listen to the CD when you have finished in order to verify your answers.*)

Conas mar a déarfá na nithe seo a leanas? (*How would you say the following?*)

(*a*) Can you type?
(*b*) Do you have good computer skills?
(*c*) Does your mobile phone work in America?
(*d*) Music files that can be downloaded.
(*e*) Do you use the internet much?
(*f*) Flights can be booked through the internet.
(*g*) What's your e-mail address again?
(*h*) It's very handy, isn't it?
(*i*) I do research and book accommodation.
(*j*) Give me the address of the site.
(*k*) There's always a queue for the computer.
(*l*) I got an e-mail message from him this morning.

Freagraí na ngníomhaíochtaí

Gníomhaíocht 15.2

(*a*) Ní fhaca mé í anois le dhá oíche dhéag.
(*b*) Tá mé ábalta seachtó focal sa nóiméad a chlóscríobh.
(*c*) Tá sí ina cónaí i bPort Láirge anois le beagnach fiche bliain.
(*d*) Cé mhéad siúcra a thógann tú?—Trí cinn.
(*e*) Beidh seacht gcathaoir is fiche ag teastáil uainn.
(*f*) Tá cúig bhosca is tríocha ann ar fad.
(*g*) Tá ocht ndlúthdhiosca ceannaithe agam le mí anuas.
(*h*) Tá ocht gcarr déag sa chlós faoi láthair.

Gníomhaíocht 15.3

(*a*) an-úsáideach
(*b*) taighde
(*c*) déanaim socruithe taistil
(*d*) eitiltí nó lóistín
(*e*) ríomhphost
(*f*) teachtaireacht

(g) ríomhaire glúine

(h) an-áisiúil

(i) seoladh an tsuímh

Gníomhaíocht 15.4

Interviewer: An bhfuil clóscríobh agat?

You: Tá, caoga focal sa nóiméad. Tá scileanna maithe ríomhaireachta agam chomh maith.

Interviewer: Go maith. Tá cúrsaí ríomhaireachta déanta agat, mar sin?

You: Tá, dhá cheann. Rinne mé an ECDL i mbliana. Tá mé an-eolach ar chláracha ar nós Word agus Excel, agus ar an idirlíon.

Interviewer: Bíonn tú ag úsáid an idirlín, mar sin?

You: Bíonn. Tá ríomhaire glúine agam sa bhaile.

Interviewer: An bhfuil tú eolach ar an ríomhphost?

You: Tá. Seolaim a lán teachtaireachtaí ríomhphoist gach lá.

Interviewer: An bhfuil trealamh ar bith eile agat?

You: Tá printéir agam chomh maith. Is féidir liom oibriú ón mbaile anois is arís más gá.

Interviewer: Go hiontach!

Gníomhaíocht 15.5

(a) document agus (xix) cáipéis

(b) the internet agus (iv) an t-idirlíon

(c) screen agus (xv) scáileán

(d) file agus (xii) comhad

(e) attachment agus (xiii) ceangaltán

(f) message agus (ix) teachtaireacht

(g) program agus (xvii) ríomhchlár

(h) search engine agus (xiv) inneall cuardaigh

(i) typing agus (vi) clóscríobh

(j) mouse agus (i) luch

(k) laptop computer agus (xviii) ríomhaire glúine

(l) equipment agus (ii) trealamh

(m) CD agus (xvi) dlúthdhiosca

(n) web site agus (viii) suíomh gréasáin

(o) spelling checker agus (iii) seiceálaí litrithe

(p) spam agus (v) turscar

(q) browser agus (vii) brabhsálaí

(r) downloading agus (xi) íoschóipeáil

(s) handheld computer agus (x) ríomhaire boise

Súil siar ar an aonad

(a)   An bhfuil clóscríobh agat?
(b)   An bhfuil scileanna maithe ríomhaireachta agat?
(c)   An oibríonn do ghuthán soghluaiste i Meiriceá?
(d)   Comhaid cheoil (or comhadanna ceoil) is féidir a íoschóipeáil.
(e)   An mbaineann tú mórán úsáide as an idirlíon?
(f)   Is féidir eitiltí a chur in áirithe tríd an idirlíon.
(g)   Cén seoladh ríomhphoist atá agat arís?
(h)   Tá sé an-áisiúil, nach bhfuil?
(i)   Déanaim taighde agus cuirim lóistín in áirithe.
(j)   Tabhair dom seoladh an tsuímh.
(k)   Bíonn scuaine ann i gcónaí don ríomhaire.
(l)   Fuair mé teachtaireacht ríomhphoist uaidh ar maidin.

Aistriúchán ar na comhráite

Róisín is about to apply for a new job, and her friend Siobhán wants to find out what skills she has.

Siobhán: Can you type?
Róisín: Yes. Sixty words a minute.
Siobhán: Do you have good computer skills?
Róisín: Yes. I'm familiar with programs such as Word and Excel and PowerPoint, and all those.
Siobhán: You've done computer courses, then?
Róisín: Yes. I did the ECDL last year. And I have a computer and a printer at home. I can work from home if need be.
Siobhán: You've got it, so!

Cathal will be working in America for a few weeks, but staying in touch with home will be no problem.

Cathal: All right. I'll phone you from the airport when I reach Washington.
Anna: Does your mobile phone work in America?
Cathal: Yes. I'll be able to send you a text every day. It's quite cheap to send a text—even from America.
Anna: Will you phone me from Heathrow if the flight to Washington is delayed? If I know where you are, I won't be worried.
Cathal: I'll do that, certainly.

Darach tells his friend Aoife about a great web site he's discovered.
Darach: I came across a great site last night: 'rock music dot com'. It's a brilliant music site. It has everything.

Aoife:	For example?
Darach:	Song lyrics, chords for guitar, music files that can be downloaded— all sorts of things.
Aoife:	You're lucky: you have a computer at home.
Darach:	You'll have to get one, Aoife. You can get so much music now from the internet to listen to on an MP3 player.
Aoife:	I know. It's unbelievable.

Róisín's friend Siobhán wants to find out how much she uses the internet.

Siobhán:	What about the internet? Do you use it much?
Róisín:	Yes, every day. I think it's very useful myself.
Siobhán:	What do you use it for mostly?
Róisín:	I often do research, on different subjects.
Siobhán:	And do you make any other use of it?
Róisín:	Yes. I make travel arrangements from time to time. You can save a lot of money if you book flights or accommodation through the internet.
Siobhán:	The job is yours! No-one else has a chance!

Anna wants to e-mail Cathal when he's in America. Will he have access to the internet while he's there?

Anna:	What about e-mail?
Cathal:	You can send me a message any time. I'll be checking my e-mail every day.
Anna:	What's your e-mail address again?
Cathal:	Cathal, one, two, three at hotmail.com.
Anna:	Are you taking your laptop with you?
Cathal:	No. There's an internet café in every town now—it'll be easy enough to check my e-mail.
Anna:	It's very handy, isn't it?
Cathal:	It is indeed . . . Let's go, or we'll miss the plane.

Aoife wants the address of this useful music site she's been hearing about. But where can she go to see it?

Aoife:	Give me the address of that site anyway. I'd love to see it.
Darach:	But where will you be able to see it?
Aoife:	I can call in to the library. The only thing is that there's always a queue there for the computer.
Darach:	Everyone [literally 'the world and his mother'] is surfing the internet these days.

Aoife: They are, aren't they? There's no alternative: I'll have to get my own computer.

Darach: Why don't you come to our house tomorrow evening? I'll show you all the sites.

Aoife: That would be great!

Aonad 16

GARANNA AGUS ORDUITHE

FAVOURS AND ORDERS

San aonad seo, déanfaidh tú na rudaí seo a leanas a chleachtadh (*In this unit, you will practise the following*):

- ag tabhairt orduithe do pháistí (*giving orders to children*)
- ag tabhairt orduithe do dhaoine fásta (*giving orders to adults*)
- ag tabhairt foláirimh do dhuine (*warning a person*)
- ag iarraidh garanna (*looking for favours*)
- ag iarraidh ceada (*looking for permission*)
- ag tabhairt agus ag diúltú ceada (*giving and refusing permission*)
- ag cur comhairle ar dhuine (*giving advice to someone*).

Foghlaim na Gaeilge 16

Foclóirí agus leabhair ghramadaí

Luamar níos luaithe an chaoi nach gá gach rud a chloiseann tú nó a léann tú i nGaeilge a thuiscint, gur scil an-tábhachtach é bheith in ann éirim comhrá nó píosa scríbhneoireachta a fháil trí fhocail a thuiscint anseo agus ansiúd. Níl sé go maith bheith ag brath an iomarca ar an bhfoclóir; ná bain úsáid as go dtí go mbeidh iarracht déanta agat brí focail nó frása a thomhas ón gcomhthéacs. Tá sé riachtanach go mbeadh foclóirí maithe agus leabhar maith gramadaí agat agus tú i mbun fhoghlaim na Gaeilge.

We mentioned earlier how it isn't necessary to understand everything you hear or read in Irish, and that it's very important to develop the skill of getting the gist of what is being said or what is written from understanding the odd word here and there. An over-

reliance on the dictionary should be avoided; only use it after you have made an attempt to guess the meaning of a word or phrase from the context. It's essential to have access to good dictionaries and a good grammar book as you learn Irish.

Gníomhaíocht 16.1

Cloisfidh tú daoine ag tabhairt orduithe agus ag iarraidh garanna. Éist leo ar dtús gan féachaint ar an script ag deireadh an aonaid go bhfeice tú an dtuigfidh tú mórán dá gcuid cainte. (*You'll hear people giving orders and asking for favours. Listen to them first without looking at the script at the end of the unit and see how much you understand.*)

Comhráite

Maighréad wants to sweep the floor, but Aoife, who's engrossed in a Sunday newspaper, is in her way.

Maighréad: Seas suas ansin, maith an cailín.
Aoife: Mm?
Maighréad: A Aoife, seas suas. Tá tú sa mbealach orm.

Aoife lifts her legs but stays where she is.

Maighréad: A Aoife, an bhfuil tú ag éisteacht liom?
Aoife: Tá.
Maighréad: Bhuel, seas suas mar sin.

Aoife stands up but continues to read the paper.

Maighréad: Imigh leat amach chuig an seomra eile.
Aoife: Ach tá Siobhán ag éisteacht le ceol ann.

Maighréad:	Gread leat suas staighre, mar sin. Agus tóg leat an páipéar.
Aoife [*under her breath*]:	Á, éist do bhéal!
Maighréad:	Céard a dúirt tú?
Aoife:	Tada.
Maighréad:	Abair amach é má tá rud éicint le rá agat.
Aoife:	Níor dhúirt mé tada.

Sinéad and Mícheál are rehearsing a play. Listen to the orders the director gives them.

| Anna: | Ceart go leor. Seasaigí ansin i lár an stáitse agus tosaígí arís ón tús. |

The actors get ready to try the piece again.

Mícheál:	Bheinn go mór faoi chomaoin agat dá mbeifeá sásta bualadh liom lá éigin an tseachtain seo chugainn.
Sinéad:	An bhféadfá glaoch orm ar do chaothúlacht?
Anna:	Ceart go leor . . . Stopaigí ansin bomaite. A Mhíchíl, abair an líne sin go paiseanta. Tá tú i ngrá léi, ach tá tú róchúthaileach leis sin a rá amach. Abair é go paiseanta.

Mícheál tries the line again, trying to be more passionate.

Mícheál:	Bheinn go mór faoi chomaoin agat dá mbeifeá sásta bualadh liom lá éigin an tseachtain seo chugainn.
Sinéad:	An bhféadfá glaoch orm ar do chaothúlacht?
Anna:	Stopaigí arís. Tá sin níos fearr, a Mhíchíl. Anois, a Shinéad, ná bí thusa ródheas leis. Ní maith leat é. Ceart go leor. Ar mhiste libh é a dhéanamh uair amháin eile?

A new sofa is being delivered to Róisín's apartment, but she's not sure where to put it. Listen to the orders she gives the delivery men as they struggle with it.

Róisín:	Anois, an bhféadfadh sibh é a leagan síos anseo?
Séamas:	Anseo, an ea?
Róisín:	Sea, sin é . . . Seachain an bord!

They avoid the table, and they place the sofa on the floor.

| Róisín: | Níl a fhios agam faoi sin. Ar chuma libh é a chur in aghaidh an bhalla sin? |

They lift it up again.

| Róisín: | Anonn anseo leis . . . sin é! |

They leave it down.

| Cathal: | Anois! An bhfuil tú sásta? |

Róisín doesn't seem convinced that it's in the right place.

| Róisín: | Ní fheadar. |

Eolas úsáideach / *Useful information*

- When Maighréad was addressing one person she said **Seas suas.**
  However, when Anna was speaking to more than one person she said
  Seasaigí ansin. In English you don't make that distinction between
  singular and plural when giving an order; but in Irish (as in many other
  languages), you have both a singular and a plural form in the imperative
  mood. Here are some examples:

Singular	*Plural*
Suigh síos.	**Suígí síos.**
(*Sit down.*)	
Tóg d'am.	**Tógaigí bhur n-am.**
(*Take your time.*)	
Taispeáin d'aiste dom.	**Taispeánaigí bhur n-aistí dom.**
(*Show me your essay.*)	
Ceannaigh ceann domsa.	**Ceannaígí ceann domsa.**
(*Buy one for me.*)	
Éirigh!	**Éirígí!**
(*Get up!*)	

- In the imperative, **Ná** is placed before the verb to form a negative
  command; **h** is placed before a vowel that follows **Ná**:

Ná bris mo pheann.	**Ná brisigí mo pheann.**
(*Don't break my pen.*)	
Ná himigh go fóill.	**Ná himígí go fóill.**
(*Don't leave yet.*)	
Ná habair sin.	**Na habraigí sin.**
(*Don't say that.*)	

- Note how **do** (or **d'**) changes to **bhur** in the plural:

Nigh d'aghaidh.	**Nígí bhur n-aghaidh.**
(*Wash your face.*)	
Glan do lámha.	**Glanaigí bhur lámha.**
(*Clean your hands.*)	

- Here are the forms of the irregular verbs in the imperative mood:

	Singular	*Plural*
(*come*)	**tar**	**tagaigí**
(*go*)	**téigh**	**téigí**
(*see*)	**feic**	**feicigí**
(*say*)	**abair**	**abraigí**

(make, do)	**déan**	**déanaigí**
(take)	**beir**	**beirigí**
(get)	**faigh**	**faighigí**
(give)	**tabhair**	**tugaigí**
(eat)	**ith**	**ithigí**

Nigh d'aghaidh.

Bí i do thost.

Ná bí dána.

Gníomhaíocht 16.2

Scríobh gach ordú thíos san uimhir iolra
(*Write each order below in the plural*):

(a) Bailigh an bruscar, le do thoil. (*Pick up the rubbish, please.*)

(b) Nigh na gréithe. (*Wash the dishes.*)

(c) Déan an obair sin roimh am lóin. (*Do that work before lunchtime.*)

(d) Ná téigh amach go fóill. (*Don't go out yet.*)

(e) Abair leo teacht isteach. (*Tell them to come in.*)

(f) Dún an fhuinneog sin, le do thoil. (*Shut that window, please.*)

Amach leat!

(g) Ná tabhair aon aird air. (*Don't pay any heed to him.*)

(h) Tar ar ais amárach timpeall a dó a chlog. (*Come back tomorrow around two o'clock.*)

Gníomhaíocht 16.3

Déan iarracht leagan Gaeilge na bhfocal agus na bhfrásaí seo a leanas a aimsiú agus tú ag éisteacht leis na comhráite.

(*Try to find the Irish equivalent of the words and phrases below as you listen to the dialogues.*)

(a) Could you stand up?

(b) The place is a mess.

(c) in a while

(d) I'll only be two minutes doing it.

(e) I think you should look down at your shoes.

(f) Would you mind?

(g) Would you mind putting it against that wall?

(h) *We're* leaving now.

Comhráite

Maighréad is reading the paper. Aoife comes in with the vacuum cleaner and turns it on.

Aoife:	An bhféadfá seasamh suas ansin nóiméad?
Maighréad:	Fág é sin go fóill, maith an cailín.
Aoife:	Ach tá an áit ina chiseach. Seas suas nóiméad; ní bheidh mé i bhfad.
Maighréad:	Fág é, maith an cailín. Déanfaidh mé féin ar ball é.
Aoife:	Déanfaidh mise anois é má sheasann tú suas.
Maighréad:	Ar mhiste leat é a fhágáil? Tá mé ag obair an lá ar fad agus níl mé ach tar éis suí síos.
Aoife:	Bhuel, má sheasann tú suas arís ní bheidh mé dhá nóiméad á dhéanamh.

Maighréad stands up, gives Aoife a dirty look, and walks out.

Mícheál and Sinéad are still rehearsing the play with the director, Anna. It's not going too well, however.

Mícheál:	Bheinn go mór faoi chomaoin agat dá mbeifeá sásta bualadh liom lá éigin an tseachtain seo chugainn.

Anna:	A Mhíchíl, sílim gur chóir duit féachaint síos ar do bhróga agus tú ag rá na líne.
Mícheál:	Ach nár chóir dom é a rá go paiseanta?
Anna:	Ba chóir, ach ná déan dearmad gur duine an-chúthaileach tú.

Mícheál tries again.

Mícheál:	Bheinn go mór faoi chomaoin agat dá mbeifeá sásta bualadh liom lá éigin an tseachtain seo chugainn.
Anna:	Stop ansin, a Mhíchíl.
Sinéad:	A Anna, ar mhiste leat dá ndéanfaimis radharc éigin eile? Tá muid tinn den cheann seo.
Anna:	Ceart go leor. Déanfaidh muid ceann eile.

Róisín still can't decide where to put the new sofa. The delivery men's patience is wearing thin.

Róisín:	An gcuirfeadh sé as daoibh é a bhogadh uair amháin eile?
Cathal:	Abair leat.
Róisín:	Ar chuma libh é a chur in aghaidh an bhalla sin?
Séamas:	Sin an áit ar chuireamar ar dtús é.
Róisín:	Tá a fhios agam. Ar mhiste libh é a chur ann arís?
Cathal:	Seo linn.

They lift it up again.

Róisín:	Sin é . . . píosa beag eile . . . ansin!
Séamas:	Bhuel, an bhfuil tú sásta?
Róisín:	Tá. Sílim.
Cathal:	Bhuel, mura miste leatsa, tá muidne ag imeacht anois.

Eolas úsáideach / *Useful information*

- The phrase **Bheinn go mór faoi chomaoin agat** (*I'd be much obliged to you*) is a very formal style of speech; you're more likely to come across it in an official letter than in everyday conversation.

- When addressing adults rather than children, people tend to avoid giving orders and instead use more polite sentences, like these below. Remember that **leat** is used when addressing one person and **libh** when there is more than one person.
  Ar mhiste leat / libh . . . (*Would you mind . . .*)
  é a dhéanamh uair amháin eile? (*doing it one more time?*)
  glaoch orm amárach? (*calling me tomorrow?*)
  é sin a rá arís? (*saying that again?*)

an fhuinneog a oscailt? (*opening the window?*)
an doras a dhúnadh i mo dhiaidh? (*closing the door after me?*)
an chistin a ghlanadh? (*cleaning the kitchen?*)

• These sentences are a little less formal:
An bhféadfá . . . (*Could you . . .*)
cabhrú liom an chathaoir seo a iompar? (*help me carry this chair?*)
gar a dhéanamh dom, le do thoil? (*do me a favour, please?*)
na soithí a ní? (*wash the dishes?*)
do sheoladh ríomhphoist a thabhairt dom? (*give me your e-mail address?*)

• The plural of **An bhféadfá . . . ?** is **An bhféadfadh sibh . . . ?** Don't forget to use **le bhur dtoil** instead of **le do thoil** when addressing more than one person:
An bhféadfadh sibh teacht isteach, le bhur dtoil? (*Could you come in, please?*)

• The following sentences can be used to make a request or to seek permission to do something:
An féidir liom an leabhar seo a fháil ar iasacht?—Cinnte.
(*Can I borrow this book?—Certainly.*)
An féidir liom an fhuinneog seo a dhúnadh? (*Can I close this window?*)
An féidir liom do ghuthán a úsáid?—Cinnte. Ar aghaidh leat. (*Can I use your phone?—Certainly. Go ahead.*)
An bhféadfainn labhairt le Piaras? (*Could I speak to Piaras?*)
An bhféadfainn an t-airgead a thabhairt ar ais duit amárach? (*Could I give you back the money tomorrow?*)

Gníomhaíocht 16.4

Críochnaigh gach ceann de na habairtí seo (*Finish each of these sentences*):

(*a*)   You want your two friends to do you a favour.
Tusa: An bhféadfadh sibh . . . ?
(*b*)   You want a customer of yours to call you on Friday.
Tusa: Ar mhiste leat . . . ?
(*c*)   You ask a colleague at work to open a window.
Tusa: Ar mhiste leat . . . ?
(*d*)   You want someone's e-mail address.
Tusa: An bhféadfá . . . ?
(*e*)   You want your two nephews to clean the kitchen.
Tusa: An bhféadfadh sibh . . . ?

(*f*)   You want two people to help you carry a table.

Tusa: An bhféadfadh sibh . . . ?

(*g*)   You want someone to close the door after you.

Tusa: An bhféadfá . . . ?

(*h*)   You want to open a window in the office where you work.

Tusa: An bhféadfainn . . . ?

(*i*)   You want to speak to Deirdre.

Tusa: An bhféadfainn . . . ?

(*j*)   You want to borrow a CD.

Tusa: An féidir liom . . . ?

Gníomhaíocht 16.5

Cuir na focail i ngach ceann de na habairtí seo san ord ceart, agus cuir isteach an phoncaíocht. (*Unjumble each of these sentences, and add punctuation.*)

(*a*)   ort bhféadfainn amárach an glaoch (*Could I call you tomorrow?*)

(*b*)   deich iasacht féidir uait liom euro an a fháil ar (*Can I borrow ten euro from you?*)

(*c*)   doras a liom an an seo dhúnadh féidir (*Can I close this door?*)

(*d*)   le sin ar leat thoil mhiste rá é a arís do (*Would you mind saying that again, please?*)

(*e*)   sibh bhféadfadh ríomhphoist an bhur seoladh dom thabhairt a (*Could you give me your e-mail address?*)

(*f*)   isteach bhféadfá an le teacht anseo thoil do (*Could you come in here, please?*)

(*g*)   ais dtoil amárach chuma ar libh teacht ar le bhur (*Would you mind coming back tomorrow, please?*)

(*h*)   tolg an aghaidh mhiste bhalla ar libh ansin a chur in an (*Would you mind putting the sofa there, against the wall?*)

Gníomhaíocht 16.6

Seo sliocht as alt faoin dúshaothrú atá á dhéanamh ar pháistí i dtíortha bochta. Tá gluais le fáil thíos, ach déan iarracht brí na bhfocal agus na bhfrásaí deacra a thomhas ón gcomhthéacs ar dtús, gan féachaint ar an ngluais.

(*This is an excerpt from an article about the exploitation of children in poor countries. There is a glossary below, but try guessing the meaning of the difficult words and phrases from the context first, without looking at the glossary.*)

Is éacht mór é an tslí a bhfuil sé curtha in iúl ag Trócaire dúinn go bhfuil an sclábhaíocht fós go forleathan ar fud an domhain. Shíl muidne san Iarthar gur tháinig deireadh le sclábhaíocht nuair a fuair stáit an Tuaiscirt an bua ar an

Deisceart i gCogadh Cathartha Mheiriceá sa bhliain 1865. Ach tá daoine fós ag saothrú gan pá ar bith, tá mná á ngabháil agus á gcur ag obair i dtionscal an ghnéis, agus tá páistí á gceannach is á ndíol.

Sna tíortha is saibhre ar domhan tá páistí ag éileamh na n-éadaí agus na mbróg reatha is faiseanta: is 'sclábhaithe' iad ag na lipéid mhóra, mar Nike agus Adidas. Ar an taobh eile den domhan is fíorsclábhaithe iad na milliúin páiste, atá ag obair ó mhaidin go hoíche chun na héadaí agus na bróga spóirt faiseanta seo a dhéanamh sna monarchana.

Dar leis an gCónaidhm Idirnáisiúnta um Chearta an Duine, tá 250 milliún páiste faoi bhun ceithre bliana déag d'aois ag obair, cuid acu chomh hóg le cúig bliana d'aois. Tá 50 milliún de na páistí seo ag obair i bpoist a chuireann a sláinte i mbaol. Déanann páistí san Ind sainobair i dtionscal na gcairpéad a dhéanann dochar dá súile. I Sasana sa naoú haois déag bhí sé de nós ag fostóirí páistí a sheoladh síos na mianaigh nó suas na simléir toisc go raibh siad beag agus aclaí agus go raibh sé ar a gcumas dul isteach i spásanna a bheadh róbheag do dhaoine fásta. Tá páistí fós ag obair inniu i mianaigh chontúirteacha ar an gcúis chéanna.

Freisin, bíonn i bhfad níos mó brabúis le saothrú nuair a bhíonn páistí i gceist, mar go bhfaigheann siad ráta pá an-íseal. San Éigipt, mar shampla, $1 in aghaidh an lae an meánphá a thuilleann an milliún páiste atá ag obair sa tír sin, de ghnáth ó 7 r.n. go dtí 6 i.n. Ach bíonn tíortha an Iarthair sásta go leor earraí saora a cheannach, agus ní chuirtear mórán ceisteanna faoi shaol ná faoi aois na n-oibrithe a chruthaigh na hearraí céanna.

Geallann Coinbhinsiún na Náisiún Aontaithe um Chearta an Pháiste, a síníodh sa bhliain 1989, cearta an pháiste oideachas a fháil agus obair a sheachaint. Ach ainneoin an réitigh idirnáisiúnta sin, tá na milliúin páiste fós ag obair nuair ba cheart dóibh a bheith ag freastal ar scoil. Cé go bhfuil saothar na bpáistí tarraingteach go leor go gearrthéarmach do thuismitheoirí i dtíortha atá i gcruachás leis an mbochtanas, cuirfear srian ar fhorbairt na dtíortha seo amach anseo de bharr easpa oideachais an aosa óig.

As alt le hEithne Fitzgerald in *Foinse*, 22 Aibreán 2001.

 Gluais

éacht:	*feat*
an tslí a bhfuil sé curtha in iúl ag Trócaire dúinn:	*how Trócaire has informed us*
sclábhaíocht:	*slavery*
go forleathan:	*widespread*
shíl muidne:	*we thought*
san Iarthar:	*in the West*

deireadh:	*an end*
stáit an Tuaiscirt:	*the Northern states*
bua:	*victory*
Cogadh Cathartha:	*Civil War*
ag saothrú gan pá ar bith:	*working without any pay*
á ngabháil:	*being seized*
i dtionscal an ghnéis:	*in the sex industry*
á gceannach:	*being bought*
ag éileamh:	*demanding*
bróga reatha:	*runners*
is faiseanta:	*the most fashionable*
lipéid mhóra:	*big labels*
fíorsclábhaithe:	*real slaves*
sna monarchana:	*in the factories*
an Chónaidhm Idirnáisiúnta um Chearta an Duine:	*the International Federation of Human Rights*
a chuireann a sláinte i mbaol:	*that put their health in danger*
sainobair:	*specialised work*
i dtionscal na gcairpéad:	*in the carpet industry*
dochar:	*harm*
sa naoú haois déag:	*in the nineteenth century*
bhí sé de nós ag fostóirí:	*it was the practice of employers*
mianaigh:	*mines*
simléir:	*chimneys*
aclaí:	*fit*
spásanna:	*spaces*
contúirteach:	*dangerous*
ar an gcúis chéanna:	*for the same reason*
i bhfad níos mó brabúis:	*far more profit*
an-íseal:	*very low*
an meánphá:	*the average wage*
earraí saora:	*cheap goods*
ní chuirtear mórán ceisteanna:	*not many questions are asked*
oibrithe:	*workers*
a chruthaigh na hearraí céanna:	*who created those goods*
Coinbhinsiún na Náisiún Aontaithe um Chearta an Pháiste:	*the UN Convention on the Rights of the Child*
obair a sheachaint:	*to avoid work*
ainneoin an réitigh idirnáisiúnta sin:	*despite that international agreement*
saothar:	*work*
tarraingteach:	*attractive*

go gearrthéarmach:	*in the short term*
i gcruachás:	*in difficulty*
srian:	*curb*
forbairt:	*development*
amach anseo:	*in the future*
de bharr easpa oideachais an aosa óig:	*because of young people's lack of education*

An tráchtaire spóirt Eoghan Ó Neachtain as Conamara, an t-aoi speisialta i gclár a sé déag den tsraith *Turas Teanga* ar an teilifís. *(The sports commentator Eoghan Ó Neachtain from Conamara, special guest in programme sixteen of the* Turas Teanga *television series.)*

ABC Frásaí agus focail

Tar isteach. / Tagaigí isteach.	*Come in.*
Suigh síos. / Suígí síos.	*Sit down.*
Lig do scíth. / Ligigí bhur scíth.	*Have a rest.*
Tóg go bog é. / Tógaigí go bog é.	*Take it easy.*
Dún an doras. / Dúnaigí an doras.	*Close the door.*
Oscail an fhuinneog. / Osclaígí an fhuinneog.	*Open the window.*
Seachain! / Seachnaígí!	*Look out!*
Seachain an cat!	*Mind the cat!*
Gabh amach!	*Get out!*
Bí ciúin. / Bígí ciúin.	*Be quiet.*
Ciúnas!	*Quiet!*
Fan socair. / Fanaigí socair.	*Stay quiet.*
Gabh i leith nó **Goitse** nó **Téanam.**	*Come here / Come along.*
Déan deifir. / Déanaigí deifir.	*Hurry up.*

Gabh a luí. / Gabhaigí a luí.	*Go to bed.*
Éirigh. / Éirígí.	*Get up.*
Ith do dhinnéar. / Ithigí bhur ndinnéar.	*Eat your dinner.*
Ól an bainne. / Ólaigí an bainne.	*Drink the milk.*
Glan d'aghaidh. / Glanaigí bhur n-aghaidh.	*Clean your face. / Clean your faces.*
Nigh do lámha. / Nígí bhur lámha.	*Wash your hands.*
Ná bí dána. / Ná bígí dána.	*Don't be bold.*
Ná bí ag troid. / Ná bígí ag troid.	*Don't be fighting.*
Ná habair faic. / Ná habraigí faic.	*Say nothing.*
Déan do dhícheall. / Déanaigí bhur ndícheall.	*Do your best.*
Ar mhiste leat/libh . . . ?	*Would you mind . . . ?*
An bhféadfá . . . ? / An bhféadfadh sibh . . . ?	*Could you . . . ?*
An féidir liom . . . ?	*Can I . . . ?*
An bhféadfainn . . . ?	*Could I . . . ?*

Súil siar ar an aonad

Bain triail as an ngníomhaíocht seo go bhfeice tú an bhfuil na príomhphointí a múineadh in Aonad 16 ar eolas agat. Éist leis an dlúthdhiosca nuair a bheidh tú críochnaithe chun do fhreagraí a dhearbhú. (*Try this activity now to see if you know the main points taught in Unit 16. Listen to the CD when you have finished in order to verify your answers.*)

Conas mar a déarfá na nithe seo a leanas? (*How would you say the following?*)

(*a*)   Stand up.
(*b*)   Stand up [addressing more than one person].
(*c*)   Away you go out to the sitting-room.
(*d*)   Be off upstairs.
(*e*)   Would you mind doing it one more time? [addressing more than one person]
(*f*)   Mind the table!
(*g*)   Could you stand up?
(*h*)   Would you mind leaving it, Nóra?
(*i*)   Anna, would you mind if we did another scene?
(*j*)   Could you call me tomorrow, Liam?
(*k*)   Could I help you?
(*l*)   Can I open this window?

Freagraí na ngníomhaíochtaí

Gníomhaíocht 16.2

(a) Bailígí an bruscar, le bhur dtoil.
(b) Nígí na gréithe.
(c) Déanaigí an obair sin roimh am lóin.
(d) Ná téigí amach go fóill.
(e) Abraigí leo teacht isteach.
(f) Dúnaigí an fhuinneog sin, le bhur dtoil.
(g) Ná tugaigí aon aird air.
(h) Tagaigí ar ais amárach timpeall a dó a chlog.

Gníomhaíocht 16.3

(a) An bhféadfá seasamh suas?
(b) Tá an áit ina chiseach.
(c) ar ball
(d) Ní bheidh mé dhá nóiméad á dhéanamh.
(e) Sílim gur chóir duit féachaint síos ar do bhróga.
(f) Ar mhiste leat?
(g) Ar chuma libh é a chur in aghaidh an bhalla sin?
(h) Tá muidne ag imeacht anois.

Gníomhaíocht 16.4

(a) An bhféadfadh sibh gar a dhéanamh dom?
(b) Ar mhiste leat glaoch orm Dé hAoine?
(c) Ar mhiste leat an fhuinneog sin a oscailt?
(d) An bhféadfá do sheoladh ríomhphoist a thabhairt dom?
(e) An bhféadfadh sibh an chistin a ghlanadh?
(f) An bhféadfadh sibh cabhrú liom an bord seo a iompar?
(g) An bhféadfá an doras a dhúnadh i mo dhiaidh?
(h) An bhféadfainn an fhuinneog seo a oscailt?
(i) An bhféadfainn labhairt le Deirdre?
(j) An féidir liom an dlúthdhiosca seo a fháil ar iasacht?

Gníomhaíocht 16.5

(a) An bhféadfainn glaoch ort amárach?
(b) An féidir liom deich euro a fháil ar iasacht uait?
(c) An féidir liom an doras seo a dhúnadh?
(d) Ar mhiste leat é sin a rá arís, le do thoil?

(e)   An bhféadfadh sibh bhur seoladh ríomhphoist a thabhairt dom?
(f)   An bhféadfá teacht isteach anseo, le do thoil?
(g)   Ar chuma libh teacht ar ais amárach, le bhur dtoil?
(h)   Ar mhiste libh an tolg a chur ansin, in aghaidh an bhalla?

Súil siar ar an aonad

(a)   Seas suas.
(b)   Seasaigí suas.
(c)   Imigh leat amach chuig an seomra suí.
(d)   Gread leat suas staighre.
(e)   Ar mhiste libh é a dhéanamh uair amháin eile?
(f)   Seachain an bord!
(g)   An bhféadfá seasamh suas?
(h)   Ar mhiste leat é a fhágáil, a Nóra?
(i)   A Anna, ar mhiste leat dá ndéanfaimis radharc eile?
(j)   An bhféadfá glaoch orm amárach, a Liam?
(k)   An bhféadfainn cabhrú leat?
(l)   An féidir liom / An bhféadfainn an fhuinneog seo a oscailt?

Aistriúchán ar na comhráite

Maighréad wants to sweep the floor, but Aoife, who's engrossed in a Sunday newspaper, is in her way.

Maighréad: Stand up there like a good girl.
Aoife: Mm?
Maighréad: Aoife, stand up. You're in my way.

Aoife lifts her legs but stays where she is.

Maighréad: Aoife, are you listening to me?
Aoife: Yes.
Maighréad: Well, stand up then.

Aoife stands up but continues to read the paper.

Maighréad: Away you go out to the other room.
Aoife: But Siobhán is listening to music there.
Maighréad: Be off upstairs, then. And take the paper with you.
Aoife [*under   Ah, shut up!
    her breath*]:
Maighréad: What did you say?
Aoife: Nothing.
Maighréad: Say it out loud if you have something to say.
Aoife: I said nothing.

Sinéad and Mícheál are rehearsing a play. Listen to the orders the director gives them.

Anna: Okay. Stand there in the middle of the stage and start again from the beginning.

The actors get ready to try the piece again.

Mícheál: I'd be much obliged to you if you were willing to meet me some day next week.

Sinéad: Could you call me at your convenience?

Anna: Okay . . . Stop there for a minute. Mícheál, say that line with passion. You're in love with her, but you're too shy to say that out loud. Say it with passion.

Mícheál tries the line again, trying to be more passionate.

Mícheál: I'd be much obliged to you if you were willing to meet me some day next week.

Sinéad: Could you call me at your convenience?

Anna: Stop again. That's better, Mícheál. Now, Sinéad, don't you be too nice to him. You don't like him. Okay. Would you mind doing it one more time?

A new sofa is being delivered to Róisín's house, but she's not sure where to put it. Listen to the orders she gives the delivery men as they struggle with it.

Róisín: Now, could you leave it down here?

Séamas: Here, is it?

Róisín: Yes, that's it . . . Watch the table!

They avoid the table, and they place the sofa on the floor.

Róisín: I don't know about that. Would you mind putting it by that wall?

They lift it up again.

Róisín: Over here with it . . . that's it!

They leave it down.

Cathal: Now! Are you satisfied?

Róisín doesn't seem convinced that it's in the right place.

Róisín: I don't know.

Maighréad is reading the paper. Aoife comes in with the vacuum cleaner and turns it off.

Aoife: Could you stand up there a minute?

Maighréad: Leave that for now like a good girl.

Aoife: But the place is a mess. Stand up a minute; I won't be long.

Maighréad:	Leave it like good girl. I'll do it myself later.
Aoife:	I'll do it now if you stand up.
Maighréad:	Would you mind leaving it? I've been working all day and I've just sat down.
Aoife:	Well, if you stand up again I'll only be two minutes doing it.

Maighréad stands up, gives Aoife a dirty look, and walks out.

Mícheál and Sinéad are still rehearsing the play with the director, Anna. It's not going too well, however.

Mícheál:	I'd be much obliged to you if you were willing to meet me some day next week.
Anna:	Mícheál, I think you should look down at your shoes as you say the line.
Mícheál:	But shouldn't I say it with passion?
Anna:	You should, but don't forget that you're a very shy person.

Mícheál tries again.

Mícheál:	I'd be much obliged to you if you were willing to meet me some day next week.
Anna:	Stop there, Mícheál.
Sinéad:	Anna, would you mind if we did some other scene? We're tired of this one.
Anna:	All right. We'll do another one.

Róisín still can't decide where to put the new sofa. The delivery men's patience is wearing thin.

Róisín:	Would it bother you to move it one more time?
Cathal:	Go ahead.
Róisín:	Would you mind putting it by that wall?
Séamas:	That's where we put it first.
Róisín:	I know. Would you mind putting it there again?
Cathal:	Let's do it.

They lift it up again.

Róisín:	That's it . . . another small bit . . . there!
Séamas:	Well, are you happy?
Róisín:	Yes. I think so.
Cathal:	Well, if you don't mind, we're leaving now.

Aonad 17

TEANGACHA

LANGUAGES

San aonad seo, déanfaidh tú na rudaí seo a leanas a chleachtadh (*In this unit, you will practise the following*):

- ag rá cad iad na teangacha atá agat (*saying what languages you speak*)
- ag rá cé chomh maith is atá teanga agat (*saying how well you speak a language*)
- ag cur tuairimí in iúl faoi theangacha (*expressing opinions on languages*)
- ag déanamh comparáide idir teangacha (*comparing languages*)
- ag rá céard iad na deiseanna a bhíonn agat ar theanga a labhairt (*saying what opportunities you have to speak a language*)
- ag rá cén chaoi ar fhoghlaim tú teanga (*saying how you learnt a language*).

Foghlaim na Gaeilge 17

Tá sé tábhachtach bheith ábalta an Ghaeilge a thuiscint agus tú féin a chur in iúl sa teanga, ach is fiú iarracht a dhéanamh chomh maith do chuid scileanna scríofa a fhorbairt. Déan iarracht an teanga a scríobh go rialta, trí dhialann a choinneáil, mar shampla. Scríobh abairtí simplí, agus bí cúramach faoi inscne ainmfhocal agus foirmeacha an bhriathair. Úsáid an foclóir chun focail a aimsiú nach bhfuil ar eolas agat. Ceannaigh leabhar nótaí agus scríobh focail agus frásaí nua ann, nó déan é seo ar do ríomhaire. Bíodh rannóga éagsúla agat, mar shampla toipicí (caitheamh aimsire, teicneolaíocht, éadaí, srl.), seanfhocail, mallachtaí, beannachtaí, agus mar sin de.

It's important to be able to understand Irish and be able to express yourself in the language, but it's worth making an effort as well to develop your writing skills. Try writing in the language regularly, by keeping a diary, for example. Write simple sentences, and be careful about the gender of nouns and the forms of the verb. Use the dictionary to find words that you don't know. Buy a notebook and write new words and phrases in it, or do this on your computer. Have various sections, for example topics (pastimes, technology, clothes, etc.), proverbs, curses, greetings, and so on.

Gníomhaíocht 17.1

Cloisfidh tú daoine ag caint faoi theangacha. Éist leo ar dtús gan féachaint ar an script ag deireadh an aonaid go bhfeice tú an dtuigfidh tú mórán dá gcuid cainte. (*You'll hear people talking about languages. Listen to them first without looking at the script at the end of the unit and see how much you understand.*)

Comhráite

During a radio interview, Anna asks Maighréad about the languages she speaks.

Anna:	Inniu ar an chlár beidh muid ag caint ar theangacha na hEorpa. Sa stiúideo liom anois tá Maighréad Ní Thuairisc. A Mhaighréad, cad iad na teangacha atá agatsa?
Maighréad:	Bhuel, tá an Ghaeilge ó dhúchas agam. D'fhoghlaim mé an Béarla ar an mbunscoil, agus d'fhoghlaim mé an Fhraincis ar an meánscoil.
Anna:	Agus an bhfuil an Fhraincis go líofa agat, mar sin?
Maighréad:	Tá, go deimhin. Téim anonn go Páras cúpla uair sa mbliain.
Anna:	Tá an Iodáilis agat chomh maith, nach bhfuil?
Maighréad:	Tá. Tá an Iodáilis ar mo thoil agam.
Anna:	Agus an mbíonn tú anonn is anall chun na hIodáile chomh maith?
Maighréad:	Ní bhíonn. Ní raibh mé riamh san Iodáil.
Anna:	Cén dóigh ar fhoghlaim tú an teanga, mar sin?
Maighréad:	I Meiriceá a d'fhoghlaim mé í.
Anna:	An ndearna tú cúrsa Iodáilise i Meiriceá?
Maighréad:	Muise, ní dhearna. Bhí mé i mo chónaí i gceantar Iodálach i mBostún. Ó na comharsanaigh a d'fhoghlaim mé an Iodáilis.

Siobhán is being interviewed for a job as a tour guide.

Agallóir:	Cad iad na teangacha atá agat?
Siobhán:	Tá mé ag déanamh staidéir ar an Iodáilis agus ar an Spáinnis san ollscoil.
Agallóir:	An bhfuil ceachtar den dá theanga sin go líofa agat?
Siobhán:	Tá mé líofa go maith san Iodáilis. Níl an Spáinnis chomh maith céanna agam.

Agallóir: An bhfuil Fraincis agat?

Siobhán: Tá beagán Fraincise agam. Tá sí níos casta mar theanga, sílim féin, ná an Iodáilis.

Agallóir: Bíonn cuairteoirí againn ón Ghearmáin chomh maith. An bhfuil Gearmáinis ar bith agat?

Siobhán: Fíorbheagán, dáiríre. Tá an Ghearmáinis i bhfad níos casta ná an Fhraincis, feictear domsa.

During a meal in a restaurant, Róisín finds out that Dónall is fluent in French.

Freastalaí: *Merçi, monsieur.*

Dónall: *Merçi.*

Róisín: Tá an-Fhraincis agat.

Dónall: Ó, go raibh maith agat. Tá sí fuirist a fhoghlaim mar theanga, ceapaim féin.

Róisín: Ní bhfuaireas-sa fuirist í in aon chor ar scoil. An bhfaigheann tú mórán deise ar í a labhairt?

Dónall: Ní fhaigheann na laethanta seo. Bím ag féachaint ar an nuacht Fraincise ar an teilifís, sin an méid.

Eolas úsáideach / *Useful information*

- In Irish you don't say you speak a language — you say instead that you *have* a language:
  Tá Fraincis agam. (*I speak French.*)
  Céard iad na teangacha atá agat? (*What languages do you speak?*)
  Céard iad na teangacha iasachta atá agat? (*What foreign languages do you speak?*)

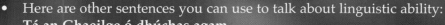

- Here are other sentences you can use to talk about linguistic ability:
  Tá an Ghaeilge ó dhúchas agam.
  or
  Is cainteoir dúchais Gaeilge mé. (*I'm a native speaker of Irish.*)
  Tá an Ghearmáinis go líofa agam.
  or
  Tá Gearmáinis líofa agam. (*I speak German fluently.*)
  Tá mé líofa go maith san Iodáilis. (*I'm quite fluent in Italian.*)
  or

243

Tá an Iodáilis ar mo thoil agam. (*I speak Italian fluently.*)

Tá beagán Fraincise aige. (*He speaks a little French.*)

Níl agam ach beagán Gaeilge. (*I only speak a little Irish.*)

Níl mórán Gearmáinise aici. (*She doesn't speak much German.*)

Tá an-Fhraincis agat. (*You speak French very well.*)

- Here's a reminder of the different forms of the prepositional pronoun **ag**:

agam (*at me*)	**againn** (*at us*)
agat (*at you*)	**agat** (*at you*)
aige (*at him*)	**acu** (*at them*)
aici (*at her*)	

- In Unit 7, we mentioned the fact that the definite article (**an** or **na**) is often used in Irish where it wouldn't be in English: with the names of languages, for example. You can often choose whether or not to use the article.
  an Spáinnis (*Spanish*)
  an Phortaingéilis (*Portuguese*)

- The names of most languages are feminine in Irish, with one important exception: **Béarla** (*English*).
  an Béarla
  but
  an Fhraincis
  an Ghearmáinis

- Don't forget to lenite the adjective **maith** (*good*) when you use it with a feminine noun:
  Tá Spáinnis mhaith aige.

Gníomhaíocht 17.2

Líon na bearnaí sna habairtí seo (*Fill the blanks in these sentences*):

(*a*) Tá Béarla _____ ag Olga anois. (*Olga speaks good English now.*)

(*b*) Bhí Bríd ag rá liom go bhfuil Fraincis _____ aici. (*Bríd was telling me she speaks good French.*)

(*c*) A chailíní, an bhfuil mórán Spáinnise _____? (*Girls, do you speak much Spanish?*)

(*d*) Tá an Iodáilis ó _____ _____. (*He's a native Italian-speaker.*)

(*e*) Tá beagán Breatnaise _____. (*They speak some Welsh.*)

(*f*) Cén teanga a labhraíonn siad ansin?—An _____. (*What language do they speak there? —Portuguese.*)

(*g*) Tá an tSeapáinis ar mo _____ agam. (*I speak Japanese fluently.*)

(*h*) Tá _____ Gréigise agam. (*I speak a little Greek.*)

Gníomhaíocht 17.3

Déan iarracht leagan Gaeilge na bhfocal agus na bhfrásaí seo a leanas a aimsiú agus tú ag éisteacht leis na comhráite.
(*Try to find the Irish equivalent of the words and phrases below as you listen to the dialogues.*)

(*a*) grammar

(*b*) very complicated

(*c*) Do you get an opportunity to use it?

(*d*) Did I tell you about Classical Greek?

(*e*) apart from Japanese

(*f*) European languages

(*g*) very useful

(*h*) to practise your French

Comhráite

Back in the studio, poor Anna is finding Maighréad hard work.

Anna: Agus an bhfuil Gearmáinis ar bith agat?
Maighréad: Tá, go deimhin. Is breá liom an Ghearmáinis.
Anna: Deirtear go bhfuil gramadach na Gearmáinise an-chasta.
Maighréad: Tá. Ach is breá liomsa a bheith ag plé le cúrsaí gramadaí. Tá
           Polainnis chomh maith agam. Sin teanga álainn, an Pholainnis.
Anna: Agus an bhfaigheann tú deis ar bith í sin a labhairt?
Maighréad: Tá mac dearthár liom pósta ar bhean ón bPolainn. Bím ag caint
           léi siúd. Agus tá teilifís na Polainne againn sa mbaile ar an
           tsatailít.
Anna: Seacht gcinn de theangacha atá agat, mar sin?
Maighréad: Ar ndóigh tá an Laidin chomh maith agam, agus an tSean-
           Ghréigis. Ar inis mé duit faoin tSean-Ghréigis?

Anna has heard enough.

Anna: Níor inis. Ach tá an clár chóir a bheith thart . . .
Maighréad: Tá smeadar maith de Ghàidhlig na hAlban chomh maith agam . . .

*Meanwhile, Siobhán is reaching the end of her interview for the tour guide job. She feels
it's not going well. Then she tells the interviewer something that he finds very interesting.*

Agallóir: Ceart go leor, mar sin. Tá Iodáilis líofa agat, chomh maith le
           beagán Fraincise agus roinnt Spáinnise. Níl teanga ar bith eile
           agat, an bhfuil?
Siobhán: Níl. Seachas an tSeapáinis.
Agallóir: An tSeapáinis? An ag magadh orm atá tú?
Siobhán: Ní hea. Chaith mé trí bliana i mo chónaí sa tSeapáin nuair a bhí
           mé níos óige. Bhí m'athair ag obair ansin. D'fhoghlaim mé an
           tSeapáinis an uair sin.
Agallóir: Agus tá sí agat go fóill?
Siobhán: Tá. Tá cairde agam sa tSeapáin fós.
Agallóir: Cad chuige nár dhúirt tú é sin i do litir?
Siobhán: Shíl mé gur teangacha Eorpacha a bhí ag teastáil don obair seo.
Agallóir: Ní hiad amháin. Tá an tSeapáinis an-úsáideach anois chomh
           maith.
Siobhán: Iontach!

Dónall comes up with a plan that will give Róisín the opportunity to practise her French.

Dónall: *Merçi.*

The waiter leaves.

Dónall: A Róisín—ar mhaith leatsa deis a fháil do chuid Fraincise a chleachtadh?

Róisín: Ach níl agam ach cúpla focal.

Dónall: Nach cuma? Ar mhaith leat deis a fháil do chúpla focal a chleachtadh?

Róisín: Conas?

Dónall takes two documents from his pocket and lays them on the table. Róisín picks them up and examines them.

Róisín: Dhá thicéad fillte go Páras? Don deireadh seachtaine?

Dónall: *Exactement.*

Róisín: Dúinne?

Dónall: Cé eile?

Róisín: Ó, a Dhónaill! Tá tú chomh rómánsúil!

Eolas úsáideach / *Useful information*

- If you wish to say that you speak a few or many languages, remember that the **t** in teanga will be lenited or eclipsed:
  Tá dhá/trí/ceithre/cúig/sé theanga agam.
  Tá seacht/ocht/naoi/deich dteanga aige.

- You can also use **ceann**:
  Tá cúig cinn de theangacha aici.

- You can use **ceann** as well if you're asked how many languages you can speak:
  Cé mhéad teanga atá agat? / An bhfuil mórán teangacha agat?
  Ceann amháin / dhá cheann / trí cinn / ceithre cinn / cúig cinn / sé cinn / seacht gcinn / ocht gcinn / naoi gcinn / deich gcinn.

- The following examples contain the genitive case of nouns denoting various languages, with and without the definite article:

an Ghearmáinis	**gramadach na Gearmáinise** (*the grammar of German*)
	beagán Gearmáinise (*a little German*)
an Fhraincis	**cainteoirí na Fraincise** (*the speakers of French*)
	do chuid Fraincise (*your French*)
an Ghaeilge	**canúintí na Gaeilge** (*the dialects of Irish*)
	roinnt Gaeilge (*some Irish*)
an Béarla	**fuaimeanna an Bhéarla** (*the sounds of English*)
	a lán Béarla (*a lot of English*)

- The noun **teanga** is also feminine:
  an teanga (*the language*)   **fuaimeanna na teanga** (*the sounds of the language*)
  Is teanga dheas í. (*It's a nice language.*)

Gníomhaíocht 17.4

Tabhair an freagra a thaispeántar ar na ceisteanna seo (*Answer these questions as shown*):

(*a*)   Cé mhéad teanga atá agat?
Tusa: *Three.*

(*b*)   An bhfuil Seapáinis agat?
Tusa: *Yes, a little.*

(*c*)   Céard iad na teangacha iasachta atá agat?
Tusa: *Spanish, German, and a little Italian.*

(*d*)   Cé mhéad teanga atá agat?
Tusa: *Two.*

(*e*)   Tá Gearmáinis agatsa, nach bhfuil?
Tusa: *Yes, I speak it fluently. [use **toil**]*

(*f*)   Tá Spáinnis líofa ag Máirtín, nach bhfuil?
Tusa: *Yes, he speaks it fluently. [use **líofa**]*

(*g*)   Tá Gaeilge líofa ag Treasa, nach bhfuil?
Tusa: *Yes, she's a native speaker.*

(*h*)   An bhfuil teangacha iasachta ar bith agat?
Tusa: *Yes. I learnt Spanish at school, and I'm fluent in French.*

Gníomhaíocht 17.5

Scríobh ainm na teanga atá i gceist in aice le gach beannacht. Tá na teangacha atá i gceist go léir luaite cheana féin san aonad seo. (*Write the name of the language in question beside each greeting. All the languages have come up already in this unit.*)

(*a*)   Buon giorno. / Ciao. _____

(*b*)   Guten tag. _____

(*c*)   Dzień dobry. / Cześć. _____

(*d*)   Buenos días. / Hola. _____

(*e*)   Bonjour. _____

(*f*)   Prynhawn da. / Hyló. _____

(*g*)   Kaliméra. / Giásou. _____

(*h*)   Konnichi wa. _____

Gníomhaíocht 17.6

Scríobh cuntas beag ar na teangacha atá agat féin agus chomh maith is atá siad ar eolas agat. (*Write a short account of the languages you speak and how well you speak them.*)

Frásaí agus focail

an Ghaeilge	*Irish*
an Bhreatnais	*Welsh*
Gàidhlig na hAlban	*Scottish Gaelic*
an Béarla	*English*
an Fhraincis	*French*
an Iodáilis	*Italian*
an Ghearmáinis	*German*
an Spáinnis	*Spanish*
an Ghréigis	*Greek*
an Rúisis	*Russian*
an tSualainnis	*Swedish*
an tSínis	*Chinese*
an tSeapáinis	*Japanese*

Tá an Spáinnis go líofa agam.	*I speak Spanish fluently.*
Tá an Ghaeilge ar a thoil aige.	*He speaks Irish fluently.*
Tá beagán Sínise agam.	*I speak a little Chinese.*
Tá mé ag foghlaim na Seapáinise.	*I'm learning Japanese.*
Tá Iodáilis mhaith aici.	*She speaks good Italian.*
Tá sí measartha / cuibheasach deacair mar theanga.	*It's quite a difficult language.*
an-deacair	*very difficult*
furasta / an-fhurasta	
nó éasca / an-éasca	*easy / very easy*
casta / an-chasta / róchasta	*complicated / very complicated / too complicated*

Tá mé ag foghlaim . . .	*I'm learning . . .*
ó fhíseáin	*from videos*
ón teilifís / ón raidió	*from television / from radio*
ón idirlíon	*from the internet*
Tá mé ag freastal ar rang oíche.	*I'm attending a night class.*
Tá mé ag freastal ar chiorcal comhrá.	*I'm attending a conversation circle.*
Bíonn rang agam uair sa tseachtain.	*I have a class once a week.*

gramadach / an ghramadach	*grammar / the grammar*
fuaimeanna na teanga	*the sounds of the language*

Tá mé ag foghlaim na teanga anois . . .	*I've been learning the language now . . .*
le beagnach bliain.	*for nearly a year.*
le cúig seachtaine.	*for five weeks.*
le sé mhí.	*for six months.*

Tá ag éirí go maith liom.	*I'm getting on well.*
Níl ag éirí go rómhaith liom.	*I'm not getting on too well.*

An t-údar, iriseoir agus úinéir caife Alex Hijmans as an Ísiltír, an t-aoi speisialta i gclár a seacht déag den tsraith *Turas Teanga* ar an teilifís. *(The author, journalist and café owner Alex Hijmans from the Netherlands, special guest in programme seventeen of the Turas Teanga television series.)*

Súil siar ar an aonad

Bain triail as an ngníomhaíocht seo go bhfeice tú an bhfuil na príomhphointí a múineadh in Aonad 17 ar eolas agat. Éist leis an dlúthdhiosca nuair a bheidh tú críochnaithe chun do fhreagraí a dhearbhú.

(*Try this activity now to see if you know the main points taught in Unit 17. Listen to the CD when you have finished in order to verify your answers.*)

Conas mar a déarfá na nithe seo a leanas? (*How would you say the following?*)

(*a*)   I learnt French at secondary school.
(*b*)   Do you speak French fluently?
(*c*)   What languages do you speak?
(*d*)   German is much more complicated than French.
(*e*)   I watch French news on television, that's all.

(f) I speak good Spanish.
(g) I spent three years living in Japan.
(h) I learnt Japanese then.
(i) Japanese is very useful now.
(j) Would *you* like to get an opportunity to practise your French?
(k) How many languages do you speak?—Four.
(l) He speaks six languages.

Freagraí na ngníomhaíochtaí

Gníomhaíocht 17.2

(a) Tá Béarla maith ag Olga anois.
(b) Bhí Bríd ag rá liom go bhfuil Fraincis mhaith aici.
(c) A chailíní, an bhfuil mórán Spáinnise agaibh?
(d) Tá an Iodáilis ó dhúchas aige.
(e) Tá beagán Breatnaise acu.
(f) Cén teanga a labhraíonn siad ansin?—An Phortaingéilis.
(g) Tá an tSeapáinis ar mo thoil agam.
(h) Tá beagán Gréigise agam.

Gníomhaíocht 17.3

(a) gramadach
(b) an-chasta
(c) An bhfaigheann tú deis ar bith í a labhairt?
(d) Ar inis mé duit faoin tSean-Ghréigis?
(e) seachas an tSeapáinis
(f) teangacha Eorpacha
(g) an-úsáideach
(h) do chuid Fraincise a chleachtadh

Gníomhaíocht 17.4

(a) Trí cinn.
(b) Tá, beagán.
(c) Spáinnis, Gearmáinis, agus beagán Iodáilise.
(d) Dhá cheann.
(e) Tá, tá sí ar mo thoil agam.
(f) Tá, tá sí go líofa aige.
(g) Tá, is cainteoir dúchais í. / Tá. Tá sí aici ó dhúchas.
(h) Tá. D'fhoghlaim mé an Spáinnis ar scoil, agus tá an Fhraincis go líofa agam / tá Fraincis líofa agam.

Gníomhaíocht 17.5

(a) An Iodáilis.
(b) An Ghearmáinis.
(c) An Pholainnis.
(d) An Spáinnis.
(e) An Fhraincis.
(f) An Bhreatnais.
(g) An Ghréigis.
(h) An tSeapáinis.

Súil siar ar an aonad

(a) D'fhoghlaim mé an Fhraincis ar an meánscoil.
(b) An bhfuil an Fhraincis go líofa agat?
(c) Céard iad na teangacha atá agat?
(d) Tá an Ghearmáinis i bhfad níos casta ná an Fhraincis.
(e) Bím ag féachaint ar an nuacht Fraincise ar an teilifís, sin an méid.
(f) Tá Spáinnis mhaith agam.
(g) Chaith mé trí bliana i mo chónaí sa tSeapáin.
(h) D'fhoghlaim mé an tSeapáinis an uair sin.
(i) Tá an tSeapáinis an-úsáideach anois.
(j) Ar mhaith leatsa deis a fháil do chuid Fraincise a chleachtadh?
(k) Cé mhéad teanga atá agat?—Ceithre cinn.
(l) Tá sé theanga aige *or* Tá sé cinn de theangacha aige.

Aistriúchán ar na comhráite

During a radio interview, Anna asks Maighréad about the languages she speaks.

Anna:	Today on the programme we'll be talking about European languages. In the studio with me now is Maighréad Ní Thuairisc. Maighréad, what languages do you speak?
Maighréad:	Well, I'm a native Irish-speaker. I learnt English in primary school, and I learnt French in secondary school.
Anna:	Do you speak fluent French then?
Maighréad:	Yes, indeed. I go over to Paris a few times a year.
Anna:	You speak Italian as well, don't you?
Maighréad:	Yes. I speak Italian fluently.
Anna:	And do you go over and back to Italy as well?
Maighréad:	No. I was never in Italy.
Anna:	How did you learn the language, then?
Maighréad:	I learnt it in America.

Anna:	Did you do an Italian course in America?
Maighréad:	Indeed, I didn't. I was living in an Italian area in Boston. I learnt Italian from the neighbours.

Siobhán is being interviewed for a job as a tour guide.

Interviewer:	What languages do you speak?
Siobhán:	I'm studying Italian and Spanish in university.
Interviewer:	Can you speak either of those two languages fluently?
Siobhán:	I'm quite fluent in Italian. I don't speak Spanish as well.
Interviewer:	Can you speak French?
Siobhán:	I know a little French. It's a more complicated language, I think myself, than Italian.
Interviewer:	We have visitors from Germany as well. Can you speak any German?
Siobhán:	Very little, really. German is a lot more complicated than French, it seems to me.

During a meal in a restaurant, Róisín finds out that Dónall is fluent in French.

Waiter:	*Merçi, monsieur.*
Dónall:	*Merçi.*
Róisín:	You speak French really well.
Dónall:	Oh, thank you. It's an easy language to learn, I think myself.
Róisín:	I didn't find it easy at all at school. Do you get much of an opportunity to speak it?
Dónall:	I don't these days. I watch French news on television, that's all.

Back in the studio, poor Anna is finding Maighréad hard work.

Anna:	And do you speak any German?
Maighréad:	I do indeed. I love German.
Anna:	They say that German grammar is very complicated.
Maighréad:	It is. But *I* love to be dealing with grammar. I speak Polish as well. That's a lovely language, Polish.
Anna:	And do you get any opportunity to speak it?
Maighréad:	A nephew of mine is married to a woman from Poland. I talk to her. And we have Polish television at home on satellite.
Anna:	You speak seven languages, then?
Maighréad:	Of course I know Latin as well, and Classical Greek. Did I tell you about Classical Greek?

Anna has heard enough.

Anna: You didn't. But the programme is nearly over . . .
Maighréad: I have a good smattering of Scottish Gaelic as well . . .

Meanwhile, Siobhán is reaching the end of her interview for the tour guide job. She feels it's not going well. Then she tells the interviewer something that he finds very interesting.

Interviewer: All right, so. You speak fluent Italian, as well as a little French and some Spanish. You can't speak any other language, can you?
Siobhán: No. Apart from Japanese.
Interviewer: Japanese? Are you joking?
Siobhán: No. I spent three years living in Japan when I was younger. My father was working there. I learnt Japanese then.
Interviewer: And you still speak it?
Siobhán: Yes. I still have friends in Japan.
Interviewer: Why did you not say that in your letter?
Siobhán: I thought it was European languages that were required for this work.
Interviewer: Not only them. Japanese is very useful now as well.
Siobhán: Great!

Dónall comes up with a plan that will give Róisín the opportunity to practise her French.

Dónall: *Merçi.*

The waiter leaves.

Dónall: Róisín—would you like to get a chance to practise your French?
Róisín: But I only speak a few words.
Dónall: Who cares? Would you like to get a chance to practise your few words?
Róisín: How?

Dónall takes two documents from his pocket and lays them on the table. Róisín picks them up and examines them.

Róisín: Two return tickets to Paris? For the weekend?
Dónall: *Exactement.*
Róisín: For us?
Dónall: Who else?
Róisín: Oh, Dónall! You're so romantic!

Aonad 18

AN GHAEILGE AGUS AN GHAELTACHT

THE IRISH LANGUAGE AND THE GAELTACHT

San aonad seo, déanfaidh tú na rudaí seo a leanas a chleachtadh (*In this unit, you will practise the following*):

- ag lorg eolais faoi chúrsa teanga (*seeking information about a language course*)
- ag plé cúrsaí lóistín (*discussing accommodation*)
- ag plé costas (*discussing costs*)
- ag ainmniú míonna na bliana agus ag cur dátaí in iúl (*naming the months of the year and expressing dates*)
- ag rá go bhfuil deacrachtaí agat (*saying you have difficulties*)
- ag cur tuairimí in iúl faoi chúrsa (*expressing opinions about a course*)
- ag cur míshásaimh in iúl (*expressing dissatisfaction*).

Foghlaim na Gaeilge 18

Slí amháin chun dul chun cinn tapa a dhéanamh agus tú ag foghlaim na Gaeilge ná freastal ar chúrsa teanga. Tá sé de nós ag go leor daoine freastal ar chúrsa ina gceantar féin i rith an gheimhridh agus cúrsa a dhéanamh i gceantar Gaeltachta i rith an tsamhraidh. Bíonn cúrsaí do dhaoine fásta ar siúl sna príomhcheantair Ghaeltachta i rith mhíonna an tsamhraidh, agus déanann foghlaimeoirí as gach cearn den domhan freastal orthu. Ní hamháin go n-éiríonn le daoine Gaeilge a fhoghlaim ar na cúrsaí seo ach cothaítear cairdeas idir iad féin agus daoine eile a mhaireann ar feadh a saoil.

One way of helping your progress as a learner is to attend a language course. A lot of people attend a course in their own area during the winter and do a course in an Irish-speaking district during the summer. There are courses for adult learners of Irish in the principal Irish-speaking districts during the summer months, and they are attended by learners from all over the world. Not only do people manage to learn Irish on these courses, but they also establish friendships that last all their lives.

Gníomhaíocht 18.1

Cloisfidh tú daoine ag caint faoi chúrsa Gaeilge. Éist leo ar dtús gan féachaint ar an script ag deireadh an aonaid go bhfeice tú an dtuigfidh tú mórán dá gcuid cainte. (*You'll hear people talking about an Irish-language course. Listen to them first without looking at the script at the end of the unit and see how much you understand.*)

Comhráite

Celine is interested in learning Irish and is looking for information about a residential summer course.

Siobhán:	Dia duit. Cúrsaí Gaeilge Teoranta.
Celine:	Dia is Muire duit. Tá mé ag lorg eolais faoi na cúrsaí teanga a bhíonn agaibh i rith an tsamhraidh.
Siobhán:	Cinnte. Bíonn trí chúrsa againn: cúrsa bunleibhéil, cúrsa meánleibhéil, agus cúrsa ardleibhéil. Cén cúrsa ba mhaith leat a dhéanamh?
Celine:	Ba mhaith liom triail a bhaint as an gcúrsa ardleibhéil.
Siobhán:	Go breá. Beidh sé sin ar siúl an chéad seachtain de mhí Lúnasa, anseo sa Spidéal.
Celine:	Agus cé mhéad a chosnaíonn an cúrsa?
Siobhán:	Cosnaíonn an cúrsa féin céad seachtó euro don tseachtain. Tá costas breise, ar ndóigh, ar an lóistín.

Celine then asks about the accommodation available to those attending the course.

Celine:	Cén cineál lóistín atá ar fáil?
Siobhán:	Tá dhá chineál lóistín againn: féadfaidh tú fanacht i dteach le teaghlach Gaeltachta, nó féadfaidh tú fanacht le daoine eile atá ag freastal ar an gcúrsa. Lóistín féinfhreastail atá ansin.
Celine:	Agus cé mhéad a chosnaíonn an dá chineál lóistín?
Siobhán:	Má tá tú ag iarraidh lóistín iomlán—is é sin leaba agus trí bhéile in aghaidh an lae—cosnaíonn sé sin céad naocha a cúig euro don tseachtain.
Celine:	Agus má fhanaim le daoine eile atá ag freastal ar an gcúrsa?
Siobhán:	Naocha a cúig euro atá ar an lóistín féinfhreastail. An gcuirfidh mé bróisiúr amach sa phost chugat?
Celine:	Bheadh sé sin go hiontach.

Cathal is in charge of the courses, and he's looking for someone to teach the advanced level in August. He speaks to Maighréad about it.

Cathal: An mbeadh suim ar bith agat múineadh ar an chúrsa do dhaoine fásta i mí Lúnasa?

Maighréad: Seans go mbeadh. Cén leibhéal a bheadh i gceist?

Cathal: Tá mé ag cuartú duine leis an chúrsa ardleibhéil a mhúineadh.

Maighréad: An comhrá a bheadh le múineadh, nó gramadach, nó an dá rud?

Cathal: Is ar an chomhrá a bheadh an bhéim. Ní miste beagán gramadaí a mhúineadh chomh maith, ach gan dul thar fóir leis.

Maighréad: Is breá liomsa gramadach a mhúineadh . . . Maith go leor, mar sin, déanfaidh mé é.

Cathal: Go hiontach!

Rang Gaeilge faoin aer ag Oideas Gael, Gleann Cholm Cille, Contae Dhún na nGall.
(An Irish language class in the open air at Oideas Gael, Gleann Cholm Cille, County Donegal.)

Eolas úsáideach / *Useful information*

- Cathal is a speaker of Ulster Irish, so he lenites consonants (rather than eclipsing them) after **ar an** and **leis an**:

Ulster Irish	*Munster and Connacht Irish*
ar an / leis an chúrsa	**ar an / leis an gcúrsa**
ar an chomhrá	**ar an gcomhrá**

- The first column below gives the months of the year as they appear in writing (in dates and on calendars, for example), while the one on the right shows how they are usually said in speech.

Eanáir	**mí Eanáir**
Feabhra	**mí Feabhra**
Márta	**mí an Mhárta**
Aibreán	**mí (an) Aibreáin**
Bealtaine	**mí na Bealtaine**
Meitheamh	**mí an Mheithimh**
Iúil	**mí Iúil**
Lúnasa	**mí Lúnasa**
Meán Fómhair	**mí Mheán Fómhair**
Deireadh Fómhair	**mí Dheireadh Fómhair**
Samhain	**mí na Samhna**
Nollaig	**mí na Nollag**

- This is how dates are written in Irish:
  19 Eanáir 1963 (*19 January 1963*)
  21 Deireadh Fómhair 2004 (*21 October 2004*)
  We'll have more about dates later on in this unit.

- **Naocha** (*ninety*) is a variant of the more common **nócha**.
  Euro does not undergo any change when it follows a cardinal number:
  trí phunt (*three pounds*)   **ocht bpunt** (*eight pounds*)
  but
  trí euro (*three euro*)   **ocht euro** (*eight euro*)

- The dialogues above contain examples of *slender* consonants. Learners have particular difficulties with the slender **l** and slender **s**. Listen again to the dialogues, and pay special attention to the sounds that are marked below:

eolas (*information*)   **ag lorg eolais** (*looking for information*)
ardleibhéal (*advanced level*)   **cúrsa ardleibhéil** (*advanced-level course*)
féinfhreastal (*self-catering*)   **lóistín féinfhreastail** (*self-catering accommodation*)

Gníomhaíocht 18.2

Líon na bearnaí sna habairtí seo (*Fill the blanks in these sentences*):

(a) Cé mhéad cúrsa a bhíonn agaibh i rith __ _____? (*How many courses do you have during the summer?*)

(b) Bíonn ceithre _____ againn ar fad. (*We have four courses in all.*)

(c) An bhfuil mórán cúrsaí déanta agat?—Dhá _____ go dtí seo. (*Have you done many courses? — Two so far.*)

(d) Cé mhéad a _____ an cúrsa?—Céad ochtó euro. (*How much does the course cost? — A hundred and eighty euro.*)

(e) Ba mhaith liom triail a bhaint as an _____ sin. (*I'd like to try that course.*)

(f) Cuirfidh mé eolas chugat faoin _____ chineál lóistín. (*I'll send you information about the two types of accommodation.*)

(g) Beidh cúrsa amháin ar siúl i mí _____ _____. (*There will be one course in October.*)

(h) Sin ocht _____, le do thoil. (*That's eight euro, please.*)

Gníomhaíocht 18.3

Sula n-éistfidh tú leis na comhráite, déan iarracht na bearnaí iontu a líonadh, ag úsáid na bhfocal atá sa liosta. Éist leis na míreanna ansin chun do chuid freagraí a dhearbhú. Bí cúramach: tá focail bhreise sa liosta nach dtéann in aon bhearna! (*Before you listen to the dialogues, try to fill in the blanks, using the words in the list. Listen to the dialogues then to see whether you were right. Be careful: there are extra words in the list that don't fit into any blank!*)

faic   thuigimse
caint   taitneamh
labhairt   leor
tuigimse   cheart
léir   bhféadfá
gcaint

Comhráite

Celine has signed up for the advanced course and has Maighréad as her teacher. She's finding the going a bit tough.

Maighréad: Anois, an dtuigeann gach duine an méid sin?

Celine: Ní _____(1). Ar mhiste leat é a mhíniú arís?

Maighréad: Níor mhiste ar chor ar bith.

Celine: Agus an _____(2) é a scríobh ar an gclár an uair seo, le do thoil?

Maighréad: Ceart go leor, mar sin.

Celine talks to her friend Róisín on the phone later and tells her she's not too impressed with the course.

Róisín: Haileo?

Celine: Róisín? Seo Celine.

Róisín: Celine! Conas atá tú?

Celine: Á, ceart go _____(3).

Róisín: Conas a thaitníonn an cúrsa leat?

Celine: Ní thaitníonn sé rómhór liom. Níl _____(4) ar siúl ag an múinteoir linn ach gramadach.

Róisín: B'fhéidir gur _____(5) duit gearán a dhéanamh.

Celine: B'fhéidir.

Celine decides to take her friend's advice and let Maighréad know that she's not too happy with the emphasis on grammar in the course.

Celine: A Mhaighréad, tá mé ag iarraidh _____(6) leat.

Maighréad: Abair leat, a stór.

Celine: Tá suim agam sa ghramadach, ach. . .

Maighréad: Tá, agus agamsa. Tá suim agam sa ghramadach ó bhí mé i mo chailín beag.

Celine: Ach tá suim agam sa chaint chomh maith.

Maighréad: Agus gan an ghramadach ní bheidh cuma ná caoi ar an _____(7). Nach fíor dom?

Celine: Is dóigh; ach ní maith liom an iomarca gramadaí.

Maighréad: Níl a leithéid de rud ann agus an iomarca gramadaí.

Celine: Bhuel, níl mise sásta. Nílim ag baint aon _____(8) as an gcúrsa seo. Tá mé tinn tuirseach den ghramadach.

She storms out. Maighréad is surprised.

An múinteoir Gaeilge agus láithreoir teilifíse Aoife Ní Chonchúir as Corca Dhuibhne, an t-aoi speisialta i gclár a hocht déag den tsraith *Turas Teanga* ar an teilifís, le láithreoir an chláir, Sharon Ní Bheoláin.
(The Irish language teacher and television presenter Aoife Ní Chonchúir from the Kerry Gaeltacht, special guest in programme eighteen of the Turas Teanga *television series, with presenter Sharon Ní Bheoláin.)*

Eolas úsáideach / *Useful information*

Here is how dates are said in spoken Irish:

an chéad lá de mhí Eanáir	**ar an gcéad lá de mhí Eanáir**
(*the first of January*)	(*on the first of January*)
an dara lá de mhí Feabhra	**ar an dara lá de mhí Feabhra**
(*the second of February*)	(*on the second of February*)
an tríú lá de mhí an Mhárta	**ar an tríú lá de mhí an Mhárta**
(*the third of March*)	(*on the third of March*)
an ceathrú lá de mhí Aibreáin	**ar an gceathrú lá de mhí Aibreáin**
(*the fourth of April*)	(*on the fourth of April*)
an cúigiú lá de mhí na Bealtaine	**ar an gcúigiú lá de mhí na Bealtaine**
(*the fifth of May*)	(*on the fifth of May*)
an séú lá de mhí an Mheithimh	**ar an séú lá de mhí an Mheithimh**
(*the sixth of June*)	(*on the sixth of June*)
an seachtú lá de mhí Iúil	**ar an seachtú lá de mhí Iúil**
(*the seventh of July*)	(*on the seventh of July*)
an t-ochtú lá de mhí Lúnasa	**ar an ochtú lá de mhí Lúnasa**
(*the eighth of August*)	(*on the eighth of August*)
an naoú lá de mhí Mheán Fómhair	**ar an naoú lá de mhí Mheán Fómhair**
(*the ninth of September*)	(*on the ninth of September*)

an deichiú lá de mhí
  Dheireadh Fómhair
(*the tenth of October*)
an t-aonú lá déag de mhí na Samhna
(*the eleventh of November*)
an dara lá déag de mhí na Nollag
(*the twelfth of December*)
an fichiú lá
(*the twentieth*)
an t-aonú lá is fiche
(*the twenty-first*)
an tríochadú lá
(*the thirtieth*)
an t-aonú lá is tríocha
(*the thirty-first*)

ar an deichiú lá de mhí
  Dheireadh Fómhair
(*on the tenth of October*)
ar an aonú lá déag de mhí na Samhna
(*on the eleventh of November*)
ar an dara lá déag de mhí na Nollag
(*on the twelfth of December*)
ar an bhfichiú lá
(*on the twentieth*)
ar an aonú lá is fiche
(*on the twenty-first*)
ar an tríochadú lá
(*on the thirtieth*)
ar an aonú lá is tríocha
(*on the thirty-first*)

In Ulster Irish, consonants are lenited instead of being eclipsed after **ar an**:

an chéad lá de mhí na Samhna   **ar an chéad lá de mhí na Samhna**

The Irish for *between* is **idir**:
Beidh mé ann idir an chéad agus an tríú lá. (*I'll be there between the first and the third.*)

Here are the seasons in Irish:
an t-earrach (*spring*)   **i rith an earraigh** (*during the spring*)
an samhradh (*summer*)   **i rith an tsamhraidh** (*during the summer*)
an fómhar (*autumn*)   **i rith an fhómhair** (*during the autumn*)
an geimhreadh (*winter*)   **i rith an gheimhridh** (*during the winter*)

Gníomhaíocht 18.4

Tabhair an freagra a thaispeántar ar na ceisteanna seo (*Answer these questions as shown*):

(*a*)   Cathain a bheidh tú ar ais?
Tusa: *During the spring.*
(*b*)   Cathain a bhíonn na cúrsaí ar siúl?
Tusa: *During the summer—in June and July.*
(*c*)   An mbeidh sí ar ais gan mhoill?
Tusa: *Yes. On the fourth of March.*
(*d*)   Cén dáta a mbeidh an chóisir ar siúl?
Tusa: *On the eighth of December.*

(*e*)   Cathain a bheidh tú anseo?

Tusa: *I'll be here between the tenth and the eighteenth of May.*

(*f*)   Beidh do lá breithe ann gan mhoill, nach mbeidh?

Tusa: *Yes. On the fifteenth of September.*

(*g*)   Cathain go díreach a bheidh an cheolchoirm mhór sin ar siúl?

Tusa: *On the first of February, I think.*

(*h*)   An mbeidh tú ag an gcruinniú?

Tusa: *No. I'll be on holiday until the eleventh of August.*

Gníomhaíocht 18.5

Cuir na focail i ngach ceann de na habairtí seo san ord ceart, agus cuir isteach an phoncaíocht. (*Unjumble each of these sentences, and add punctuation.*)

(*a*)   é ar leat mhiste ar gclár a scríobh an (*Would you mind writing it on the board?*)

(*b*)   an féin cúrsa is seachtó cosnaíonn euro céad (*The course itself costs a hundred and seventy euro.*)

(*c*)   lóistín tá ar breise costas an (*The accommodation costs extra.*)

(*d*)   an bróisiúr chugat mé sa gcuirfidh phost amach (*Will I send you a brochure in the post?*)

(*e*)   mhúineadh breá gramadach liomsa a is (*I love teaching grammar.*)

(*f*)   thaitníonn conas cúrsa leat a an (*How are you enjoying the course?*)

(*g*)   tá chailín ghramadach suim agam mo ó beag bhí sa mé i (*I've been interested in grammar since I was a little girl.*)

(*h*)   as an nílim seo gcúrsa baint taitneamh ag aon (*I'm not enjoying this course.*)

Gníomhaíocht 18.6

Seo sliocht as alt le fear óg as Frankfurt na Gearmáine, Marcus Metz, atá an-tógtha leis an nGaeilge agus leis an gcultúr Gaelach. Tá gluais le fáil thíos, ach déan iarracht brí na bhfocal agus na bhfrásaí deacra a thomhas ón gcomhthéacs ar dtús, gan féachaint ar an ngluais.

(*This is an excerpt from an article by a young man from Frankfurt in Germany, Marcus Metz, who is very taken with the Irish language and culture. There is a glossary below, but try guessing the meaning of the difficult words and phrases from the context first, without looking at the glossary.*)

Thosaigh mé a fhoghlaim na Gaeilge i rith shamhradh na bliana 1993. Ní raibh focal ar bith agam ach 'Sláinte!' i dtús báire. Tháinig mé ar fhógra Oideas Gael, scoil teanga agus chultúir i nGleann Cholm Cille in iardheisceart Chontae Dhún na nGall, agus bheartaigh mé ar dhul ansin, mar go raibh beagán eolais agam ar an gceantar. I ndiaidh mo chéad chúrsa lean mé orm ag foghlaim na Gaeilge.

Is cinnte go bhfuil mé cineál tugtha don teanga. D'fhill mé ar Ghleann Cholm Cille chun cúrsaí seachtaine a dhéanamh idir 1994 agus 1996, agus bhí mé ansin i 1998 den uair dheireanach. Níor chaith mé níos mó ná seachtain amháin ann gach samhradh i rith na mblianta sin, ach tá cuimhne mhaith agam go fóill ar na hoícheanta fada siamsa.

Nuair a thug mé cuairt ghearr ar iarthuaisceart Chontae Dhún na nGall i 1994 thit mé i ngrá le ceantar Ghaoth Dobhair, cé nach maith le gach duine an ceantar sin. Caithfidh mé a admháil go bhfuil Gaoth Dobhair lán tithe agus go bhfuil gach áit ansin buailte ag an 'bungalow blitz'. Ach tá an dúlra ann go fóill, agus sílim go bhfuil na radhairc thíre an-álainn ar fad. Is ceantar beag fíorspéisiúil é atá suite idir an Earagail, an sliabh is airde sa chontae, agus na tránna fada iargúlta. Cé gur ceantar nua-aimseartha é ina bhfuil óstáin, dioscónna, ollmhargaí agus eastát mór tionsclaíoch, labhraíonn cuid mhór daoine an Ghaeilge go fóill ann.

Nuair a bhí mé ag déanamh staidéir ar an dlí in Ollscoil Mainz thosaigh mé a theagasc na Gaeilge san institiúid teangeolaíochta ansin. Fuair mé taithí éigin ar chúrsaí oideachais ar an tslí sin, agus scríobh mé mo chlár teagaisc féin. Níl an oiread sin ama agam faoi láthair, ach ó am go ham bím ag múineadh na Gaeilge do Chumann Gearmánach-Éireannach Rhein-Main i bhFrankfurt.

An uair dheireanach a bhí dianchúrsa againn i bhFrankfurt tháinig foghlaimeoir atá ina chónaí cúig chéad ciliméadar uainn. Dochreidte, dar liom féin!

Ar an drochuair, níl deis agam ar an Ghaeilge a labhairt sa bhaile. Níl aithne agam ach ar bheirt Ghaeilgeoirí i mo cheantar. Cé nach bhfuil deis agam ar an teanga a labhairt, bainim úsáid aisti chomh minic agus is féidir liom. Scríobhaim teachtaireachtaí ríomhphoist chuig cairde a bhfuil cónaí orthu i dtíortha eile, bím ag éisteacht le Raidió na Gaeltachta nó BBC Uladh (*Blas*), agus léim *Saol* agus *Beo!* anois is arís.

As alt le Marcus Metz a bhí i gcló san iris *Beo!* (www.beo.ie), Meitheamh 2003.

 Gluais

faoi dhraíocht:	*under a spell*
i dtús báire:	*at first*
tháinig mé ar fhógra:	*I came across an advertisement*
iardheisceart:	*south-west*
bheartaigh mé ar:	*I decided*
tugtha don teanga:	*addicted to the language*
a admháil:	*to admit*
dúlra:	*nature*
radhairc thíre:	*scenery*

fíorspéisiúil:	*very interesting*
na tránna fada iargúlta:	*the long, remote beaches*
nua-aimseartha:	*modern*
ollmhargaí:	*supermarkets*
eastát mór tionsclaíoch:	*a big industrial estate*
an dlí:	*the law*
a theagasc:	*teaching*
institiúid teangeolaíochta:	*linguistics institute*
taithí:	*experience*
clár teagaisc:	*teaching programme*
cumann:	*society*
dianchúrsa:	*an intensive course*
dochreidte:	*unbelievable*
ar an drochuair:	*unfortunately*
deis:	*opportunity*
teachtaireachtaí ríomhphoist:	*e-mail messages*

Frásaí agus focail

lóistín iomlán *full board*

bricfeasta, lón, agus dinnéar *breakfast, lunch, and dinner*

lóistín féinfhreastail *self-catering accommodation*

ag roinnt lóistín / tí / seomra
sharing accommodation / a house / a room

seomra singil *a single room*

costas / an costas	*cost / the cost*
táille an chúrsa	*the course fee*
éarlais / an éarlais	*(a) deposit / the deposit*
Cén éarlais atá le híoc?	*What deposit must be paid?*
áit a chur in áirithe	*to book a place*
Cén chaoi ar féidir liom áit a chur in áirithe?	*How can I reserve a place?*
clárú	*registration*
Ba mhaith liom clárú.	*I'd like to register.*
foirm chláraithe	*registration form*
bróisiúr / an bróisiúr	*(a) brochure / the brochure*
Cén fhad a mhairfidh an cúrsa?	*How long will the course last?*
Cathain a bheidh an cúrsa ar siúl?	*When will the course take place?*
Tá caighdeán na múinteoireachta go maith.	*The standard of teaching is good.*
ar fheabhas	*excellent*
go hiontach	*great*
an-spéisiúil nó an-suimiúil	*very interesting*
leadránach	*boring*
an iomarca gramadaí	*too much grammar*
rang / ranganna	*(a) class / classes*
ceardlann / an cheardlann / na ceardlanna	*(a) workshop / the workshop / the workshops*
imeachtaí sóisialta	*social events*
Ar mhiste leat . . .	*Would you mind . . .*
é sin a rá arís, le do thoil?	*saying that again, please?*
é sin a mhíniú arís?	*explaining that again?*
labhairt níos moille, le do thoil?	*speaking more slowly, please?*
é sin a litriú, le do thoil?	*spelling that, please?*
An bhféadfá é sin a scríobh ar an gclár, le do thoil?	*Could you write that on the board, please?*
Tá brón orm, ach ní thuigim an riail sin.	*I'm sorry, but I don't understand that rule.*

Súil siar ar an aonad

Bain triail as an ngníomhaíocht seo anois go bhfeice tú an bhfuil na príomhphointí a múineadh in Aonad 18 ar eolas agat. Éist leis an dlúthdhiosca nuair a bheidh tú críochnaithe chun do fhreagraí a dhearbhú.
(*Try this activity now to see if you know the main points taught in Unit 18. Listen to the CD when you have finished in order to verify your answers.*)

Conas mar a déarfá na nithe seo a leanas? (*How would you say the following?*)

(*a*) I'm looking for information about the language courses.
(*b*) What course would you like to do?
(*c*) I'd like to try the advanced-level course.
(*d*) How much does the course cost?
(*e*) The accommodation costs extra, of course.
(*f*) How much do the two types of accommodation cost?
(*g*) The self-catering accommodation costs ninety-five euro.
(*h*) Now, does everyone understand that much?
(*i*) Would you mind explaining it again?
(*j*) And could you write it on the board this time, please?
(*k*) I'm interested in grammar.
(*l*) I don't like too much grammar.

Freagraí na ngníomhaíochtaí

Gníomhaíocht 18.2

(*a*) Cé mhéad cúrsa a bhíonn agaibh i rith an tsamhraidh?
(*b*) Bíonn ceithre chúrsa againn ar fad.
(*c*) An bhfuil mórán cúrsaí déanta agat?—Dhá cheann go dtí seo.
(*d*) Cé mhéad a chosnaíonn an cúrsa?—Céad is ochtó euro.
(*e*) Ba mhaith liom triail a bhaint as an gcúrsa/chúrsa sin.
(*f*) Cuirfidh mé eolas chugat faoin dá chineál lóistín.
(*g*) Beidh cúrsa amháin ar siúl i mí Dheireadh Fómhair.
(*h*) Sin ocht euro, le do thoil.

Gníomhaíocht 18.3

(1) thuigimse
(2) bhféadfá
(3) leor
(4) faic
(5) cheart
(6) labhairt
(7) gcaint
(8) taitneamh

Gníomhaíocht 18.4

(a) I rith an earraigh.
(b) I rith an tsamhraidh—i mí Mheithimh agus mí Iúil.
(c) Beidh. Ar an gceathrú/cheathrú lá de mhí an Mhárta.
(d) Ar an ochtú lá de mhí na Nollag.
(e) Beidh mé anseo idir an deichiú agus an t-ochtú lá déag de mhí na Bealtaine.
(f) Beidh. Ar an gcúigiú/chúigiú lá déag de mhí Mheán Fómhair.
(g) Ar an gcéad/chéad lá de mhí Feabhra, ceapaim.
(h) Ní bheidh. Beidh mé ar saoire go dtí an t-aonú lá déag de mhí Lúnasa.

Gníomhaíocht 18.5

(a) Ar mhiste leat é a scríobh ar an gclár?
(b) Cosnaíonn an cúrsa féin céad is seachtó euro.
(c) Tá costas breise ar an lóistín.
(d) An gcuirfidh mé bróisiúr amach sa phost chugat?
(e) Is breá liomsa gramadach a mhúineadh.
(f) Conas a thaitníonn an cúrsa leat?
(g) Tá suim agam sa ghramadach ó bhí mé i mo chailín beag.
(h) Nílim ag baint aon taitneamh as an gcúrsa seo.

Súil siar ar an aonad

(a) Tá mé ag lorg eolais faoi na cúrsaí teanga.
(b) Cén cúrsa ba mhaith leat a dhéanamh?
(c) Ba mhaith liom triail a bhaint as an gcúrsa ardleibhéil.
(d) Cé mhéad a chosnaíonn an cúrsa?
(e) Tá costas breise, ar ndóigh, ar an lóistín.
(f) Cé mhéad a chosnaíonn an dá chineál lóistín?
(g) Naocha cúig euro atá ar an lóistín féinfhreastail.
(h) Anois, an dtuigeann gach duine an méid sin?
(i) Ar mhiste leat é a mhíniú arís?
(j) Agus an bhféadfá é a scríobh ar an gclár an uair seo, le do thoil?
(k) Tá suim agam sa ghramadach.
(l) Ní maith liom an iomarca gramadaí.

Aistriúchán ar na comhráite

Celine is interested in learning Irish and is looking for information about a residential summer course.

Siobhán:	Hello. Cúrsaí Gaeilge Limited.
Celine:	Hello. I'm looking for information about the language courses you have during the summer.
Siobhán:	Certainly. We have three courses: a basic-level course, an intermediate-level course, and an advanced-level course. What course would you like to do?
Celine:	I'd like to try the advanced course.
Siobhán:	Fine. That'll be on during the first week in August, here in An Spidéal.
Celine:	And how much does the course cost?
Siobhán:	The course itself costs a hundred and seventy euro for the week. Accommodation, of course, costs extra.

Celine then asks about the accommodation available to those attending the course.

Celine:	What type of accommodation is available?
Siobhán:	We have two types of accommodation: you can stay in a house with a Gaeltacht family, or you can stay with other people attending the course. That's self-catering accommodation.
Celine:	And how much do the two types of accommodation cost?
Siobhán:	If you want full board—that is, a bed and three meals a day— that costs one hundred and ninety-five euro for the week.
Celine:	And if I stay with other people attending the course?
Siobhán:	The self-catering accommodation is ninety-five euro. Will I send you a brochure in the post?
Celine:	That would be great.

Cathal is in charge of the courses, and he's looking for someone to teach the advanced level in August. He speaks to Maighréad about it.

Cathal:	Would you have any interest in teaching on the course for adults in August?
Maighréad:	I might. What level would it be?
Cathal:	I'm looking for someone to teach the advanced-level course.
Maighréad:	Would it involve teaching conversation, or grammar, or both?
Cathal:	The emphasis would be on conversation. It's no harm to teach some grammar as well, but not to go overboard with it.
Maighréad:	I love teaching grammar . . . All right, then, I'll do it.
Cathal:	Great!

Celine has signed up for the advanced course and has Maighréad as her teacher. She's finding the going a bit tough.

Maighréad: Now, does everybody understand that much?
Celine: I don't. Would you mind explaining it again?
Maighréad: I wouldn't mind at all.
Celine: And could you write it on the board this time, please?
Maighréad: All right, then.

Celine talks to her friend Róisín on the phone later and tells her she's not too impressed with the course.

Róisín: Hello?
Celine: Róisín? This is Celine.
Róisín: Celine! How are you?
Celine: Ah, all right.
Róisín: How do you like the course?
Celine: I don't like it too much. The teacher is doing nothing but grammar with us.
Róisín: Maybe you should complain.
Celine: Maybe.

Celine decides to take her friend's advice and let Maighréad know that she's not too happy with the emphasis on grammar in the course.

Celine: Maighréad. I want to speak to you.
Maighréad: Go ahead, my dear.
Celine: I'm interested in grammar, but. . .
Maighréad: Yes, and so am I. I've been interested in grammar since I was a little girl.
Celine: But I'm interested in conversation as well.
Maighréad: And without grammar, conversation will be all over the place. Amn't I right?
Celine: I suppose so; but I don't like too much grammar.
Maighréad: There's no such thing as too much grammar.
Celine: Well, I'm not happy. I'm not enjoying this course at all. I'm sick and tired of grammar.

Aonad 19

CAIRDEAS AGUS GRÁ

FRIENDSHIP AND LOVE

San aonad seo, déanfaidh tú na rudaí seo a leanas a chleachtadh (*In this unit, you will practise the following*):

- ag rá cén fhad atá tú ag siúl amach le duine nó pósta le duine (*saying how long you've been going out with someone or married to someone*)
- ag rá cén chaoi a mbraitheann tú faoi dhuine (*saying how you feel about someone*)
- ag tabhairt sonraí faoi chaidreamh san am a chuaigh thart (*giving details of a relationship in the past*)
- ag rá cén chaoi a bhfuil tú ag réiteach le duine (*saying how you're getting on with someone*)
- ag rá cén fáth a dtaitníonn duine leat (*saying why you like someone*)
- ag labhairt faoi do chuid mothúchán (*speaking about your feelings*).

Foghlaim na Gaeilge 19

Luamar cheana an tslí ar féidir cairdeas a dhéanamh le daoine a bhfuil Gaeilge acu, ar an idirlíon agus trí fhreastal ar chúrsaí teanga. Slí mhaith eile chun aithne a chur ar dhaoine ná ag cuid de na himeachtaí móra Gaeilge a bhíonn ar siúl gach bliain. Bíonn na sluaite i láthair i mí Dheireadh Fómhair, mar shampla, ag príomhfhéile na Gaeilge, an tOireachtas, agus ag Scoil Samhraidh Oideas Gael i nGleann Cholm Cille, Contae Dhún na nGall.

We mentioned already how you can form friendships with people who have an interest in Irish, through the internet and through attending language courses. Another way of getting to know people is by attending some of the big Irish-language events organised every year. Large crowds attend An tOireachtas, the main Irish-language festival, in October, for example, and Oideas Gael's Summer School in Gleann Cholm Cille, Co. Donegal.

Gníomhaíocht 19.1

Cloisfidh tú daoine ag caint faoi chaidrimh. Éist leo ar dtús gan féachaint ar an script ag deireadh an aonaid go bhfeice tú an dtuigfidh tú mórán dá gcuid cainte. (*You'll hear people talking about relationships. Listen to them first without looking at the script at the end of the unit and see how much you understand.*)

Comhráite

Róisín is paying a visit to the psychologist. She tells him about her relationship with her boyfriend, Dónall.

Síceolaí:	Abair liom, a Róisín—cén fhad atá aithne agat ar Dhónall anois?
Róisín:	Bhuel, chasamar le chéile trí mhí ó shin. Táimid ag siúl amach le chéile ó shin i leith.
Síceolaí:	An bhfuil tú i ngrá leis?
Róisín:	Táim go mór i ngrá leis.
Síceolaí:	Agus conas a bhraitheann seisean fútsa?
Róisín:	Tá seisean i ngrá liomsa chomh maith.
Síceolaí:	An bhfuil tú cinnte?
Róisín:	Tá. Táimid an-mhór le chéile.

Maighréad is a guest on Anna's radio show again. She tells her all about her first love, Karol.

Anna:	Inis dúinn, a Mhaighréad, cár chas tú ar Karol?
Maighréad:	I mBostún a casadh orm é. B'as an bPolainn dó.
Anna:	Agus an raibh sibh ag dul amach le chéile i bhfad?
Maighréad:	Bhí muid dhá bhliain ag dul amach le chéile.
Anna:	Agus cad é a tharla?
Maighréad:	Bhí muid ag caint ar phósadh, ach ní raibh a mhuintir sásta.
Anna:	Agus scar sibh ansin?
Maighréad:	Scar. Bhí mé croíbhriste ina dhiaidh.

Maighréad starts crying.

Anna:	Óra, fuist anois, a thaisce.

She hands Maighréad a paper handkerchief, and she blows her nose noisily.

Róisín is in love with Dónall, as we heard. But how does he feel about her?

Cathal: Tá tú féin agus Róisín ag réiteach go maith le chéile, an bhfuil?
Dónall: Tá. Bhuel, tá suim againn sna rudaí céanna.
Cathal: Is maith sin. Duine lách í Róisín.
Dónall: Is ea. Tá sí gealgháireach leis.
Cathal: Ní bhíonn sibh ag argóint riamh, an mbíonn?
Dónall: Ó, bíonn, anois is arís. An mbíonn tú féin agus Anna ag argóint?
Cathal: Leoga bíonn. Bíonn muid uilig ag argóint anois is arís. Sin an saol.

Eolas úsáideach / *Useful information*

- Here are two ways of saying you're going out with someone:
  Tá mé / Táim ag siúl amach leis. (*literally, I'm walking out with him.*)
  Tá mé / Táim ag dul amach le bean as Contae Chiarraí. (*I'm going out with a woman from County Kerry.*)

- The word **muintir** can mean parents, or a wider circle of relatives:
  Ní raibh a mhuintir sásta. (*His parents or his people weren't happy.*)

- Here are some of the ways of expressing love for someone:
  Tá mé go mór i ngrá leat. (*I'm really in love with you.*)
  Tá mo chroí istigh ionat. (*literally, My heart is in you.*)
  Tá mé dúnta i ngrá leis. (*I'm madly in love with him.*)
  Tá mé splanctha ina diaidh. (*I'm head over heels in love with her.*)

- In one of the dialogues above, Maighréad mentions how long she was in a relationship:
  Bhí muid dhá bhliain ag dul amach le chéile. (*We were going out together for two years.*)
  As we saw in Unit 10, the compound preposition **ar feadh** (*for*) is often used when referring to a period that is finished:
  Bhí mé ag siúl amach léi ar feadh trí bliana. (*I was going out with her for three years.*)

Gabh mo leithscéal!
Gabh mo leithscéal!

> • The preposition **le** is used, however, to refer to something that is continuing:
> **Tá mé cairdiúil le Nóirín anois le cúig bliana.** (*I've been friends with Nóirín now for five years.*)

Gníomhaíocht 19.2

Líon na bearnaí sna habairtí seo (*Fill the blanks in these sentences*):

(*a*) An bhfuil tú i ngrá _____? (*Are you in love with her?*)

(*b*) Tá mé go mór i ngrá _____. (*I'm really in love with him.*)

(*c*) Chasamar le chéile sé mhí ó _____. (*We met six months ago.*)

(*d*) Táimid ag réiteach go maith _____ chéile. (*We're getting on well.*)

(*e*) Tá siad ag siúl amach le chéile anois _____ cúig bliana. (*They've been going out together now for five years.*)

(*f*) Bhí siad cairdiúil le chéile _____ breis is fiche bliain. (*They were friends for more than twenty years.*)

(*g*) An mbíonn tú féin agus Jennifer riamh ag argóint?—_____, cinnte. (*Do you and Jennifer ever argue? — Yes, indeed.*)

(*h*) Cén fhad atá aithne agat _____ Eithne anois? (*How long have you known Eithne now?*)

Gníomhaíocht 19.3

Déan iarracht leagan Gaeilge na bhfocal agus na bhfrásaí seo a leanas a aimsiú agus tú ag éisteacht leis na comhráite.
(*Try to find the Irish equivalent of the following words and phrases as you listen to the dialogues.*)

(*a*) Does he annoy you at all?

(*b*) very tidy

(*c*) I wouldn't like to hurt him.

(*d*) that news

(*e*) in low spirits

(*f*) You still have affection for one another, then?

(*g*) Karol has gone higher than that in the Church now.

(*h*) I met her out in Africa.

(*i*) on a voluntary basis

(j)   self-confident

(k)   intelligent

Comhráite

Róisín tells the psychologist how Dónall annoys her.

Síceolaí:	An gcuireann sé isteach ort in aon chor?
Róisín:	Cuireann, uaireanta. Tá sé an-néata mar dhuine. Bíonn sé ag tabhairt amach domsa faoi gan a bheith níos néata.
Síceolaí:	An dtarlaíonn sé sin go minic?
Róisín:	Anois is arís. Bíonn fonn orm é a bhualadh.
Síceolaí:	Agus an mbuaileann tú é?
Róisín:	Ní bhuaileann. Níor mhaith liom é a ghortú. Tá crios dubh sa charaité agam.
Síceolaí:	Tuigim.

Maighréad was broken-hearted to lose her first love, Karol. But did she ever see him again?

Anna:	An bhfaca tú Karol riamh ina dhiaidh sin?
Maighréad:	Ní fhaca go ceann i bhfad. D'imigh sé ar ais go dtí an Pholainn. Chuala mé ina dhiaidh sin gur imigh sé sna sagairt.
Anna:	Ar chuir sé isteach ort an scéala sin a chloisteáil?
Maighréad:	Chuir, go deimhin. Bhí mé in ísle brí ar feadh píosa maith tar éis dom an scéala a fháil.
Anna:	Ar chuala tú uaidh ó shin?
Maighréad:	Ó, chuala. Cloisim uaidh go minic. Scríobhann muid chuig a chéile i gcónaí.
Anna:	Tá cion agaibh ar a chéile ar fad, mar sin?
Maighréad:	Tá, cinnte.
Anna:	An sa Pholainn atá sé go fóill?
Maighréad:	Ní hea. Sa Róimh atá Karol le píosa maith anois.
Anna:	Agus an bhfuil sé ina shagart go fóill?
Maighréad:	Níl. Tá Karol imithe níos airde ná sin san Eaglais anois.
Anna:	Ó. I bhfad níos airde?
Maighréad:	I bhfad i bhfad i bhfad níos airde.
Anna:	Tuigim!

Cathal explains how he and Anna first met and why he took a liking to her.

Dónall:	Conas a chuir tusa aithne ar Anna?
Cathal:	Casadh orm í amuigh san Afraic.

Dónall:	San Afraic?
Cathal:	Sea, san Aetóip. Bhí mise ag obair go deonach amuigh ansin, agus tháinig sise amach ag déanamh cláir don raidió.
Dónall:	Agus ar thaitin sí leat ó thús?
Cathal:	Thaitin.
Dónall:	Cad ina thaobh?
Cathal:	Is duine féinmhuiníneach í. Is maith liom é sin. Agus tá sí éirimiúil fosta.
Dónall:	Tá, go deimhin. Cén fhad atá sibh pósta?
Cathal:	Tá muid pósta anois le cúig bliana déag. Cén uair a bheas tú féin agus Róisín ag pósadh?
Dónall:	Ach nílimid le chéile ach le cúpla mí!

Eolas úsáideach / *Useful information*

- The word **fonn** means desire or urge:
  Tá fonn ceoil orm. (*I feel like playing music.*)
  Tá fonn oibre orm. (*I feel like working.*)
  Tá fonn troda orm. (*I feel like a fight.*)

- Here are a few ways of saying you're friendly with someone:
  Tá mé cairdiúil le Breandán le cúig bliana. (*I've been friends with Breandán for five years.*)
  Tá mé féin agus Síle cairdiúil le chéile le fada anois. (*Síle and I have been friends for a long time now.*)
  Tá mé mór le Fionnuala ó bhí mé an-óg. (*I've been friendly with Fionnuala since I was very young.*)

- Here are some sentences and terms of endearment that might prove useful in moments of passion!
  Is tú mo chéadsearc! (*You're my first love!*)
  A ghrá! / A rún! / A stór! (*My love!*)
  A ghrá mo chroí! (literally, *Love of my heart.*)
  A thaisce. (literally, *My treasure.*)
  A ghrá geal mo chroí! (literally, *Bright love of my heart.*)

- This is how you talk about falling in love:
  Thit sí i ngrá leis. (*She fell in love with him.*)

- And finally, some words of warning!

  Folaíonn grá gráin. (*Love is blind.*)
  Níl leigheas ar an ngrá ach pósadh. (*Love's only remedy is marriage.*)
  Más maith leat do cháineadh, pós. (*If you like to be criticised, get married.*)
  Ní haithne go haontíos. (*To know me, come live with me.*)

Gníomhaíocht 19.4

Tá tú ag plé do chaidrimh le do chara Karen. (*You're discussing your relationship with your friend Karen.*)

Karen: Cén fhad atá tú féin agus Caoimhín ag siúl amach le chéile anois?
Tusa: *For six months now. We met in May.*
Karen: Cén áit?
Tusa: *In Galway—at Bríd's party. I liked him from the beginning.*
Karen: Is fear deas é, caithfidh mé a rá.
Tusa: *Yes. He's very pleasant and cheerful/outgoing.*
Karen: An réitíonn sibh go maith le chéile?
Tusa: *We do. We're interested in the same things.*
Karen: Tá sin go maith. An bhfuil tú i ngrá leis, mar sin?
Tusa: *Yes. I'm really in love with him.*
Karen: Tá sin go hiontach! Ach inis seo dom: an bhfuil seisean i ngrá leatsa?
Tusa: *Yes. I'm sure he is.*

Gníomhaíocht 19.5

Cuir na focail i ngach ceann de na habairtí seo san ord ceart, agus cuir isteach an phoncaíocht. (*Unjumble each of these sentences, and add punctuation.*)

(*a*)   mé hAntain mhí tá siúl ag le le trí anois amach (*I've been going out with Antain now for three months.*)

(b)   Ciarán tú agus bhfuil an fada féin le chéile le cairdiúil (*Have you and Ciarán been friends for a long time?*)

(c)   go ngrá le mé tá Deirdre mór i (*I'm really in love with Deirdre.*)

(d)   Cliath orm casadh mBaile í i Átha (*I met her in Dublin.*)

(e)   ar scéala ort chloisteáil sin a isteach sé an chuir (*Did it bother you to hear that news?*)

(f)   Róisín mé tá féin ag chéile agus go maith réiteach le (*Róisín and I are getting on well together.*)

(g)   fútsa bhraitheann conas seisean a (*How does he feel about you?*)

(h)   anois atá agat uirthi aithne fhad cén (*How long have you known her now?*)

ABC   **Frásaí agus focail**

Tá lámh agus focal eadrainn. / Táimid geallta.	*We're engaged.*
Táimid ag brath pósadh i gceann bliana.	*We intend marrying in a year's time.*
Táimid ag siúl amach le chéile.	*We're going out together.*
Táimid i ngrá le chéile.	*We're in love.*
Tá mé i ngrá leis/léi.	*I'm in love with him/her.*
Té mé aerach.	*I'm gay.*
Is leispiach mé.	*I'm a lesbian.*
caidreamh / an caidreamh	*(a) relationship / the relationship*
Luíomar le chéile. / Bhí caidreamh collaí eadrainn.	*We had sexual intercourse.*
gnéas gan choinníoll	*casual sex*
Tá cairdeas dlúth eadrainn.	*We're close friends.*
Réitímid go maith le chéile.	*We get on well together.*
Ní réitím go maith leis / léi.	*I don't get on well with him / her.*
Éiríonn eadrainn go minic.	*We often fall out / fight.*
Taitníonn sé / sí go mór liom mar dhuine.	*I like him / her a lot as a person.*
Cathain a thosaigh sibh ag siúl amach le chéile?	*When did you start going out together?*
Cén fhad atá sibh le chéile?	*How long have you been together?*

> Scar muid an mhí seo caite. Tá mé croíbhriste ina diaidh.

Bhris sí mo chroí.	*She broke my heart.*
Bhí mé croíbhriste ina dhiaidh.	*I was broken-hearted after him.*
Bhí mé croíbhriste ina diaidh.	*I was broken-hearted after her.*
grá gan chúiteamh	*unrequited love*
Braithim uaim go mór é/í.	*I really miss him/her.*

Súil siar ar an aonad

Bain triail as an ngníomhaíocht seo go bhfeice tú an bhfuil na príomhphointí a múineadh in Aonad 19 ar eolas agat. Éist leis an dlúthdhiosca nuair a bheidh tú críochnaithe chun do fhreagraí a dhearbhú. (*Try this activity now to see if you know the main points taught in Unit 19. Listen to the CD when you have finished in order to verify your answers.*)

Conas mar a déarfá na nithe seo a leanas? (*How would you say the following?*)

(*a*)   I'm really in love with her.
(*b*)   How long have you known Dónall now?
(*c*)   I was broken-hearted after him.
(*d*)   You never argue, do you?
(*e*)   Does he annoy you at all?
(*f*)   Did you see him after that?
(*g*)   You still have affection for one another, then?
(*h*)   How did *you* get to know her?
(*i*)   She's a self-confident person.
(*j*)   I was in low spirits.
(*k*)   How long have you been married? (addressing more than one person)
(*l*)   We've been together only a few months.

Freagraí na ngníomhaíochtaí

Gníomhaíocht 19.2

(*a*)   An bhfuil tú i ngrá léi?
(*b*)   Tá mé go mór i ngrá leis.

(c) Chasamar le chéile sé mhí ó shin.

(d) Táimid ag réiteach go maith le chéile.

(e) Tá siad ag siúl amach le chéile anois le cúig bliana.

(f) Bhí siad cairdiúil le chéile ar feadh breis is fiche bliain.

(g) An mbíonn tú féin agus Jennifer riamh ag argóint?—Bíonn, cinnte.

(h) Cén fhad atá aithne agat ar Eithne anois?

Gníomhaíocht 19.3

(a) An gcuireann sé isteach ort in aon chor?

(b) an-néata

(c) Níor mhaith liom é a ghortú.

(d) an scéala sin

(e) in ísle brí

(f) Tá cion agaibh ar a chéile ar fad, mar sin?

(g) Tá Karol imithe níos airde ná sin san Eaglais anois.

(h) Casadh orm í amuigh san Afraic.

(i) go deonach

(j) féinmhuiníneach

(k) éirimiúil

Gníomhaíocht 19.4

Karen:	Cén fhad atá tú féin agus Caoimhín ag siúl amach le chéile anois?
You:	Le sé mhí anois. Chasamar le chéile i mí na Bealtaine.
Karen:	Cén áit?
You:	I nGaillimh—ag cóisir Bhríd. Thaitin sé liom ón tús.
Karen:	Is fear deas é, caithfidh mé a rá.
You:	Is ea. Tá sé an-lách agus gealgháireach.
Karen:	An réitíonn sibh go maith le chéile?
You:	Réitíonn. Tá suim againn sna rudaí céanna.
Karen:	Tá sin go maith. An bhfuil tú i ngrá leis, mar sin?
You:	Tá. Tá mé go mór i ngrá leis.
Karen:	Tá sin go hiontach! Ach inis seo dom: an bhfuil seisean i ngrá leatsa?
Tusa:	Tá. Tá mé cinnte go bhfuil.

Gníomhaíocht 19.5

(a) Tá mé ag siúl amach le hAntain anois le trí mhí.

(b) An bhfuil tú féin agus Ciarán cairdiúil le chéile le fada?

(c) Tá mé go mór i ngrá le Deirdre.

(d) Casadh orm í i mBaile Átha Cliath.

(e) Ar chuir sé isteach ort an scéala sin a chloisteáil?

(f) Tá mé féin agus Róisín ag réiteach go maith le chéile.

(g) Conas a bhraitheann seisean fútsa?

(h) Cén fhad atá aithne agat uirthi anois?

Súil siar ar an aonad

(a) Tá mé / Táim go mór i ngrá léi.

(b) Cén fhad atá aithne agat ar Dhónall anois?

(c) Bhí mé croíbhriste ina dhiaidh.

(d) Ní bhíonn sibh ag argóint riamh, an mbíonn?

(e) An gcuireann sé isteach ort in aon chor?

(f) An bhfaca tú é ina dhiaidh sin?

(g) Tá cion agaibh ar a chéile ar fad, mar sin?

(h) Conas a chuir tusa aithne uirthi?

(i) Is duine féinmhuiníneach í.

(j) Bhí mé in ísle brí.

(k) Cén fhad atá sibh pósta?

(l) Nílimid le chéile ach le cúpla mí.

An t-amhránaí John Spillane as Corcaigh, an t-aoi speisialta i gclár a naoi déag den tsraith *Turas Teanga* ar an teilifís.
(The singer John Spillane from Cork, special guest in programme nineteen of the Turas Teanga *television series.)*

Aistriúchán ar na comhráite

Róisín is paying a visit to the psychologist. She tells him about her relationship with her boyfriend, Dónall.

Psychologist: Tell me, Róisín—how long do you know Dónall now?

Róisín: Well, we met three months ago. We've been going out together since then.

Psychologist: Do you love him?

Róisín: I really love him.

Psychologist: And how does he feel about you?

Róisín: He's in love with me as well.

Psychologist: Are you sure?

Róisín: Yes. We're very close.

Maighréad is a guest on Anna's radio show again. She tells her all about her first love, Karol.

Anna: Tell us, Maighréad, where did you meet Karol?

Maighréad: I met him in Boston. He was from Poland.

Anna: And were you going out together for long?

Maighréad: We were going out together for two years.

Anna: And what happened?

Maighréad: We were talking about getting married, but his parents weren't happy.

Anna: And you separated then?

Maighréad: Yes. I was broken-hearted after him.

Maighréad starts crying.

Anna: Oh, hush now, my dear.

Róisín is in love with Dónall, as we heard. But how does he feel about her?

Cathal: You and Róisín are getting on well together, are you?

Dónall: Yes. Well, we're interested in the same things.

Cathal: That's good. Róisín is a pleasant person.

Dónall: Yes. She's cheerful/outgoing as well.

Cathal: You never argue, do you?

Dónall: Oh, we do, now and again. Do you and Anna argue?

Cathal: Indeed we do. We all argue now and again. That's life.

Róisín tells the psychologist how Dónall annoys her.

Psychologist: Does he ever annoy you at all?

Róisín: He does, sometimes. He's a very tidy person. He gives out to me about not being tidy.

Psychologist:	Does that often happen?
Róisín:	Now and again. I feel like hitting him.
Psychologist:	And do you hit him?
Róisín:	No. I wouldn't like to hurt him. I have a black belt in karate.
Psychologist:	I see.

Maighréad was broken-hearted to lose her first love, Karol. But did she ever see him again?

Anna:	Did you ever see Karol after that?
Maighréad:	I didn't for a long time. He went back to Poland. I heard after that that he joined the priesthood.
Anna:	Did it bother you when you heard that news?
Maighréad:	It did indeed. I was in low spirits for a long time after receiving the news.
Anna:	Have you heard from him since?
Maighréad:	Oh, I have. I hear from him often. We still write to each other.
Anna:	You still feel affection for each other then?
Maighréad:	We do indeed.
Anna:	Is he still in Poland?
Maighréad:	No. Karol has been in Rome for a long time now.
Anna:	And is he still a priest?
Maighréad:	No. Karol has gone higher than that in the Church now.
Anna:	Oh. Much higher?
Maighréad:	Much, much higher.
Anna:	I see!

Cathal explains how he and Anna first met and why he took a liking to her.

Dónall:	How did you get to know Anna?
Cathal:	I met her out in Africa.
Dónall:	In Africa?
Cathal:	Yes, in Ethiopia. I was doing voluntary work out there, and she came out to make a radio programme.
Dónall:	And you liked her from the beginning?
Cathal:	Yes.
Dónall:	Why?
Cathal:	She's a self-confident person. I like that. And she's intelligent as well.
Dónall:	She is indeed. How long have you been married?
Cathal:	We've been married now for fifteen years. When will you and Róisín be getting married?
Dónall:	But we've only been together a few months!

Aonad 20

CÚRSAÍ POLAITÍOCHTA AGUS SÓISIALTA

POLITICAL AND SOCIAL AFFAIRS

San aonad seo, déanfaidh tú na rudaí seo a leanas a chleachtadh (*In this unit, you will practise the following*):

- ag cur tuairimí in iúl i dtaobh polaiteoirí (*expressing opinions about politicians*)
- ag rá cad iad na páirtithe atá láidir i ndáilcheantar (*saying what parties are strong in a constituency*)
- ag cur tuairimí in iúl faoi inimircigh (*expressing opinions about immigrants*)
- ag lorg vóta (*looking for a vote*)
- ag míniú cén fáth nach bhfuil tú chun vóta a chaitheamh d'iarrthóir (*explaining why you're not going to vote for a candidate*).

Foghlaim na Gaeilge 20

Tá tú tagtha go dtí an t-aonad deireanach sa leabhar, ach tá súil againn go leanfaidh tú ort ag úsáid na Gaeilge san am atá romhainn agus ag léiriú suime sa chultúr Gaelach. Má éisteann tú leis an teanga agus má léann tú í go rialta, éireoidh tú níos líofa agus níos líofa. Bain úsáid as na hacmhainní ar fad atá ar fáil: an teilifís, an raidió, na nuachtáin agus irisí, agus an t-idirlíon. Déan freastal ar imeachtaí Gaeilge chomh minic agus is féidir leat, déan cúrsaí Gaeilge, agus bí i dteagmháil le foghlaimeoirí eile ar an ríomhphost. Ná bíodh eagla ort earráidí a dhéanamh: an rud is tábhachtaí ná go dtuigfeadh daoine tú.

Gach rath ort amach anseo agus tú ag iarraidh feabhas a chur ar do chuid Gaeilge. Bain taitneamh as!

You've reached the last unit in the book, but we hope you continue to use Irish in the future and to show an interest in Irish culture. If you listen to the language and read it regularly, you'll become progressively more fluent. Use the resources that are available: television, radio, newspapers and magazines, and the internet. Go along to Irish-language events as often as you can, attend language courses, and be in contact with other learners by e-mail. Don't be afraid to make mistakes: the most important thing is that people understand you.

Every success in the future as you continue to improve your Irish. Enjoy the experience!

Gníomhaíocht 20.1

Cloisfidh tú daoine ag caint faoi chúrsaí polaitíochta. Éist leo ar dtús gan féachaint ar an script ag deireadh an aonaid go bhfeice tú an dtuigfidh tú mórán dá gcuid cainte. (*You'll hear people talking about politics. Listen to them first without looking at the script at the end of the unit and see how much you understand.*)

Comhráite

There's an election coming up soon. Like a lot of young people, Aoife is sceptical about politics. Maighréad, however, is still committed.

Aoife:	Níl tada sna páipéir na laethanta seo ach an toghchán.
Maighréad:	Rud an-tábhachtach é an toghchán.
Aoife:	Ara, seafóid! Níl meas muice agamsa ar na polaiteoirí.
Maighréad:	Cén fáth é sin?
Aoife:	Ar mhaithe leo féin atá siad. Chuile dhuine beo acu.
Maighréad:	Meas tú anois?
Aoife:	Tá mé cinnte de.
Maighréad:	Bhuel, tá scéala mór agam duitse, a chailín.
Aoife:	Cén scéala é féin?
Maighréad:	Beidh mise ag seasamh sa toghchán.

Aoife is shocked.

Maighréad explains which party she belong to.

Aoife:	Cén páirtí lena mbaineann tú? Fianna Fáil nó Fine Gael?
Maighréad:	Ceachtar acu. Is fearr liomsa an Comhaontas Glas. Caithfidh duine éicint an fód a sheasamh don timpeallacht.
Aoife:	Ach tá tusa i bhfad róshean le seasamh i dtoghchán.
Maighréad:	Níl mé ná róshean. Is tusa atá ródhiúltach.
Aoife:	Meas tú anois?
Maighréad:	Tá mé cinnte de. Tá tú diúltach agus ciniciúil. Agus níl tú in aois vótála fós fiú!

Siobhán's reaction to the news about Maighréad is more positive.

Siobhán:	Tá sí ag seasamh don toghchán? Bhuel, nár laga Dia í!
Aoife:	Ach níl seans aici! Is iad Fianna Fáil agus Fine Gael a thoghtar sa dáilcheantar seo i gcónaí.
Siobhán:	Tá teachta Dála ag an Lucht Oibre anseo freisin. Agus tá suíochán ag an bPáirtí Daonlathach chomh maith.
Aoife:	Ach cé a chaithfeadh vóta don Chomhaontas Glas?
Siobhán:	Chaith mise vóta dóibh i dtoghchán na comhairle contae.
Aoife:	Ach seo olltoghchán. Tá sé i bhfad níos deacra suíochán a bhaint in olltoghchán.
Siobhán:	Mar sin féin, tá aithne ag go leor daoine thart anseo uirthi.
Aoife:	Sin é an fáth nach bhfuil seans aici!

Eolas úsáideach / *Useful information*

- As we saw in earlier units, the consonants **b**, **c**, **f**, **g**, **m** and **p** are lenited when they follow **an-** (*very*), but the other consonants remain unchanged.
  an-mhaith (*very good*)
  an-mhór (*very big*)
  but
  an-tábhachtach (*very important*)
  an-sean (*very old*)

- Don't forget that the consonants **b**, **c**, **d**, **f**, **g**, **m**, **p**, **s** and **t** are lenited when they follow **ró-** (*too*):
  róshean (*too old*)
  ródhiúltach (*too negative*)

- The noun **aithne** is used for the most part when referring to knowing people:
  Tá aithne ag go leor daoine thart anseo uirthi. (*A lot of people around here know her.*)

Aithne is a feminine noun, and therefore adjectives beginning with the consonants **b, c, d, f, g, m, p, s** and **t** are lenited when they follow it: **Tá aithne mhaith agam ar Sheosamh.** (*I know Seosamh well.*)

- Nouns beginning with the consonants **b, c, f, g, m** and **p** that follow the preposition **sa** (*in the*) are lenited (or eclipsed by speakers of Connnacht Irish, with the exception of the consonant **m**):

		Connacht Irish
baile (*home*)	**sa bhaile** (*at home*)	**sa mbaile**
cathair (*city*)	**sa chathair** (*in the city*)	**sa gcathair**
meánscoil (*secondary school*)	**sa mheánscoil** (*in secondary school*)	**sa meánscoil**
but		
toghchán (*election*)	**sa toghchán** (*in the election*)	**sa toghchán**

- **San** is used before vowels; it doesn't affect the letters that follow it:
  an Astráil (*Australia*)   **san Astráil** (*in Australia*)

Gníomhaíocht 20.2

Féach arís ar na rialacha ar leathanach xi maidir leis an alt roimh ainmfhocail sula ndéanann tú na bearnaí a líonadh sna habairtí seo. (*Look again at the rules concerning the definite article before nouns on page xi before filling the blanks in these sentences.*)

(*a*)   páirtí (masculine); an _____; sa _____

(*b*)   comhairle (feminine); an _____; sa _____

(*c*)   polaiteoir (masculine); an _____; sa _____

(*d*)   polaitíocht (feminine); an _____; sa _____

(*e*)   dáilcheantar (masculine); an _____; sa _____

(*f*)   Dáil (feminine); an _____; sa _____

(*g*)   toghchán (masculine); an _____; sa _____

(*h*)   olltoghchán (masculine); an _____; sa _____

Gníomhaíocht 20.3

Sula n-éistfidh tú leis na comhráite seo thíos, déan iarracht gach focal i gcolún A a mheaitseáil lena leagan Béarla i gcolún B. (*Before you listen to the dialogues below, try to match each word in column A with its English equivalent in column B.*)

Colún A		Colún B	
(*a*)	ceist	(i)	brutal
(*b*)	inimirce	(ii)	surprise
(*c*)	eachtrannach	(iii)	the environment
(*d*)	ag teitheadh	(iv)	foreigner
(*e*)	brúidiúil	(v)	issue
(*f*)	teifigh	(vi)	site
(*g*)	iontas	(vii)	immigration
(*h*)	cearta daonna	(viii)	ruined
(*i*)	suíomh	(ix)	refugees
(*j*)	an timpeallacht	(x)	fleeing
(*k*)	millte	(xi)	human rights

a	b	c	d	e	f	g	h	i	j	k
—	—	—	—	—	—	—	—	—	—	—

Comhráite

Cathal is concerned about an important issue that he feels is not being debated: immigration.

Cathal: Sin ceist nach bhfuil caint ar bith uirthi sa toghchán seo: an inimirce. Tá i bhfad barraíocht eachtrannach á ligean isteach sa tír seo.

Anna: Tá roinnt mhaith acu ag teitheadh ó réimeas brúidiúil ina dtír féin. Is teifigh iad.

Cathal: Bhuel, níor cheart iad uilig a ligean isteach anseo. Níl obair ann do mhuintir na tíre seo mar atá sé.

Anna: Cuireann tú iontas orm in amanna, a Chathail. Tá cearta daonna ag na teifigh sin.

Maighréad's out canvassing the local vote. Mícheál has an issue with the planning regulations.

Maighréad: An dtabharfaidh tú do vóta dom, a Mhíchíl?

Mícheál: B'fhéidir go dtabharfainn. Meas tú an mbeadh tú in ann tada a dhéanamh faoi na rialacha pleanála?

Maighréad:	Abair leat.
Mícheál:	Tá suíomh breá ansin agam in aice na farraige, ach níl mé in ann é a dhíol: ní bhfaigheadh éinne cead pleanála go brách ann.
Maighréad:	Ach ní fhéadfaí teach a thógáil ansin, a Mhíchíl. Bheadh an timpeallacht millte aige.
Mícheál:	Bhuel, más mar sin atá an scéal, ní bhfaighidh tú aon vóta uaimse. Lá maith anois agat.

Eolas úsáideach / *Useful information*

- The dialogues above contain examples of the *conditional mood,* including the following:

  Níor cheart iad uilig a ligean isteach anseo. (*They shouldn't all be let in here.*)

  Meas tú an mbeadh tú / an mbeifeá in ann dada a dhéanamh faoi na rialacha pleanála? (*Do you think you'd be able to do anything about the planning regulations?*)

  Ní bhfaigheadh aon duine cead pleanála go brách ann. (*Nobody would ever get planning permission there.*)

  Bheadh an timpeallacht millte aige. (*The environment would be ruined.*)

- An modh coinníollach (*The conditional mood*)

  The conditional mood is used when one thing is *conditional* on another (*I would phone you if I had credit on my phone*) or for politeness (*I would like a drink*—as opposed to *I want a drink*). It is used to express hypothetical statements or statements contrary to fact. Here are two examples:

  Bheinn ann dá mbeadh an t-airgead agam. (*I'd be there if I had the money.*)

  An ndéanfá gar dom? (*Would you do me a favour?*)

- **bí** (*be*)

singular	plural
bheinn (*I would be*)	**bheimis** (*we would be*)
bheifeá (*you would be*)	**bheadh sibh** (*you would be*)
bheadh sé/sí (*he/she would be*)	**bheadh siad** (*they would be*)

- The list below contains some commonly used verbs. Try learning the various forms.

Statement	Question	Yes. / No.
Cheannóinn . . .	**An gceannóinn . . . ?**	**Cheannóinn. / Ní cheannóinn.**
(*I would buy . . .*)	(*Would I buy . . . ?*)	
Thiocfá . . .	**An dtiocfá . . . ?**	**Thiocfá. / Ní thiocfá.**
(*You would come . . .*)	(*Would you come . . . ?*)	

Rachaimis . . .	**An rachaimis . . . ?**	Rachadh. / Ní rachadh.
(We would go . . .)	*(Would we go . . . ?)*	
D'fheicfidís . . .	**An bhfeicfidís . . . ?**	D'fheicfeadh. / Ní fheicfeadh.
(They would see . . .)	*(Would they see . . . ?)*	
Chloisfeadh sé . . .	**An gcloisfeadh sé . . . ?**	Chloisfeadh. / Ní chloisfeadh.
(He would hear . . .)	*(Would he hear . . . ?)*	
Dhéanfadh sí . . .	**An ndéanfadh sí . . . ?**	Dhéanfadh. / Ní dhéanfadh.
(She would do/ make . . .)	*(Would she do/make . . . ?)*	
Déarfadh sibh . . .	**An ndéarfadh sibh . . . ?**	Déarfadh. / Ní déarfadh.
(You would say . . .)	*(Would you say . . . ?)*	
Gheobhfá . . .	**An bhfaighfeá . . . ?**	Gheobhfá. / Ní bhfaighfeá.
(You would get . . .)	*(Would you get . . . ?)*	
D'íosfadh sibh . . .	**An íosfadh sibh . . . ?**	D'íosfadh. / Ní íosfadh.
(You would eat . . .)	*(Would you eat . . . ?)*	
Thabharfaimis . . .	**An dtabharfaimis . . . ?**	Thabharfadh. / Ní thabharfadh.
(We'd give . . .)	*(Would we give . . . ?)*	
D'imreoidís . . .	**An imreoidís . . . ?**	D'imreodh. / Ní imreodh.
(They would play . . .)	*(Would they play . . . ?)*	
Chuirfinn . . .	**An gcuirfinn . . . ?**	Chuirfinn. / Ní chuirfinn.
(I would put . . .)	*(Would I put . . . ?)*	

- Here are a few points to remember:
  It's not necessary to use a pronoun (**sé, siad**, etc.) when your answer to the questions above is *Yes* or *No*, in the third person singular and in the plural. Verbs in the first person and second person singular have their own endings.

- The answer is the same in each person, apart from the first person and the second person singular:
  An gcuirfeadh sí an t-airgead chugat? (*Would she send you the money?*)
  Chuirfeadh. / Ní chuirfeadh. (*Yes. / No.*)
  An gcuirfeadh siad an t-airgead chugat? (*Would they send you the money?*)
  Chuirfeadh. / Ní chuirfeadh. (*Yes. / No.*)

- The **n** in **An** is not pronounced when it comes before a consonant.

An t-iriseoir agus an craoltóir Cathal Mac Coille as Baile Átha Cliath, an t-aoi speisialta i gclár fiche den tsraith *Turas Teanga* ar an teilifís. (*The journalist and broadcaster Cathal Mac Coille from Dublin, special guest in programme twenty of the* Turas Teanga *television series.*)

Gníomhaíocht 20.4

Tabhair freagra dearfach agus freagra diúltach ar gach ceist. (*Give an affirmative answer and a negative answer to each question.*)

(a) An gceannófá carr nua dá mbeadh an t-airgead agat? (*Would you buy a new car if you had the money?*)

(b) An rachadh sí dá mbeadh an t-am aici? (*Would she go if she had the time?*)

(c) An rachfá dá mbeadh an t-airgead agat? (*Would you go if you had the money?*)

(d) An dtabharfaidís cabhair duit? (*Would they help you?*)

(e) An gcuirfeadh sé isteach oraibh í a bheith anseo? (*Would it bother you if she were here?*)

(f) An dtiocfá dá mbeinn anseo? (*Would you come if I was here?*)

(g) An bhfaighfeá marc maith dá mbeadh roinnt staidéir déanta agat? (*Would you have gotten a good mark if you had done some studying?*)

(*h*)   An mbeifeá sásta dá mbeadh lá breise agat? (*Would you be satisfied if you had an extra day?*)

Gníomhaíocht 20.5

Foghlaim an stór focal a bhaineann leis an bpolaitíocht atá le fáil sa rannóg 'Frásaí agus focail' ar leathanaigh 296–7 thíos, agus ansin déan iarracht gach focal i gcolún A a mheaitseáil lena leagan Béarla i gcolún B. Tá an chéad cheann déanta le cabhrú leat. (*Learn the vocabulary relating to politics in the section 'Frásaí agus focail' on pages 296–7 below, then try to match each word in column A with its English equivalent in column B. The first one has been done to help you.*)

Colún A

(*a*)   coireacht
(*b*)   an inimirce
(*c*)   iarrthóir
(*d*)   olltoghchán
(*e*)   toghchán áitiúil
(*f*)   inimirceach
(*g*)   aontachtaí
(*h*)   dílseoir
(*i*)   claonta
(*j*)   náisiúnaí
(*k*)   náisiúnaithe
(*l*)   an daonlathas
(*m*)   comhrialtas
(*n*)   freasúra
(*o*)   dáilcheantar
(*p*)   ar nós cuma liom
(*q*)   liosta feithimh
(*r*)   an dífhostaíocht
(*s*)   comhairleoir
(*t*)   suíochán

Colún B

(i)   unionist
(ii)   general election
(iii)   apathetic
(iv)   councillor
(v)   nationalist
(vi)   loyalist
(vii)   democracy
(viii) immigrant
(ix)   coalition government
(x)   local election
(xi)   constituency
(xii)   crime
(xiii) waiting list
(xiv) nationalists
(xv)   opposition
(xvi) prejudiced
(xvii) candidate
(xviii) seat
(xix) immigration
(xx)   unemployment

a	b	c	d	e	f	g	h	i	j	k	l	m	n	o
xii	—	—	—	—	—	—	—	—	—	—	—	—	—	—

p	q	r	s	t
—	—	—	—	—

Gníomhaíocht 20.6

Seo sliocht as alt faoi inimirceach as an mBrasaíl a chaill a phost i monarcha i Ros Comáin. Tá gluais le fáil thíos, ach déan iarracht brí na bhfocal agus na bhfrásaí deacra a thomhas ón gcomhthéacs ar dtús, gan féachaint ar an ngluais. (*This is an excerpt from an article about a Brazilian immigrant who lost his job in a factory in Roscommon. There is a glossary below, but try guessing the meaning of the difficult words and phrases from the context first, without looking at the glossary.*)

Cuireadh iachall air oibriú le trealamh nach raibh, dar leis, sábháilte, agus dúradh leis uair oibre a dhéanamh istigh i reoiteoir ina raibh an teocht idir −15° agus −20° Celsius, rud nach raibh sé sásta a dhéanamh. Nuair a dhiúltaigh Wuhegton Paulo Souza Junior ón mBrasaíl na rudaí seo a dhéanamh dúradh leis nárbh fhiú é a fhostú agus go mba cheart dó filleadh abhaile.

Ní mar a chéile oibrithe ón taobh amuigh agus oibrithe Éireannacha i súile úinéirí an chomhlachta, dar le Junior (mar a ghlaotar air). Mar sin féin, ceapann Junior go bhfuil an t-ádh dearg leis go bhfuil Béarla aige. 'Is mise an t-aon duine a bhfuil Béarla aige, agus tá daichead againn anseo. Cad faoi na daoine eile?' a d'fhiafraigh sé.

'Bíonn na daoine ó mo thír dhúchais atá fostaithe sa chomhlacht ag obair óna seacht a chlog ar maidin go dtí meán oíche, agus ní fhaigheann siad aon airgead sa bhreis, ach a mhalairt: faigheann daoine eile níos mó airgid. Tá sé furasta teacht i dtír ar na daoine seo, mar nach bhfuil aon Bhéarla acu agus mar sin ní thuigeann siad a gcearta nó cad atá ag tarlú dóibh.'

Fuair Wuhegton Paulo Souza Junior, Brasaíleach agus iaroibrí le Hannon's Poultry i Ros Comáin, glao ó údaráis na monarchan oíche Dé Céadaoin ag cur in iúl dó go gcaithfeadh sé a lóistín a fhágaint. Nuair a tháinig sé abhaile ó Chorcaigh maidin Déardaoin bhí doras an tí briste agus a chuid éadaí is a ghiúirléidí ar fad imithe.

Chaill Junior a phost sa mhonarcha i ndiaidh dó gearán a dhéanamh faoi choinníollacha oibre oibrithe Brasaíleacha an chomhlachta. Tugadh bata agus bóthar dó ar 22 Bealtaine nuair a tháinig sé isteach chun oibre uair an chloig mall.

Is breá le Junior an tír seo, chomh maith le muintir na tíre, agus tá sé ag lorg post nua faoi láthair. 'Is teicneoir ríomhaire mé, agus chaith mé ceithre bliana ar an ollscoil sa bhaile i mBelo Horizonte, an áit is mó ó thaobh na tionsclaíochta de sa Bhrasaíl. Níl eagla orm, áfach, roimh aon saghas oibre. Bhí fonn orm teacht anseo ó chonaic mé *The Commitments* sa bhliain 1993. Is tír álainn í, agus tá na mílte cara agam anseo; mar sin, chuir sé ionadh agus díomá orm an drochíde a fuair mé ón gcomhlacht,' a dúirt sé.

Sliocht as alt le Seán Tadhg Ó Gairbhí in *Foinse,* 3 Meitheamh 2001.

Gluais

cuireadh iachall air:	*he was compelled to*
trealamh:	*equipment*
dúradh leis:	*he was told*
reoiteoir:	*freezer*
teocht:	*temperature*
nárbh fhiú é a fhostú:	*that it wasn't worth employing him*
oibrithe:	*workers*
úinéirí an chomhlachta:	*the owners of the company*
go bhfuil an t-ádh dearg leis:	*that he's extremely lucky*
daichead:	*forty*
ó mo thír dhúchais:	*from my native country*
sa bhreis:	*extra*
a mhalairt:	*the opposite*
teacht i dtír ar na daoine seo:	*to take advantage of these people*
a gcearta:	*their rights*
iaroibrí:	*a former worker*
glao:	*phone call*
údaráis na monarchan:	*the factory authorities*
a ghiúirléidí:	*his belongings*
tugadh bata agus bóthar dó:	*he was dismissed*
teicneoir ríomhaire:	*computer technician*
tionsclaíocht:	*industry*
fonn:	*desire*
ionadh agus díomá:	*surprise and disappointment*
drochíde:	*bad treatment*

Dáil Éireann, Baile Átha Cliath *(Dáil Éireann, Dublin)*

Frásaí agus focail

an Páirtí Daonlathach	*the Progressive Democrats*
Páirtí an Lucht Oibre	*the Labour Party*
an Comhaontas Glas	*the Green Party*
rialtas / an Rialtas	*(a) government / the Government*
comhrialtas / an Comhrialtas	*(a) coalition government / the coalition Government*
freasúra / an freasúra	*opposition / the opposition*
daonlathas / an daonlathas	*democracy*
iarrthóir / an t-iarrthóir	*(a) candidate / the candidate*
iarrthóir neamhspleách	*(an) independent candidate*
polaiteoir / an polaiteoir	*(a) politician / the politician*
comhairleoir contae / an comhairleoir contae	*(a) county councillor / the county councillor*
Chaith mé vóta.	*I voted.*
ag canbhasáil	*canvassing*
toghchán / an toghchán	*(an) election / the election*
olltoghchán / an t-olltoghchán	*(a) general election / the general election*
toghchán áitiúil	*(a) local election*
dáilcheantar / an dáilcheantar	*(a) constituency / the constituency*
suíochán / an suíochán	*(a) seat / the seat*
náisiúnaí / an náisiúnaí / na náisiúnaithe	*(a) nationalist / the nationalist / the nationalists*
poblachtánach / an poblachtánach / na poblachtánaigh	*(a) republican / the republican / the republicans*
aontachtaí / an t-aontachtaí / na haontachtaithe	*(a) unionist / the unionist / the unionists*
dílseoir / an dílseoir / na dílseoirí	*(a) loyalist / the loyalist / the loyalists*
Tá daoine ar nós cuma liom faoin bpolaitíocht.	*People are apathetic about politics.*
dífhostaíocht / an dífhostaíocht	*unemployment*
an ráta dífhostaíochta	*the unemployment rate*
coireacht / an choireacht	*crime*
an ráta coireachta	*the crime rate*
fadhb na ndrugaí	*the drugs problem*
an córas sláinte	*the health system*
an liosta feithimh	*the waiting list*

inimirce / an inimirce	*immigration*
inimirceach / an t-inimirceach /	*(an) immigrant / the immigrant /*
na hinimircigh	*the immigrants*
ciníochas / an ciníochas	*racism*
Tá daoine ciníoch.	*People are racist.*
claonta	*prejudiced*
Caitheann daoine go dona leo.	*People treat them badly.*

Súil siar ar an aonad

Bain triail as an ngníomhaíocht seo go bhfeice tú an bhfuil na príomhphointí a múineadh in Aonad 20 ar eolas agat. Éist leis an dlúthdhiosca nuair a bheidh tú críochnaithe chun do fhreagraí a dhearbhú.

(*Try this activity now to see if you know the main points taught in Unit 20. Listen to the CD when you have finished in order to verify your answers.*)

Conas mar a déarfá na nithe seo a leanas? (*How would you say the following?*)

(*a*)   They're only out for themselves.
(*b*)   You're very negative.
(*c*)   The Labour Party has a TD here.
(*d*)   Who would vote for the Green Party?
(*e*)   *I* voted for them in the county council election.
(*f*)   It's much more difficult to win a seat in a general election.
(*g*)   Far too many immigrants are being let into this county.
(*h*)   They're refugees.
(*i*)   Those refugees have human rights.
(*j*)   Will you vote for me, Mícheál?
(*k*)   I have a fine site beside the sea.
(*l*)   Nobody would ever get planning permission there.

Freagraí na ngníomhaíochtaí

Gníomhaíocht 20.2

(*a*)   an páirtí; sa pháirtí / sa bpáirtí
(*b*)   an chomhairle; sa chomhairle / sa gcomhairle
(*c*)   an polaiteoir; sa pholaiteoir / sa bpolaiteoir
(*d*)   an pholaitíocht; sa pholaitíocht / sa bpolaitíocht
(*e*)   an dáilcheantar; sa dáilcheantar
(*f*)   an Dáil; sa Dáil
(*g*)   an toghchán; sa toghchán
(*h*)   an t-olltoghchán; san olltoghchán

Gníomhaíocht 20.3

(*a*)   ceist agus (v) issue
(*b*)   inimirce agus (vii) immigration
(*c*)   eachtrannach agus (iv) foreigner
(*d*)   ag teitheadh agus (x) fleeing
(*e*)   brúidiúil agus (i) brutal
(*f*)   teifigh agus (ix) refugees
(*g*)   iontas agus (ii) surprise
(*h*)   cearta daonna agus (xi) human rights
(*i*)   suíomh agus (vi) site
(*j*)   an timpeallacht agus (iii) the environment
(*k*)   millte agus (viii) ruined

Gníomhaíocht 20.4

(*a*)   Cheannóinn. / Ní cheannóinn.
(*b*)   Rachadh. / Ní rachadh.
(*c*)   Rachainn. / Ní rachainn.
(*d*)   Thabharfadh. / Ní thabharfadh.
(*e*)   Chuirfeadh. / Ní chuirfeadh.
(*f*)   Thiocfainn. / Ní thiocfainn.
(*g*)   Gheobhainn. / Ní bhfaighinn.
(*h*)   Bheadh. / Ní bheadh. (*or* Bheinn. / Ní bheinn.)

Gníomhaíocht 20.5

(*a*)   coireacht agus (xii) crime
(*b*)   an inimirce agus (xix) immigration
(*c*)   iarrthóir agus (xvii) candidate
(*d*)   olltoghchán agus (ii) general election
(*e*)   toghchán áitiúil agus (x) local election
(*f*)   inimirceach agus (viii) immigrant
(*g*)   aontachtaí agus (i) unionist
(*h*)   dílseoir agus (vi) loyalist
(*i*)   claonta agus (xvi) prejudiced
(*j*)   náisiúnaí agus (v) nationalist
(*k*)   náisiúnaithe agus (xiv) nationalists
(*l*)   an daonlathas agus (vii) democracy
(*m*)   comhrialtas agus (ix) coalition government
(*n*)   freasúra agus (xv) opposition
(*o*)   dáilcheantar agus (xi) constituency
(*p*)   ar nós cuma liom agus (iii) apathetic

(*q*)   liosta feithimh agus (xiii) waiting list
(*r*)   an dífhostaíocht agus (xx) unemployment
(*s*)   comhairleoir agus (iv) councillor
(*t*)   suíochán agus (xviii) seat

Súil siar ar an aonad

(*a*)   Ar mhaithe leo féin atá siad.
(*b*)   Tá tú an-diúltach.
(*c*)   Tá teachta Dála ag (Páirtí) an Lucht Oibre anseo.
(*d*)   Cé a chaithfeadh vóta don Chomhaontas Glas?
(*e*)   Chaith mise vóta dóibh i dtoghchán na comhairle contae.
(*f*)   Tá sé i bhfad níos deacra suíochán a bhaint in olltoghchán.
(*g*)   Tá i bhfad an iomarca (*or* barraíocht) eachtrannach á ligean isteach sa tír seo.
(*h*)   Is teifigh iad.
(*i*)   Tá cearta daonna ag na teifigh sin.
(*j*)   An dtabharfaidh tú do vóta dom, a Mhíchíl?
(*k*)   Tá suíomh breá agam in aice na farraige.
(*l*)   Ní bhfaigheadh éinne cead pleanála go brách ann.

Aistriúchán ar na comhráite

There's an election coming up soon. Like a lot of young people, Aoife is sceptical about politics. Maighréad, however, is still committed.

Aoife:	There's nothing in the papers these days except the election.
Maighréad:	The election is a very important thing.
Aoife:	Ah, rubbish! I have absolutely no respect for politicians.
Maighréad:	Why is that?
Aoife:	They're only out for themselves. Every single one of them.
Maighréad:	Do you think so now?
Aoife:	I'm certain of it.
Maighréad:	Well, I have big news for you, girl.
Aoife:	What news is that?
Maighréad:	I'll be standing in the election.

Maighréad explains which party she belong to.

Aoife:	What party do you belong to? Fianna Fáil or Fine Gael?
Maighréad:	Neither of them. I prefer the Green Party. Someone has to make a stand for the environment.
Aoife:	But you're far too old to stand in an election.
Maighréad:	I'm not one bit. You're too negative.

Aoife:	Do you think so now?
Maighréad:	I'm sure of it. You're negative and cynical. And you're not even voting age yet!

Siobhán's reaction to the news about Maighréad is more positive.

Siobhán:	She's standing for the election? Well, more power to her! (literally, May God not weaken her.)
Aoife:	But she hasn't got a chance! Fianna Fáil and Fine Gael are the ones that always get elected in this constituency.
Siobhán:	The Labour Party has a TD here as well. And the Progressive Democrats have a seat as well.
Aoife:	But who would vote for the Green Party?
Siobhán:	I voted for them in the county council election.
Aoife:	But this is a general election. It's much more difficult to win a seat in a general election.
Siobhán:	Even so, a lot of people around here know her.
Aoife:	That's why she hasn't got a chance!

Cathal is concerned about an important issue that he feels is not being debated: immigration.

Cathal:	That's an issue there's no mention of in this election: immigration. Far too many foreigners are being allowed into this country.
Anna:	Many of them are fleeing from a brutal regime in their own country. They're refugees.
Cathal:	Well, they shouldn't be let in here. There's no work for Irish people as things are.
Anna:	You amaze me sometimes, Cathal. Those refugees have human rights.

Maighréad's out canvassing the local vote. Mícheál has an issue with the planning regulations.

Maighréad:	Will you give me your vote, Mícheál?
Mícheál:	I might. Do you think you'd be able to do anything about the planning regulations?
Maighréad:	Go on.
Mícheál:	I have a fine site there beside the sea, but I'm not able to sell it: no-one would ever get planning permission there.
Maighréad:	But a house couldn't be built there, Mícheál. The environment would be ruined.
Mícheál:	Well, if that's the way things are you'll get no vote from me. Good day to you now.

Innéacs

INDEX

Innéacs toipicí *Topics index*

Innéacs gramadaí *Grammar index*